기도는
거룩한
고민
입니다

기도는 거룩한 고민입니다

지은이 | 유진소
초판 발행 | 2019. 4. 16
3쇄 발행 | 2023. 1. 4
등록번호 | 제1988-000080호
등록된 곳 | 서울특별시 용산구 서빙고로 65길 38
발행처 | 사단법인 두란노서원
영업부 | 2078-3352   FAX | 080-749-3705
출판부 | 2078-3331

책값은 뒤표지에 있습니다.
ISBN 978-89-531-3408-9 03230   Printed in Korea

독자의 의견을 기다립니다.
tpress@duranno.com   www.duranno.com

두란노서원은 바울 사도가 3차 전도여행 때 에베소에서 성령 받은 제자들을 따로 세워 하나님의 말씀으로 양육하던 장소입니다. 사도행전 19장 8-20절의 정신에 따라 첫째 목회자를 돕는 사역과 평신도를 훈련시키는 사역, 둘째 세계선교(TIM)와 문서선교(단행본·잡지) 사역, 셋째 예수문화 및 경배와 찬양 사역, 그리고 가정·상담 사역 등을 감당하고 있습니다. 1980년 12월 22일에 창립된 두란노서원은 주님 오실 때까지 이 사역들을 계속할 것입니다.

기도는
거룩한
고민
입니다

유진소 지음

두란노

삶의 문제를 기도로 헤쳐 나간 선지자들의 이야기

성경에는 아름다운 신앙의 사람들이 많이 나옵니다. 그 가운데 삶으로 그리고 말과 글로, 시대를 향해 메시지를 던졌던 특별한 하나님의 사람들이 있습니다. 주로 선지자라는 이름으로 불리기도 하고 아닌 사람들도 있지만, 그들은 하나님의 음성을 듣고 자신들이 살았던 시대를 향해 그 뜻을 외치며 살았던 사람들입니다. 언뜻 보면 그들은 우리와 공통점이 없습니다. 특히 영적으로 볼 때 그들의 삶과 사역이 지금과는 너무도 달라서 우리와는 동떨어진 사람처럼 느껴집니다. 그런데 아닙니다. 선지자들, 그들의 이야기는 바로 오늘을 살아가는 우리의 이야기입니다. 무엇보다 선지자들은 하나님의 뜻을 세상에 알리는 메신저였기 때문입니다. 그리스도인인 우리가 바로 그런 것처럼 말입니다. 우리가 예수 그리스도를 주로 고백하고 영접하며 하나님의 자녀가 되는 순간부터 우리에게 주어진 가장 고귀한 사명은 세상 가운데 우리 하나님을 나타내고 전하는 것, 즉 하나님의 메신저가 되는 것인데, 그것이 바로 선지자로서의 삶인 것입니다.

물론 상황도 지금과 크게 다르지 않습니다. 하나님을 믿지 않는 세상 가운데서 하나님의 백성으로 본이 되는 삶을 살아가야 함에도 불구하고 그렇게 살지 못해 엇나가고 빗나가고 왜곡되는 안타까운 현실, 그야말로 해석해서 적용할 것도 없이 지금 그대로 우리 삶의 현실이고 상황인 것입니다.

하지만 무엇보다도 선지자들이 하나님의 음성을 듣는 그 과정이 우리의 신앙 이야기입니다. 선지자들은 입신 상태에서 편안하게 하나님이 말씀하시는 것을 들었던 것이 아닙니다. 영적으로 끝없이 갈등하고 갈망하고 고민하는 가운데 자신의 고민과 아픔을 향해 들려오는 하나님의 음성이 곧 시대를 향한 메시지가 되는, 그런 절묘한 역사 가운데 들은 것입니다. 그래서 모든 선지자들은 기도의 사람이었습니다. 그리고 그들의 그 기도의 이야기는 바로 우리의 기도에 정말 귀한 지침이 되는 것입니다.

성경에 나오는 기도의 사람들에 대해 이야기하면서 선지자들은 이런 면에서 아주 특별하게 다가 왔습니다. 자칫 지루하고 어렵게만 여겨지던 선지서들이 새롭게 해석되는 은혜가 있었습니다. 그렇게 삶의 자리에서 고민하고 갈등하면서 결국 하나님의 음성을 들으며 해결 받고, 나아가 그것이 사명이 된 그들의 기도 이야기가 새롭게 다가온 것입니다. 이것을 성도들과 나누고 싶었고, 그러면서 성도들의 가장 구체적인 영적 필요를 조금이라도 채워 주고 싶었습니다.

선지자들의 기도 이야기는 '기도는 거룩한 고민이다'라는 아주 중요한 기도의 정의를 내려줍니다. 정말 그렇습니다. 기도는 고민입니다. 고민하지 않고 갈등하지 않으면 기도할 필요가 없기 때문입니다. 하지만 이 고민을 혼자 하지 않고 하나님에게 가지고 나아오는 면에서 기도는 거룩한 고민입니다. 그래서 기도는 아름답고, 그래서 기도는 위대한 것입니다.

이런 선지자들의 기도 이야기를 자신의 기도 이야기로 다시 한 번 써내려 가는 아름다운 역사가 있기를 바랍니다.

2019년 4월

유진소 목사

> "
> 주여,
> 듣는 마음을
> 주옵소서.
> "

| 왕상 3:4-10 |

믿음의 사람은 방향 감각이 살아 있어야 합니다.
지금 자신이 똑바로 가고 있는지 빗나가고 있는지,
중심이 잡혀 있는지 흔들리고 있는지를 알아야 합니다.

세상적인 관점에서 볼 때 가장 복 받고 성공적인 삶을 산 성경 속 인물을 꼽으라 한다면 사람들은 예외 없이 솔로몬을 이야기합니다. 예수님도 이렇게 말씀하셨습니다.

> "또 너희가 어찌 의복을 위하여 염려하느냐 들의 백합화가 어떻게 자라는가 생각하여 보라 수고도 아니하고 길쌈도 아니하느니라 그러나 내가 너희에게 말하노니 솔로몬의 모든 영광으로도 입은 것이 이 꽃 하나만 같지 못하였느니라"(마 6:28-29).

세상에서 제일 화려하고 아름다우며 풍족한 삶을 산 사람으로 솔로몬을 꼽을 만큼 그가 성공적인 삶을 살았다는 것입니다. 하지만 우리가 분명히 알고 있는 것이 있습니다. 무엇입니까? 솔로몬의 삶의 결론은 아름답지 못했다는 것입니다. 모든 사람이 원하는 아름다운 결론이 아닌, 오히려 그래서는 안 되는 안타까운 결론을 낸 사람이 바로 솔로몬이라는 것입니다.

솔로몬, 안타까운 삶의 모델

솔로몬의 인생 말년에는 사람들이 그를 다 떠났습니다. 가까이 있던 사람이 그에게 대적, 곧 원수가 되는 상황이 벌어졌습니다. 그중에 한 사람이 바로 북 이스라엘을 세운 여로보암입니다. 또한 왕국이 분열되었습니다. 물론 솔로몬 때 분열된 것은 아니지만 솔로몬이 원인이 되어 그의 아들 때에 분열되고 말았습니다. 자신이 평생 기울였던 업적인 왕국이 결국 무너져 버린 비참한 인생이 된 것입니다. 그뿐 아니라 이전에 누렸던 명예마저 잃어버려, 그의 말년에는 그의 이름이 안타깝고 부끄러운 이름이 되고 말았습니다. 오늘날 어느 누구도 솔로몬처럼 살고 싶어 하지 않습니다.

왜 이렇게 되었을까요? 열왕기상 11장 9-10절은 "솔로몬이 마음을 돌려 이스라엘의 하나님 여호와를 떠나므로 여호와께서 그에게 진노하시니라 여호와께서 일찍이 두 번이나 그에게 나타나시고 이 일에 대하여 명령하사 다른 신을 따르지 말라 하셨으나 그가 여호와의 명령을 지키지 않았으므로"라고 말씀합니다. 그가 말년에 영적으로 타락했기 때문이라는 것입니다.

그런데 가만히 보면 이 문제는 솔로몬만의 일이 아닙니다. 많은 사람들이 성공하거나 유명해지면, 교만하여 타락하거나 부패하고 망가지는 것을 보게 됩니다. 그렇다면 이는 피할 수 없는 것일까요? 인간은 다 그런 것일까요? 이것은 우리에게, 특별히 영적으로 굉장히 곤란한 문제가 됩니다. 왜냐하면 하나님은 당신의 자녀들을 축복하기 원하시기 때문입니다.

하나님은 당신의 자녀들이 풍요롭게, 아름답게, 건강하게 그리고 명예롭게 살아가기를 원하십니다. 하나님을 잘 믿으면, 하나님을 잘 섬기면 하나님이 그들 가운데 축복이 넘치도록 하신다는 것입니다. 그런데 그 결과 인간이 타락하게 된다면 이는 하나님의 축복이 아니라 저주가 됩니다. 그야말로 영적 딜레마가 오기 시작하는 것입니다.

저는 가끔 이런 이야기를 듣습니다. 힘들고 어려울 때는 하나님 앞에 나아가 무릎으로 기도하며 열심히 믿었는데, 하나님이 은혜를 베풀어 주셔서 힘든 시간들을 다 이겨 내고 풍족함을 누리고 나니 오히려 영적 권태기가 찾아왔다는 이야기 말입니다. 우리는 어렵고 힘들 때는 환경이 어떻든 밤이고 낮이고 달려가 하나님에게 기도합니다. 하지만 상황이 나아지면 멀어서 못 간다며, 상황이 여의치 않다며 이런저런 핑계를 댑니다. 이러한 경우 하나님이 기도에 응답해 주신 것이 과연 축복일까요, 저주일까요?

하지만 분명히 알 수 있는 것이 있습니다. 제대로 된 신앙을 가지고 있다면 절대로 타락하지 않는다는 것입니다. 끝까지 아름다울 수 있다는 것입니다. 끝까지 복될 수 있다는 것입니다. 풍요로워졌기 때문에 오히려 더 감사하고, 높아졌기 때문에 더 겸손한 아름다운 이야기를 쓸 수 있다는 것입니다. 이것이 진짜 신앙입니다. 신앙은 그래서 위대한 것입니다.

기브온의 영성을 붙잡으라

솔로몬의 삶이 주는 메시지는 무엇입니까? '하나님을 열심히 믿으면 이렇게 놀라운 축복을 받는다'입니까? 그렇지 않습니다. 그의 삶이 주는 메시지는, '어떻게 하면 하나님의 축복을 끝까지 진정한 축복이 되게 할 수 있을까?'입니다. 그런 면에서 솔로몬은 긍정적 샘플이 아니라 부정적 샘플입니다. 실패한 이야기, 곧 솔로몬처럼 살아서는 안 된다는 것입니다. 그렇다면 어떻게 해야 솔로몬의 삶이 끝까지 아름다운 삶으로, 끝까지 풍족하고 귀한 삶으로 마무리될 수 있었을까요? 그 대답은 솔로몬의 믿음에서 찾을 수 있습니다.

다윗에게는 '광야의 영성'이 있었습니다. 다윗은 평생 이 광야의 영성을 놓고 씨름했습니다. 다윗이 중간에 실족했던 이유가 무엇입니까? 광야의 영성을 내려놓고 왕궁에서 낮잠을 즐겼기 때문입니다. 이는 광야의 영성과 정반대의 삶을 지향하기 때문입니다. 마찬가지로 솔로몬에게 정말 중요했던 것은 바로 '기브온의 영성'이었습니다. 기브온은 어떤 곳입니까? 솔로몬이 처음 왕이 되었을 때, 하나님 앞에 나아가 기도하며 일천번제를 드렸던 장소입니다. 그가 만일 그 영성을 끝까지 지킬 수 있었다면 그는 하나님에게 받은 엄청난 축복과 은혜와 풍요로움을 유지하면서 마지막까지 아름다울 수 있었을 것입니다. 어쩌면 그것이 하나님이 정말 원하시던 그림이었을 것입니다.

마태복음 20장에는 '포도원 품꾼의 비유'가 나옵니다. 어떤 주인이 포도원에서 일할 일꾼을 구하기 위해 이른 아침, 곧 새벽 6시에 나가 한 데나리온을 약속하고 사람들을 데리고 옵니다. 그런데 일꾼이 부족했는지 제 삼 시, 곧 오전 9시에 다시 나가 사람들을 또 여럿 데리고 옵니다. 제 육 시인 오전 12시에도, 제 구 시인 오후 3시에도, 그리고 제 십일 시인 오후 5시에도 나가서 사람들을 데리고 옵니다. 일을 마치고 품삯을 정산하는데 맨 나중, 곧 오후 5시에 온 사람부터 새벽 6시에 온 사람까지 모두에게 한 데나리온씩이 주어집니다. 그러자 더 받을 것이라 생각했던 이른 아침에 온 사람이 원망하다가 결국 주인에게 나무람을 당하게 됩니다.

이 비유가 주는 메시지는 무엇입니까? 예수님은 이 비유를 통해 무엇을 말씀하고 싶으셨던 것일까요? 이 비유는 절대로 '오후 5시에 온 사람의 횡재'가 아닙니다. 예수님이 그 뒤에 말씀하신 대로 '먼저 된 자는 나중 되고, 나중 된 자는 먼저 된다. 원래 인생은 그런 것이다'라는 것 또한 아닙니다. 만일 이것이 사실이라면 우리는 절대로 일찍 믿을 필요가 없습니다. 그렇다면 무엇입니까? 이는 '먼저 된 자로서 끝까지 먼저 되라'는 것입니다. 이 먼저 되는 축복을 놓치지 말라는 것입니다. 하나님이 원하시는 것은 그것입니다.

솔로몬이 끝까지 기브온의 영성을 지켰다면 그의 삶은 정말 완벽했을 것입니다. 그의 삶은 그야말로 하나님이 원하시는 인생의 샘플이 될 수도 있었을 것입니다. 그렇기에 솔로몬의 삶에서 우리가 붙잡아야 할 메시지가 있다면 바로 기브온의 영성입니다. 그렇다면 기브온의 영성이란 구체적으로 무엇을 의미하는 것일까요? 이는 바로 '기도의 영성'입니다. 하나님이 말씀하시면 그 말씀대로 따르는 영성 말입니다.

기도는 절대로 사람을 교만하게 하지 못합니다. 기도는 기본적으로 무릎 꿇는 것입니다. 간구하는 것입니다. 그렇기에 기도하는 사람은 교만할 수 없습니다. 기도는 또한 계속해서 하나님을 구하는 것입니다. 그로 인해 능력의 생수를 받는 것입니다. 그러므로 썩을 수 없습니다. 하나님으로부터 늘 새로운 생수를 받는데 어떻게 썩을 수 있겠습니까?

기도는 또 무엇입니까? 하나님 말씀을 듣는 것입니다. 하나님으로부터 끝없이 듣는 것입니다. 그렇기에 절대로 빗나갈 수 없습니다. 무슨 말입니까? 진정한 기도의 영성을 갖고 있다면 축복이 저주가 되는 일은 없다는 것입니다. 하나님이 주신 풍요로운 축복이 썩어 버리는 일은 있을 수 없다는 것입니다.

기브온의 영성이 담긴 기도의 특징

그렇다면 기브온의 영성은 구체적으로 기도의 어떤 특징이 강조된 영성일까요?

치유의 통로가 되는 기도

첫째는, 하나님의 치유의 통로가 되는 기도였습니다. 하나님이 치유하고 만지시는 통로가 되는 기도였습니다.

"나의 하나님 여호와여 주께서 종으로 종의 아버지 다윗을 대신하여 왕이 되게 하셨사오나 종은 작은 아이라 출입할 줄을 알지 못하고 주께서 택하신 백성 가운데 있나이다 그들은 큰 백성이라 수효가 많아서 셀 수도 없고 기록할 수도 없사오니"(왕상 3:7-8).

솔로몬이 왕이 되자마자 기브온으로 달려가 그렇게 열심히 기도한 이유가 있었습니다. 그의 마음속에는 열등감과 두려움이 있었기 때문입니다. 솔로몬이 가진 열등감과 두려움이란 무엇입니까? 이는 전적으로 그의 출생과 관련이 있습니다. 솔로몬은 다윗과 밧세바 사이에서 태어났습니다. 다윗은 범죄함으로 밧세바를 취했고, 이로 인해 이들 사이에서 죄악의 씨가 된 아이가 태어나 죽고 맙니다. 그리고 그 아이가 죽은 후에 다윗이 회개함으로 하나님에게 용서를 받고 밧세바를 위로하는 가운데 잉태된 아이가 바로 솔로몬입니다. 하나님 앞에서 볼 때는 아무 문제가 없습니다. 하나님은 다윗을 용서하셨고, 하나님의 위로가 밧세바에게 임함으로 솔로몬이 태어났습니다. 하지만 세상은 그렇지 않았습니다. 세상은 그것을 잊지 않았습니다. 그로 인해 솔로몬은 내내 열등감에 둘러싸여 살았던 것입니다.

이러한 열등감으로 인해 솔로몬은 사람들 앞에 나설 때마다 용기를 내야 했습니다. 이를 악물어야 했습니다. 게다가 그런 상황에서 왕이 되었기에 그 자체가 이변이었습니다. 그는 솔직히 정상적으로 왕이 될 수 있는 사람이 아니었습니다. 출생 자체도 그렇지만 순서로 봐도 그랬습니다. 그의 앞에는 형 아도니아가 있었습니다. 누가 봐도 아도니아가 왕이 되어야 했습니다. 그런데 아도니아의 교만과 하나님의 주권적 섭리로 인해 솔로몬이 왕이 된 것입니다.

이런 여러 가지 이유로 솔로몬의 마음속에는 온갖 두려움이 가득했습니다. 그래서 그는 그 모든 것을 가지고 하나님 앞으로 나아갔습니다. 하나님 앞에서 자신은 어린 아이라며 자기가 가진 열등감을 그대로 다 표출했습니다. 자신의 두려움을 모두 고백한 것입니다. 자신의 상처를 모두 드러낸 것입니다. 그러면서 하나님에게 도움을 요청한 것입니다. 이것이 바로 기브온의 영성이며, 이것이 바로 기브온의 기도입니다. 신앙인들은 이 기도를 놓쳐서는 안 됩니다. 이 기도만 놓치지 않는다면 절대로 부패하지 않습니다. 절대로 빗나가거나 망가지지 않습니다. 우리는 마지막까지 이 기도를 붙잡아야 합니다.

상처는 한 번에 아무는 것이 아닙니다. 상처는 우리 안에 끝까지 남아 있습니다. 그렇기에 이 기도는 죽을 때까지 멈춰서는 안 되는 기도입니다. 자신 안에 있는 상처를 알아채고 그것을 사람들에게 말하기 전에 먼저 하나님 앞으로 가지고 나아가 기도할 수 있다면, 그의 아름다움은 절대로 사라지지 않을 것입니다. 훌륭한 인격과 훌륭한 신앙을 가진 사람들을 보십시오. 그들이 그렇게 될 수 있었던 데에는 그들 안에 상처나 아픔, 또는 열등감이나 두려움이 없어서가 아닙니다. 그 모든 것을 하나님 앞에 가지고 나아가서 엎드렸기 때문입니다. 그러니 아름다울 수밖에 없는 것입니다. 우리에게도 이러한 영성이 있어야 합니다.

방향을 잡는 기도

기브온의 영성이 담긴 기도의 두 번째 특징은 무엇입니까? 그것은 혼란스러운 상황 속에서도 하나님에게만 초점을 맞춤으로 삶과 신앙의 방향을 잡는 기도였습니다.

> "솔로몬이 애굽의 왕 바로와 더불어 혼인 관계를 맺어 그의 딸을 맞이하고 다윗 성에 데려다가 두고 자기의 왕궁과 여호와의 성전과 예루살렘 주위의 성의 공사가 끝나기를 기다리니라"(왕상 3:1).

이러한 정략결혼은 당시 고대 근동사회에서는 매우 당연한 것이었습니다. 왕들이 워낙 못돼서 혹은 그들이 성적으로 문란해서가 아니라, 이는 그 지역의 전통으로서 피할 수 없는 것이었습니다. 더구나 애굽과의 관계와 혼인하지 않을 경우의 위험을 생각하면 솔로몬은 정략결혼을 할 수밖에 없었습니다. 그래서 그는 바로의 딸과 결혼을 했습니다. 그러나 그는 이것이 얼마나 위험한 것인지를 알고 있었습니다.

믿음의 사람은 방향 감각이 살아 있어야 합니다. 지금 자신이 똑바로 가고 있는지 빗나가고 있는지, 중심이 잡혀 있는지 흔들리고 있는지를 알아야 합니다. 정말 안타까운 사람은 쓰러지면서도 모르는 사람입니다. 그런 사람은 쓰러지게 마련입니다. 하지만 쓰러지려는 것을 먼저 아는 사람은 절대로 쓰러지지 않고 다시 일어납니다.

솔로몬은 쓰러지려는 것을 먼저 알고 있었습니다. 지금 방향에 문제가 있음을, 문제가 심각하다는 것을, 이대로 가면 큰일 난다는 것을 알고 있었습니다. 바로의 딸과 결혼한다는 것은 결코 가벼운 문제가 아니었습니다. 후에 솔로몬이 기브온의 영성을 잃어버리게 되는 원인이 무엇입니까? 바로의 딸로 인해 우상을 숭배하기 때문이 아닙니까? 이는 그만큼 위험한 것이었습니다. 그래서 솔로몬은 기브온 산당으로 달려간 것입니다. 혼란스러운 마음에, 헷갈린 마음에, 방향이 불분명해서 알 수 없기에 하나님에게 초점을 맞추려고 달려간 것입니다. 이러한 모습이 바로 진짜 아름다운 사람의 모습입니다.

신앙인들에게는 이런 기도의 영성이 계속되어야 합니다. 삶의 여러 가지 문제들이 우리 삶의 방향을 흔들어 넘어지게 하려 할 때마다 이를 그냥 방치하거나 그 안에서 헤매는 것이 아니라, 그 순간 자신에게 문제가 있음을 깨닫고 바로 하나님 앞으로 나아가 엎드릴 수 있는, 그래서 하나님에게 초점을 맞춤으로 방향을 잡을 수 있는 바로 그 영성이 있어야 합니다.

제가 굉장히 아끼던 한 청년이 어느 날 새벽 기도에 나왔습니다. 그날 새벽 기도회를 마치고 그에게 다가가 요즘 무슨 일이 있느냐고 물었습니다. 그러자 청년은 아무 일도 없다고 대답했습니다. 아무 일도 없는데 왜 새벽 기도에 나왔느냐고 다시 물으니 청년은 이렇게 대답했습니다. "제가 요즘 영적으로 조금 빗나가는 느낌이 들어서요." 흔들리고 있다는 것입니다. 영적으로 방향을 잃은 것 같다는 것입니다. 옆에서 지켜보는 사람들은 몰라도 자기 자신은 아는 것입니다. 그래서 다시 한 번 하나님 앞에 깨어서 기도하려고 나온다는 것이었습니다.

이것이 진짜 신앙인의 모습입니다. 겉으로 드러나거나 달라진 것은 없지만 자신 안에서 영적 감각이 빨간 불을 켜면, 방향이 틀어진 것이 감지되면, 그 순간 하나님에게로 달려 나가 기도함으로 영적 초점을 맞춰 나가는 영성, 이것이 바로 기브온의 영성입니다. 우리는 이러한 영성을 가지고 살아가야 합니다. 그러면 절대로 타락할 수 없습니다. 절대로 망가지지 않습니다. 절대로 부패하지 않습니다.

소명과 사명을 위한 기도

기브온의 영성이 담긴 기도의 세 번째 특징은 무엇입니까? 그것은 자신의 소명과 사명을 위한 기도였습니다. 다시 말해, 자신이 받은 소명과 사명을 잘 감당하기 위해 하나님 앞으로 나아가 드리는 기도였습니다. 개인적인 필요를 간구하는 것이 아니라, 하나님의 뜻을 이루고 그분의 나라를 세우기 위해 나누는 하나님과의 대화, 곧 이런 기도를 하는 것이 기브온의 영성입니다.

"누가 주의 이 많은 백성을 재판할 수 있사오리이까 듣는 마음을 종에게 주사 주의 백성을 재판하여 선악을 분별하게 하옵소서 솔로몬이 이것을 구하매 그 말씀이 주의 마음에 든지라"(왕상 3:9-10).

우리의 기도 또한 이러해야 합니다. 우리 기도에 대한 하나님의 평가가 본문 10절의 마지막 부분과 같이 주의 마음에 들어야 합니다.

솔로몬은 하나님이 무엇을 원하는지 물으셨을 때 듣는 마음을 달라고 기도했습니다. 듣는 마음이란 무엇입니까? 당시 고대 근동 지역의 왕들은 전시에는 전쟁을, 평시에는 재판을 행했습니다. 쉽게 말해, 이 말씀은 선악을 분별해서 재판을 잘할 수 있게 해 달라는 것입니다. 자신을 왕으로 세우셨으니 왕의 역할을 잘 감당할 수 있게 해 달라는 것입니다. 즉, 그는 개인적인 필요, 개인적인 욕심이 아닌 하나님이 주신 사명과 소명을 감당할 수 있게 해 달라고, 하나님 나라를 이룰 수 있게 해 달라고 기도했던 것입니다. 그리고 이러한 간구가 하나님 마음에 딱 든 것입니다.

이런 기도를 드리는 사람은 절대로 빗나가지 않습니다. 왜냐하면 그는 평생을 사명자로 살아가기 때문입니다. 평생을 소명대로 살아가기 때문입니다. 인간은 언제 망가집니까? 받은 사명을 잊어버릴 때입니다. 받은 소명을 놓아 버릴 때입니다. 어떤 사람이 선교사로 부름 받았는데 그가 그 소명을 잊어버린다면 그는 타락한 사람이 될 것입니다. 어떤 사람이 목사로 부름 받았는데 그가 그것을 잊어버린다면 그는 망가진 사람이 될 것입니다. 또한 어떤 사람이 한 가정의 가장으로 부름 받았는데 그가 그 소명을 놓쳐 버린다면 그는 패배한 사람이 되고 말 것입니다.

솔로몬의 기도를 보십시오. 이는 하나님 뜻에 맞을 뿐만 아니라 하나님과의 관계에 있어서도 정확하게 맞는 기도였습니다. 그는 자신에게 지혜가 있기를 구하기보다 듣는 마음을 달라고 구했습니다. 무슨 말입니까? 하나님의 도구로 사용되기를 원한다고 간구한 것입니다. 솔로몬은 자신의 능력이 아닌, 하나님이 자신을 도구로, 통로로 사용하시기를 원한다고 기도한 것입니다. 그러니 하나님이 얼마나 기뻐하셨겠습니까? 이것이 바로 기브온의 영성이요, 기브온의 기도였습니다.

우리 또한 이런 기도를 드릴 수 있어야 합니다. 그래서 하나님이 우리에게 주신 축복이 끝까지 축복이 되고, 하나님이 우리에게 주신 아름다움이 끝까지 아름다움이 되는 그런 기가 막힌 삶을 끝까지 살 수 있어야 합니다. 기브온의 영성, 기브온의 기도를 놓치지 마십시오. 항상 드리십시오. 항상 나아가십시오.

2. 엘리야 - 선포의 기도

"
하나님이
하나님 되심을
알게 하소서.
"

| 왕상 18:41-46 |

기도 없이 이루어지는 일이 있다면 그것은 저주입니다.
모든 사역의 첫 출발은 무릎 꿇음, 곧 기도로 시작되어야 합니다.

한국 사람들은 자녀의 이름을 보통 좋은 뜻으로만 짓습니다. 그러다 보니 이름과 삶이 일치하는 경우가 그리 많지 않습니다. 때로는 이름과 정반대로 사는 사람도 많습니다. 하지만 성경은 그렇지 않습니다. 성경 속 인물들은 대개 그 삶이 이름과 일치하는 경우가 많습니다. 그야말로 그들의 이름이 그들의 삶이고, 그 삶의 특징인 것입니다. 하나님은 아마도 어떤 사람의 이름은 그의 삶과 같아야 한다고 생각하시는 것 같습니다. 그래서인지 어떤 경우에는 이름과 삶이 맞지 않을 때 그의 삶에 맞는 이름으로 다시 지어 주시기도 합니다.

기도의 사람 엘리야

성경의 인물 중 이름과 삶이 일치하는 두드러진 한 사람이 있다면 바로 엘리야입니다. 엘리야라는 이름의 뜻이 무엇입니까? '나의 하나님은 여호와시다'라는 뜻입니다. 이 말은 엘리야가 온 이스라엘 앞에서 생명을 걸고 외친 그의 평생의 메시지입니다. 그는 이 메시지를 증거하기 위해 평생을 살아왔습니다.

엘리야는 이름 외에도 굉장히 많은 별명을 가지고 있었는데, 그의 별명들 또한 그의 삶을 그대로 나타내고 있습니다. 예를 들면, 그는 '하나님의 사람'이라는 별명을 가지고 있었습니다. 그는 자신의 별명대로 하나님에 의해 움직이고 하나님만을 위해 살아갔던 진짜 하나님의 사람이었습니다. 이 '하나님의 사람'이라는 별명은 신앙인이라면 누구나 반드시 들어야 할 별명입니다. 비단 사역자나 목회자뿐 아니라 모든 신앙인들에게 이 별명이 붙여져야 합니다. 엘리야의 또 다른 별명은 '불의 선지자'입니다. 이는 갈멜 산의 대결을 비롯해서 실제로 하늘에서 불이 내리는 역사가 있었기에 붙여진 별명입니다. 뿐만 아니라, 그의 심판의 메시지가 강력해서 붙여진 별명이기도 합니다. 하지만 그의 가장 두드러진 별명이 있습니다. 그것은 '능력의 선지자'라는 별명입니다.

구약의 수많은 선지자 중에서 가장 많은 이적과 기사를 일으킨 사람을 꼽으라면 사람들은 주저하지 않고 엘리야를 꼽습니다. 심판을 선언한 이후 3년 반 동안 비가 오지 않은 일, 사르밧 과부의 통과 병에서 가루와 기름이 끊이지 않고 나온 기적, 과부의 아들이 죽었다가 살아난 역사, 갈멜 산에서 기도하는 순간 하늘에서 불이 내려 제물을 태운 사건, 그리고 오랜 가뭄 끝에 비가 내리는 이적 등 엘리야는 여러 가지 기적의 스토리가 함께하는 능력의 선지자였습니다. 그런데 중요한 것은 무엇입니까? 이런 그의 능력이 어디서 오느냐입니다. 분명한 것은, 이런 능력이 바로 기도에서 온다는 것입니다. 그렇기 때문에 엘리야에게 또 하나의 별명을 붙인다면, 그는 '기도의 사람'이라는 것입니다.

기도함으로 누리게 되는 응답의 기쁨

하나님의 사람이 능력 가운데 있다면 이는 그에게 능력이 있어서가 아니라, 기도를 통해서 하나님으로부터 능력을 받았기 때문입니다. 엘리야가 그랬습니다. 그는 기도를 통해서 삶과 신앙의 모든 필요한 응답을 받았습니다. 역사하시는 하나님의 능력을 온전히 경험하고 나타냈습니다. 그래서 기도를 통해 받을 수 있는 응답을 모두 받았습니다.

구체적인 필요의 공급

우리는 보통 기도를 통해 받을 수 있는 응답을 네 가지로 꼽습니다. 그중 첫 번째는, 생활의 모든 필요를 공급받는 것입니다. 기도는 우리가 살아가면서 필요한 아주 구체적인 것들을 채우시는 하나님의 응답을 가져오게 합니다. 거창하고 굉장한 것만이 아니라, 생활에 필요한 모든 것을 구함으로 응답받는 기도, 엘리야는 바로 그런 기도의 응답을 받은 사람이었습니다.

그가 수년간 가뭄이 있을 것이라고 예언하자 온 이스라엘이 가뭄으로 시달리게 되었습니다. 이때 가장 크게 고통 받은 사람이 누구였을까요? 바로 도망자 신세였던 엘리야 자신이었습니다. 나라 전체에 먹을 게 없다 보니 도망자 신분으로서 하루하루 연명해 나가기가 결코 쉽지 않았습니다. 그러나 그는 굶어죽을 수밖에 없는 상황마다 기도함으로 까마귀와 과부를 통해 먹이시는 하나님의 은혜를 경험했습니다. 분명한 것은 무엇입니까? 하나님이 그의 구체적인 필요에 응답하셨다는 것입니다. 하나님은 지금도 우리의 기도에 그렇게 응답해 주십니다.

기도는 사치나 멋이 아닙니다. 기도는 실존적인 것입니다. 예수님은 제자들에게 기도를 어떻게 가르치셨습니까? "오늘 우리에게 일용할 양식을 주시옵고"(마 6:11). 엘리야가 그렇게 기도하고 응답받았던 것처럼 우리도 그렇게 할 수 있다는 것입니다.

절박한 문제의 해결

두 번째는, 어느 누구에게도 도움 받을 수 없는 절박한 순간에 응답받는 기도입니다. 엘리야는 절박한 문제 앞에서 기도를 통해 문제를 해결 받은 사람이었습니다. 사르밧 과부의 아들이 죽었을 때, 이로 인해 사르밧 과부가 와서 엘리야를 원망했을 때 그는 매우 힘들었을 것입니다. 자신을 섬겨 준 가정에 큰 문제가 발생했으니 그 아들을 살려 내지 못한다면 엘리야 입장에서는 견딜 수가 없었을 것입니다. 그래서 엘리야는 몸을 던지며 하나님에게 아이를 살려 달라고 기도합니다. 그리고 하나님은 아이를 살리심으로 엘리야의 기도에 응답하셨습니다.

지금도 필요하다면 하나님은 이런 절박한 순간에 기적을 통해서 응답하십니다. 필요한 순간에 하나님이 기적을 통해 역사하신다는 것입니다. 이러한 기적이 매번 일어나지 않는다며 하나님을 부정한다면 그 사람은 신앙인이 아닙니다. 하나님은 가장 절박한 순간에, 하나님 외에는 도와줄 이가 없는 그 순간에, 그것이 하나님이 원하시는 것이라면 우리가 간구하는 기도에 응답하심으로 해결해 주십니다. 우리는 바로 그런 응답을 받을 수 있는 사람이 되어야 합니다.

사역을 이루는 역사

세 번째는, 영적인 사역을 위해 기도할 때 응답받는 기도입니다. 진정한 사역은 기도로 하는 것입니다. 기도로 하지 않는 사역은 사역이 될 수 없습니다. 왜 그렇습니까? 하나님의 일이기 때문입니다. 하나님의 일이 아니라면 자기 힘으로 해도 됩니다.

엘리야는 사역을 위해 기도한 기도의 사람이었습니다. 그리고 그 기도에 응답받은 사람이었습니다. 갈멜 산에서 바알과 아세라의 선지자들과 대결했을 때를 떠올려 보십시오. 엘리야가 하나님의 일을 위해 기도했을 때 하나님이 응답하셨습니다. 그래서 온 이스라엘 앞에 하나님이 참하나님 되심을 분명히 증거했습니다. 또한 3년 반 동안 비가 내리지 않던 이스라엘 땅에 비가 내리게 해 달라고 기도하며 부르짖자 비가 쏟아지는 역사가 일어났습니다. 이로 인해 아합에게 하나님의 살아 계심과 역사하심을, 그리고 하나님이 원하시는 것이 무엇인지를 증거했으

며, 동시에 온 이스라엘 앞에 하나님의 살아계심과 역사하심을 나타내
보였습니다.

그렇습니다. 사역은 그것이 무엇이든 간에, 그 사역의 규모가 크든
작든 상관없이 기도로 이루어져야 합니다. 사역을 위해 기도하고 응답
받는 것이 우리의 믿음 생활 가운데 굉장히 중요합니다. 교회 안에는 많
은 사역들이 있습니다. 또한 다양한 직분들이 있습니다. 중요한 것은,
기도 없이는 절대로 하나님의 뜻이 이루어질 수 없다는 것입니다. 기도
없이 이루어지는 일이 있다면 그것은 저주입니다. 모든 사역의 첫 출발
은 무릎 꿇음, 곧 기도로 시작되어야 합니다.

마음의 변화와 회복

네 번째는, 마음을 바꾸어 드리는 기도입니다. 기도할 때 중요한 것
이 마음인데, 진짜 마음대로 안 되는 것이 또한 우리의 마음입니다. 이
마음에서 갖가지 두려움과 상함, 염려와 근심, 분노와 추함과 죄성들이
올라옵니다. 그리고 이러한 것들이 올라올 때면 매우 힘듭니다. 그런데
기도가 그 마음을 바꿉니다. 마음이 회복되면서 그 안에 세상이 알 수
없는, 세상이 줄 수 없는 평강과 능력이 임하게 합니다.

갈멜 산에서의 대결 이후 이세벨이 엘리야를 향해 독기를 품습니다.
그래서 사신을 보내 "내가 내일 이맘때에는 반드시 네 생명을 저 사람들
중 한 사람의 생명과 같게 하리라 그렇게 하지 아니하면 신들이 내게 벌
위에 벌을 내림이 마땅하니라"(왕상 19:2)라는 말을 전합니다. 무슨 말입
니까? 엘리야를 죽이겠다는 것입니다. 이 말을 들은 엘리야는 무너지고

말았습니다. 마음속에 있던 두려움이 폭발한 것입니다. 그래서 그는 광야로 도망을 갑니다.

역설적이게도, 이 장면은 그동안 행했던 엘리야의 모든 강력한 역사가 그의 힘이 아니었다는 것을 보여 줍니다. 하나님이 함께하시니 할 수 있었던 것입니다. 하나님을 놓치는 순간 그는 그대로 힘이 빠져 버렸습니다. 낙심했습니다. 두려움에 떨기 시작했습니다. 그래서 로뎀 나무 아래로 가서 드러누워 버린 것입니다. 광야로 도망치다가 갈 데가 없으니 죽겠다며 그 아래에 드러누운 것입니다. 하지만 어떻습니까? 무너진 마음으로 기도했을 때 하나님이 역사하셔서 먹이시고, 먹이시고, 또 먹이심으로 다시 한 번 소명과 사명으로 나아갈 수 있도록 그를 이끌어 가셨습니다.

하나님은 우리의 마음을 회복시키는 분이십니다. 기도로 응답받는 것 중에 가장 큰 것이 바로 이것입니다. 마음이 힘들고 어려울 때, 무너졌을 때, 낙심했을 때, 기도하면 그 마음이 바뀐다는 것을 기억하십시오. 이것이 우리가 드리는 기도의 중요한 내용입니다. 엘리야는 바로 그것을 경험했습니다.

이처럼 엘리야는 모든 것을 기도 가운데 응답받았고, 그래서 정말 힘 있는 하나님의 사람으로 살아갔던 기도의 사람입니다. 물론 엘리야뿐 아니라 성경의 수많은 하나님의 사람들이 기도함으로 살아갔던 기도의 사람들이었습니다. 하지만 엘리야의 기도에는 다른 이들과는 다른 어떤 특징이 있습니다. 그것이 무엇일까요? 엘리야의 기도는 '전투하는 기도'

였다는 것입니다. 이는 '승부를 거는 기도'라고도 부를 수 있습니다. 무슨 말입니까? 응답이 되어도 좋고 안 되어도 그만인 그런 기도가 아니라, 기도가 응답되지 않으면 패배하는 것이고, 그렇다면 하나님 앞에서 자신이 죽는 것이고 하나님의 영광을 가리는 것이므로, 전투하는 심정으로 반드시 응답을 받아 내는 기도가 바로 엘리야의 기도라는 것입니다.

기도의 전투에서 승리하라

엘리야는 기도의 전사였습니다. 그는 기도를 통해서 싸운 사람이었고, 전쟁하듯이 기도한 사람이었습니다. 또한 그는 기도를 통해서 승리를 이끌어 낸 사람이었고, 그러기 위해서 기도에 모든 승부를 걸었던 사람이었습니다. 그래서 엘리야는 우리에게 굉장한 도전이 됩니다.

하나님을 이기는 기도

기도의 전사는 기도하면서 세 가지 대상과 싸움을 합니다. 첫 번째 대상은 누구입니까? 하나님입니다. 야곱의 경우는 '하나님과 씨름한다'는 표현을 사용했습니다. 하나님과 싸움을 한다는 표현이 이상하게 들릴지 모르겠지만, 정말 그렇습니다. 기도의 전사들이 가장 많이 싸움한 대상은 하나님입니다. 무슨 말입니까? 하나님을 움직이고 바꾸려고 할 수 있는 한 하나님 앞에 모든 압력을 가한다는 것입니다.

물론 이것이 하나님을 협박하거나 위협한다는 뜻은 아닙니다. 기도의 전사는 그러지 않습니다. 그들은 하나님 앞에 모든 걸 드리고 온 정성을 다해 부르짖음으로 하나님을 감동시킵니다. 하나님을 감동시키고야 말겠다는 마음으로 기도한다는 것입니다. 이를 다르게 표현하면 '보좌를 움직이는 기도'라고 할 수 있습니다.

어떤 사람은 하나님을 감동시키기 위해 금식하며 기도합니다. 어떤 사람은 철야 기도를 하거나 서원 기도를 드리기도 합니다. 서원 기도란 작정 기도하는 것을 말합니다. 또 새벽 기도하는 사람도 있습니다. 이들이 이렇게 힘든 시간들을 골라 기도하는 이유는 단 하나입니다. 나의 온 정성을 다해서 하나님을 감동시키겠다는 것입니다. 이것이 바로 전투하는 기도를 드리는 기도의 전사들의 특징입니다.

사탄을 이기는 기도

두 번째 싸움의 대상은 누구입니까? 사탄입니다. 기도의 전사는 사탄과 싸움합니다. 하나의 기도가 진행되고 있다는 것은 하나의 전투가 벌어지고 있다는 뜻입니다. 이는 기도를 막으려는 사탄 마귀의 공격이 반드시 있다는 것입니다. 기도를 막으려는 사탄의 모든 공격 앞에서 들려오는 거짓된 음성을 단호하게 거부하면서 나아가는 것, 이것이 바로 기도의 전사들이 하는 기도입니다. 통성 기도가 그래서 나온 것입니다. 물론 하나님 앞에 부르짖는 의미도 있지만, 사탄의 속삭이는 말들을 듣고 있을 수가 없어 귀를 막고 외치는 것, 그게 바로 통성 기도입니다. 사탄 마귀의 음성을 듣지 않겠다는 것입니다. 하나님에게 내 부르짖음을 그냥 올려 드리겠다는 것입니다.

자기 자신을 이기는 기도

세 번째 싸움의 대상은 누구입니까? 바로 자기 자신입니다. 하나님과 싸우고, 마귀와 싸우고, 자기 자신과 싸우는 것입니다. 우리 안에는 기도할 수 없게 하는 수많은 영적 장해물들이 있습니다. 우리 기도의 가장 큰 적은 우리의 이성입니다. 우리 기도의 가장 큰 적은 우리의 경험입니다. 우리 기도의 가장 큰 적은 우리의 감정입니다. '어떻게 그런 일이 가능할까? 이만큼 해도 응답이 없으면 안 되는 거 아닐까? 하나님이 정말 내 이야기를 듣고 계신 것일까?' 우리 안에 있는 모든 인간적인 생각과 경험과 감정들이 끝없이 기도를 방해하기 때문에, 이런 나와 싸워 이기면서 끝까지 기도하며 나가는 것이 정말 중요합니다. 그러기 위해서 선포가 필요한 것입니다.

기도의 전사들의 가장 강력한 기도는 믿을 수 없는 상황에서 기도하는 것입니다. 종종 그럴 때가 있습니다. 기도하면서도 이게 응답되지 않을 거라는 확신이 120퍼센트 들 때가 있습니다. 그럼에도 불구하고 기도하는 이유는 무엇입니까? 거기에 넘어갈 수 없기 때문입니다. 내 생각, 내 감정은 안 되는 게 확실하지만 기도해야 하기 때문에, 이게 싸움이기 때문에 그렇습니다.

엘리야는 기도의 전사로서 이 세 가지 대상과 싸우면서 기도했습니다. 이것이 바로 신앙의 야성을 가진 자의 기도입니다. 이 시대, 특별히 바알과 아세라가 난무하고 이세벨이 판을 치는 세상 속에서 우리는 모두 이런 기도를 해야 합니다. 우리가 신앙의 야성을 갖지 못하면, 이 시대의 기도의 전사가 되지 못하면 우리는 절대로 바른 신앙생활을 할 수 없습니다. 우리는 신앙의 야성을 가진 자로서 기도의 전사로 나아가야 합니다.

엘리야처럼 기도하라

그러면 어떻게 기도해야 할까요? 어떻게 기도하는 것이 기도의 전사로서 영적인 야성을 가지고 전투하며 기도하는 것일까요? 엘리야의 기도를 통해 몇 가지를 살펴보려 합니다.

응답을 선포하는 기도

첫째는, 응답받는 것 외에는 다른 대안을 생각하지 않는 것입니다. 전투에 나가는 병사는 이길 것만 생각하지 질 것을 생각하지 않습니다. 전투에 나가는 병사가 질 것을 미리 생각하면 그건 이미 전쟁에서 진 것이나 다름없습니다. 기도도 마찬가지입니다. 응답되지 않을 것을 미리 염려하지 마십시오. 전투하는 기도는 결과가 어떻게 나오든 상관없이 무조건 응답됨을 믿는 기도입니다. 그러고 나아가는 것입니다.

엘리야는 응답을 선포하며 기도했습니다.

"엘리야가 아합에게 이르되 올라가서 먹고 마시소서 큰 비 소리가 있나이다"(왕상 18:41).

당시 비는커녕 비가 올 아무런 징조도 없었습니다. 그런데 그는 기도를 시작하기도 전에 아합 왕에게 큰 비 소리가 있다고 알렸습니다. 정말 어마어마한 선포가 아닐 수 없습니다. 응답받는 것 외에 다른 건 생각하지 않는다는 것입니다. 이것이 전투하는 기도의 모습입니다. 우리도 이렇게 기도할 수 있어야 합니다.

온 힘을 다해 부르짖는 기도

둘째는, 모든 에너지를 다 쏟아 붓는 것입니다.

"아합이 먹고 마시러 올라가니라 엘리야가 갈멜 산꼭대기로 올라가서 땅에 꿇어 엎드려 그의 얼굴을 무릎 사이에 넣고"(왕상 18:42).

'기도 합주회'라는 것이 있습니다. 이는 20세기 후반의 세계적인 기도 운동으로서, 데이비드 브라이언트(David Bryant)라는 사람이 조나단 에드워즈(Jonathan Edwards)가 쓴 책을 보고 만든 개념입니다. 이는 개인 기도와 그룹 기도 등 다양한 방식으로 진행되는데, 그렇게 하면서 기도의 심포니가 되게 하는 아주 탁월한 기도입니다. 그런데 이 기도 합주회에서 기도하는 방식으로 유명한 게 바로 엘리야의 기도입니다. 온 힘을 다해서 하나님 앞에 부르짖는 처절한 기도의 모습을 표현하기 위해서 성경은 그의 머리가 무릎 사이에 들어갔다고 기록하고 있습니다. 이것이 바로 기도의 전사의 모습입니다. 하나님 앞에 간절하게 부르짖는 기도의 모습입니다.

이런 간절한 기도의 모습을 설명할 때마다 떠올려지는 기도의 장면이 있습니다. 바로 예수님의 겟세마네 동산에서의 기도입니다. 얼마나 열심히 기도하셨는지, 땀이 땅에 떨어지는 핏방울같이 되었다고 성경은 말씀합니다. 학자들에 의하면, 실제로 극도의 긴장 상태에 접어들면 모세혈관이 터지면서 땀에 피가 섞여 나온다고 합니다. 이처럼 모든 에너지를 다 쏟아 드리는 기도가 바로 전투하는 기도입니다.

응답될 때까지 멈추지 않는 기도

셋째는, 응답될 때까지 멈추지 않는 것입니다.

"그의 사환에게 이르되 올라가 바다 쪽을 바라보라 그가 올라가 바라보고 말하되 아무것도 없나이다 이르되 일곱 번까지 다시 가라"(왕상 18:43).

엘리야는 일곱 번까지 기도했습니다. 여기서 일곱은 상징적인 숫자로, 이는 완전수인 동시에 하나님이 역사하시는 숫자입니다. 성경을 보십시오. 여리고는 언제 무너졌습니까? 일곱 번째 돌 때 무너졌습니다. 나아만의 나병 치유는 언제 일어났습니까? 일곱 번째 몸을 잠그고 일어났을 때 병이 나았습니다. 이처럼 일곱이란 하나님이 역사하시는 숫자입니다. 그러니 일곱 번 기도했다는 것은 하나님이 역사하실 때까지 기도했다는 것입니다. 아무런 사인이 보이지 않아도 계속해서 기도하며 나아가는 것, 이것이 바로 기도의 전사의 모습입니다.

엘리야는 중간 중간 마음에 수없이 많은 회의가 일어났을 것입니다.

무엇이 보이는지 물을 때마다 안 보인다는 말이 여섯 번이나 돌아오는 상황에서 얼마나 힘들고 민망했을까요? 그러나 엘리야는 모든 의심과 불안을 떨쳐 버리고 포기하지 않고 기도함으로 하나님의 응답을 받았습니다. 우리에게도 이러한 기도의 모습이 있어야 합니다.

응답받고 승리하는 기도의 사람

기도는 끈질김의 싸움입니다. 그러면 결국에는 응답받게 되어 있습니다. 여기서 응답은 다른 말로 승리라 할 수 있습니다. 영적 전쟁에서 이겼다는 것입니다. 이는 마귀와 죄와 싸워 이겨 하나님의 영광을 나타낸 것입니다. 하나님의 사람으로서 아름답게 승리한 것입니다.

> "여호와의 능력이 엘리야에게 임하매 그가 허리를 동이고 이스르엘로 들어가는 곳까지 아합 앞에서 달려갔더라"(왕상 18:46).

엘리야의 기도로 결국 큰 비가 내렸습니다. 아합이 당황하고 놀라 마차를 타고 달려가는데 그 마차 앞을 엘리야가 달리고 있습니다. 빗속을 달리는 엘리야의 모습을 떠올려 보십시오. 생각만 해도 가슴이 뜁니다. 그리고 이는 우리의 모습이 되어야 합니다. 우리도 빗속을 달리는 엘리야처럼 응답받고 승리하는 삶을 살아가야 합니다. 그리스도인인 우리도 이처럼 기도할 수 있어야 합니다.

빗속을 달리는 엘리야를 보며 그를 비난하고 비아냥거렸던 사람들은 분명 부끄러워했을 것입니다. 우리를 향해서 수없이 비아냥거렸던 그 모든 입들이 부끄러워질 수 있도록, 안 될 거라고, 의미 없다고 했던 그 모든 입들이 다물어질 수 있도록 우리에게도 이러한 승리의 삶이 이어져야 합니다.

지금까지 살면서 기도했는데 응답받지 못한 수많은 이야기들이 있을 것입니다. 그러나 아직 끝나지 않았습니다. 이야기는 아직도 진행 중입니다. 포기하지 마십시오. 우리가 포기하지 않고 기도할 때 하나님은 반드시 놀랍고 아름답게 승리하게 하실 것입니다.

3. 엘리사 - 약속의 기도

"
성령의 은혜를
갑절이나
받게 하소서.
"

| 왕하 2:1-14 |

하나님의 역사와 때를 기다린다는 것은 두 가지 의미를 함께 갖고 있습니다.
하나는 포기하지 않는다는 것이고, 또 하나는 서두르지 않는다는 것입니다.

신학교에 가서 처음 사역했던 곳은 서울 외곽에 있는 한 교회였습니다. 그곳에서 전도사로 사역하면서 굉장히 많은 사랑을 받았습니다. 열심히 사역하면서 교회 목회에 대해 너무나도 많은 것들을 구체적으로 배울 수 있었습니다. 그런데 너무 열심히 사역만 하다 보니 어느 순간 영적인 굶주림을 느끼기 시작했습니다. 특히 예배에 대해 너무나 많이 굶주리게 되었습니다. 예배 시간마다 주님을 바라봐야 하는데 담임 목사님을 봐야 했기 때문입니다. 목사님이 이쪽을 가리키면 안내에 문제가 있는 것이고, 저쪽을 가리키면 방송에 문제가 있는 것이었습니다. 그러다 보니 하나님의 음성을 듣기는커녕 예배 진행을 돕느라 제대로 예배를 드릴 수가 없었습니다. 고민하고 갈등하다가 더 이상은 안 되겠는 마음에 사역을 내려놓게 되었습니다.

그때의 경험으로 지금까지도 아주 단호하게 말하는 것이 있습니다. '배고픈 것은 무죄다.' 요즘 한국 교회 교인들의 수평 이동을 굉장히 비판적인 시각으로 바라보는 사람들이 많습니다. 다른 이유 때문이라면 당연히 비판받아야 할지 모르겠지만, 그 이유가 영적인 갈증과 굶주림 때문이라면 그것은 비판할 수 없는 문제라고 생각합니다. 이는 움직일 수밖에 없는 이유가 되기 때문입니다.

사임 이후 다른 사역지를 찾던 중 후배의 권면으로 서울 온누리교회에 지원을 하게 되었습니다. 그리고 하나님의 은혜로 그곳에서 섬기면서 정말 많은 것을 배우게 되었습니다. 영적인 갈급함을 채우게 된 것은 물론이고, 진짜 교회에 대한 새로운 그림, 목회에 대한 새로운 비전 등을 배울 수 있었던 너무나도 복된 시간이었습니다. 그런데 그중에서 개인적으로 가장 큰 축복이 되었던 것은 돌아가신 하용조 목사님을 만나 그분을 제 목회의 멘토로 삼을 수 있게 되었다는 것입니다. 하나님이 한 시대에 분명히 사용하신 영적 라인에 제가 섰다는 사실이야말로 저에게는 큰 축복이었습니다.

영적 계보는 굉장히 중요합니다. 신앙생활은 혼자 하는 것이 아니기 때문입니다. 그렇기 때문에 영적 라인에 바르게 서는 것은 너무나도 중요합니다. 성경에 나오는 표현 그대로 '하나님의 축복의 산에 올라가는 것'과 같습니다. 이런 영적 라인, 영적 계보를 잘 이은 것으로 유명한 사람이 바로 엘리사입니다. 엘리사는 엘리야로부터 이어지는 영적 라인에 선 사람입니다. 그는 엘리야와 같은 역사를 감당한 사람, 어떻게 보면 거의 반복된다고 볼 수 있을 만큼 동일한 역사를 감당한 사람이었습니다.

하지만 성경은 스승과 제자로 이어지는 선지자들을 그렇게 좋게 보고 있지 않습니다. 성경은 선지자 학교 출신, 어떤 유명한 스승 밑에서 훈련받은 사람이 아닌, 빈들 같은 곳에서 하나님이 직접 임하셔서 세운 사람을 진짜 선지자로 인정하는 견해를 자주 이야기합니다. 그런데 예외적으로 엘리야로부터 엘리사로 이어지는 영적 계보, 곧 영적 계승에 대해서는 굉장히 그 내용을 자세히 다루고 있습니다. 이유는 무엇일까요? 잘못하면 인간적이거나 세속적이 될 수 있어서 조심스럽지만, 그래도 이렇게 영적 라인에 서는 것이, 영적 계보를 이어 나가는 것이 너무나 중요하고 복되기 때문입니다.

끊어져서는 안 되는 신앙의 물줄기

우리는 엘리사처럼 영적 라인에 서 있어야 합니다. 영적 계보를 이어가야 합니다. 이것이 영적인 축복을 받는, 그리고 바르고 복되게 신앙생활하는 아주 중요한 방법입니다. 그렇다면 오늘날 영적 계보를 잇는다는 것은 구체적으로 무엇을 말하는 것일까요? 그것을 네 가지로 살펴보겠습니다.

첫째는, 영적인 공동체에 속하는 것입니다. 영적인 공동체에 속하는 것은 영적 라인과 계보를 잇는 굉장히 중요한 일입니다. 그래서 성도는 정말 좋은 교회에 속해야 합니다. 물론 하나님의 뜻에 의해서 힘들고 어렵지만 교회를 지키고 버티며 섬겨야 할 경우도 있습니다. 그런데 이러한 경우는 사역입니다. 사역을 제외하고는 하나님의 기름부음이 있는 공동체에 속해 있어야 합니다.

둘째는, 영적인 교제 가운데 들어가는 것입니다. 영적인 사람들과 아름답게 영적 교제를 나누는 것이 바로 영적 라인에 서는 것입니다. 물론 피곤할 수 있습니다. 어떤 경우는 상처받을 수도 있습니다. 그러나 이런 모든 어려움을 감수하고라도 우리는 귀한 사람들과 영적인 교제를 나눠야 합니다. 그래야만 영적 라인에 서 있을 수 있습니다. 주변에 영적으로 귀한 사람이 있다면 그와 교제하기 위해 일부러 찾아갈 것을 권면합니다. 그러나 그보다 더 좋은 것은 우리가 그런 사람이 되는 것입니다.

셋째는, 영적인 훈련을 함께하는 것입니다. 성도는 끝없이 훈련받아야 합니다. 그리고 이 훈련이 바로 영적 라인에 서는 아주 중요한 도구입니다. 정말 좋은 영적 훈련이 있다면 반드시 함께하십시오. 그러한 훈련을 통해서 영적 라인을 만들어 가야 합니다. 훈련은 물론 피곤합니다. 때로는 안 해도 될 것 같은 생각이 들 수도 있습니다. 훈련받지 않으면 그야말로 몸과 마음이 편할 수 있습니다. 하지만 그것은 나태함입니다. 나태함은 우리로 영적 라인에 서지 못하게 합니다. 이 모든 것을 이기고 영적 훈련에 참여하십시오.

넷째는, 영적인 사역에 동참하는 것입니다. 하나님의 뜻을 이루는, 하나님 나라를 세우는 사역을 함께하는 것이 바로 영적 라인과 계보를 잇는 것입니다. 하나님은 모든 영적인 사람들에게 소명을 주셨고, 그 소명은 바로 그들의 사명이 되었습니다. 그렇기 때문에 영적 라인을 만든다는 것은 그 소명에 함께하는 것입니다. 그 사명에 함께하는 것입니다.

그것이 바로 영적인 사역입니다.

엘리사처럼 기도하라

그렇다면 이런 영적 라인에 서기 위해서 우리는 어떻게 해야 할까요? 앞에서도 말했듯이, 영적 라인에 선다는 것은 영적인 일이기 때문에 이를 이루기 위해서는 신앙적인 결단과 헌신이 반드시 있어야 합니다. 그냥 자연스럽게 될 수는 없습니다.

엘리사의 소명 이야기를 보십시오. 여기서 우리가 분명히 이야기할 것은, 엘리사의 소명 이야기가 곧 엘리사의 기도 이야기라는 것입니다. 이 영적인 역사는 기도 외에 다른 방법으로는 일어날 수 없기 때문에 그렇습니다. 물론 그것이 예배를 드리다가 일어나는 것이든, 말씀을 보다가 일어나는 것이든, 생각 가운데 일어나는 것이든, 또는 사람과의 교제 중에 일어나는 것이든 상관없이 그 모든 것이 큰 그림에서는 기도라는 범주에 들어가는 것입니다. 우리가 하나님의 역사, 하나님의 일들을 받아들일 수 있는 것은, 그리고 그 일들이 우리 가운데 일어나는 것은 기도 외에는 방법이 없기 때문입니다. 기도 아니고는 일어날 수가 없다는 말입니다. 그래서 엘리사의 소명 이야기는 곧 그의 기도 이야기라고도 볼 수 있는 것입니다. 그렇기 때문에 우리도 엘리사와 같이 영적 라인에 서서 영적 계보를 잇기 위해서는 엘리사가 했던 것과 같은 기도를 드려야 합니다.

그렇다면 엘리사의 기도는 어떤 기도입니까? 그는 영적 라인에 서기 위해 어떻게 기도했을까요?

결단하는 기도

첫째로, 그는 영적인 결단을 내렸습니다. 결단이 없이는 절대로 영적 라인에 설 수 없습니다. 결단 없이 영적 라인에 섰다 할지라도 그 계보를 끝까지 아름답게 지켜 나갈 수는 없습니다. 결단해야 그 자리에 서는 것이고, 결단해야 그 자리를 지킬 수 있습니다.

열왕기상 19장에는 엘리야가 엘리사에게 겉옷을 던지면서 그를 부르는 이야기가 기록되어 있습니다. 이게 바로 엘리사의 소명 이야기입니다. 그때 엘리사는 무엇을 하고 있었습니까? 소 열두 겨리에다가 쟁기를 달아서 밭을 갈고 있었습니다. 굉장히 농사를 잘 짓고 있었다는 말입니다. 사는 게 괜찮았다는 것입니다. 그리고 열심히 살았다는 것입니다. 그런 그에게 엘리야가 겉옷을 던지면서 '나를 따르라'고 했을 때, 엘리사는 순간 갈등했습니다. 그 부름에 따라가려면 일상을 내려놓아야 하기 때문입니다.

부모님께 인사하고 오겠다는 엘리사에게 엘리야는 타협점을 내주지 않습니다. 부모님께 인사한다는 것은 무슨 의미입니까? 자기가 익숙했던 것으로부터 떠나야 한다는 것입니다. 일상적인 일을 내려놔야 하는 것일 수도 있습니다. 세상적인 기준에서 벗어나는 것이 되어야 할 수 있다는 것입니다. 무엇이 되었든 부담스러운 것입니다. 그게 바로 그가 받은 부름이었습니다. 그때 엘리사는 어떻게 했습니까? 바로 결단했습니다. 바로 돌아서서 소 열두 겨리 중에서 한 겨리를 잡고 소의 기구, 곧 쟁기를 부숴서 불을 피워 소를 삶아 사람들에게 나누어 주었습니다. 이 모든 작업이 무엇을 뜻하는지 정확히는 알 수 없지만, 한 가지만은 분명합니다. 자기가 살아왔던 모든 삶의 이야기를 내려놓고, 포기할 건 포기하고 던질 건 던지고 결단하며 따랐다는 것입니다.

그렇습니다. 이러한 영적 결단이 기도 가운데 일어나야 한다는 것입니다. 아니, 기도이기 때문에 일어날 수 있다는 것입니다. 너무나도 많은 사람들이 갈등하고 고민하다가 인생을 보냅니다. 그래서는 아무 일도 일어나지 않습니다. 바꿔 말하면, 영적 라인에 서지 못한다는 것입니다. 영적 계보를 잇지 못한다는 것입니다. 생각으로는, 지금의 감정으로는 할 수 없습니다. 그런데 기도하는 가운데서는 이런 결단이 일어날 수 있습니다. 이러한 결단이 일어날 때, 그때 우리는 영적 라인에 설 수 있는 것입니다. 기도하십시오. 계속해서 결단하십시오. 이것이 중요합니다.

기다리는 기도

둘째로, 그는 영적인 기다림의 시간을 보냈습니다. 기도하면서 하나님의 때, 하나님의 역사의 순간을 끈질기게 기다려야 영적 라인에 설 수 있습니다. 본문을 보면, 하나님이 엘리야를 올리시려 할 때 길갈에서 벧엘로, 여리고로, 또 요단으로 계속 이동시키시는 것을 볼 수 있습니다. 그런데 그때 엘리사는 엘리야의 곁을 떠나지 않았습니다. 이것이 중요합니다. 그는 하나님의 역사가 자기에게 오는 그 순간을 정말 집중하며 기다리고 있었다는 것입니다.

하나님의 역사와 때를 기다린다는 것은 두 가지 의미를 함께 갖고 있습니다. 하나는 포기하지 않는다는 것이고, 또 하나는 서두르지 않는다는 것입니다. 이 두 가지 상반된 개념이 중요합니다. 엘리야는 이곳저곳으로 움직이면서 이렇게 말합니다. "너는 여기 머물라"(왕하 2:2, 4, 6). 따라오지 말라는 것입니다. 그 자리에 있으라는 것입니다. 하지만 엘리사는 절대로 포기하지 않았습니다.

> "여호와께서 살아 계심과 당신의 영혼이 살아 있음을 두고 맹세하노니
> 내가 당신을 떠나지 아니하겠나이다"(왕하 2:2, 4, 6).

기도하는 사람은 포기하지 않습니다. 자녀를 위해 기도하는 사람을 보십시오. 그는 자녀를 포기하는 법이 없습니다. 교회를 위해 기도하는 사람도, 하나님 나라를 위해 기도하는 사람도 마찬가지입니다. 그들은 절대로 포기하지 않습니다. 아니, 포기할 수 없습니다. 기도는 자기 힘으로 하는 것이 아니기 때문입니다.

엘리사는 포기하지 않음과 동시에 서두르지 않았습니다. 엘리야의 입이 떨어질 때까지 절대로 먼저 말하지 않았습니다. 하나님의 때에 하나님의 역사를 이루는 일에 있어 수없이 많은 사람들이 무너지는 이유는 무엇입니까? 조급함으로 서두르기 때문입니다. 기다림에 필요한 요소는 포기하지 않음과 서두르지 않음입니다. 이 두 가지가 한꺼번에 있어야 기다림이 완성됩니다. 그게 바로 기도입니다.

약속을 붙잡는 기도

셋째로, 그는 영적인 목표와 방향을 놓치지 않고 확실하게 붙들었습니다. 순간순간 변하는 상황과 감정 속에서 하나님이 주신 영적인 방향과 목표를 놓치지 않아야 영적 라인에 설 수 있습니다. 그래서 정말 기도가 중요합니다.

"건너매 엘리야가 엘리사에게 이르되 나를 네게서 데려감을 당하기 전에 내가 네게 어떻게 할지를 구하라 엘리사가 이르되 당신의 성령이 하시는 역사가 갑절이나 내게 있게 하소서 하는지라"(왕하 2:9).

엘리사에게 처음 겉옷이 던져졌을 때의 이야기와 위의 말씀은 서로 일맥상통합니다. 둘 다 영적인 장자권을 의미하기 때문입니다. 이스라엘의 역사를 보면 장자에게는 두 배의 분깃이 주어졌습니다. 그리고 장자권을 주는 상징으로 그에게 옷을 주었습니다. 그래서 요셉이 채색 옷을 받았을 때 나머지 형들이 그렇게 분노한 것입니다. 무슨 말입니까? 엘리야가 엘리사에게 겉옷을 던진 것은 그를 부르면서 그에게 영적인 장자권을 주었다는 것입니다.

그때부터 엘리사의 마음속에는 이것이 하나님이 주신 목표로 자리 잡게 되었습니다. 그리고 이것을 잊어버리지 않고 있다가 마지막 순간 엘리야가 던진 무엇을 원하냐는 질문에 "당신의 성령이 하시는 역사가 갑절이나 내게 있게 하소서" 하고 요청한 것입니다. 이전에 겉옷을 던지며 약속했던 영적인 장자권을 달라고 요구한 것입니다. 이것은 엘리사의 욕심이 아닙니다. 하나님이 주신 언약을 잊지 않고 붙잡은 것입니다.

사실 우리는 대부분 준비가 잘 안 되어 있습니다. 오늘 당장 하나님이 우리에게 소원을 말해 보라 하신다면 그것에 분명히 대답할 수 있는 사람은 많지 않을 것입니다. 마찬가지로 우리가 무엇을 하기 위해 하나님에게 부름 받았는지, 무엇을 하고 사는 게 하나님이 원하시는 것인지에 대한 분명한 그림을 가진 사람 또한 많지 않습니다. 그런데 엘리사는 그렇게 정신없이 쫓아다니면서도 받은 약속을 놓치지 않았습니다. 잊어버리지 않았습니다. 이유가 무엇입니까? 바로 그것을 가지고 계속 기도하고 있었기 때문입니다. 기억하십시오. 기도하는 사람만이 대답할 수 있습니다.

행동하는 기도

넷째로, 그는 영적인 실행에 옮겼습니다. 영적인 능력을 가지고 실제로 행동하고 나아가는 것이 곧 영적 라인에 서는 것입니다. 여기서 행동이란 무엇입니까? 그게 바로 기도의 결론입니다. 제가 싫어하는 말 중에 하나가 "기도나 해 주세요"입니다. 이는 기도를 가볍게 여기는 태도입니다. 이 말속에는 기도는 행동의 반대말이라는 생각이 담겨 있습니다. 기도는 절대로 행동의 반대말이 아닙니다. 행동하지 않으니 기도나 하자가 아니라, 기도하니까 행동하는 것입니다. 행동해야 기도가 결론나는 것입니다. 기도했으면 기도한 대로 행동한다는 말입니다. 바꿔 말하면, 기도하고 행동하지 않으면 그건 잘못된 기도라는 것입니다.

"엘리야의 몸에서 떨어진 그의 겉옷을 가지고 물을 치며 이르되 엘리야의 하나님 여호와는 어디 계시니이까 하고 그도 물을 치매 물이 이리저리 갈라지고 엘리사가 건너니라"(왕하 2:14).

엘리야가 올라가면서 하늘에서 그의 겉옷이 떨어졌습니다. 말씀한 대로 온 것입니다. 영적인 계보가 이어진 것입니다. 하지만 아직 진짜 영적 라인에 선 것은 아닙니다. 거기까지 기도하면서 왔지만, 중요한 것은 그걸 받아서 엘리야가 했던 것처럼 그 겉옷을 가지고 요단강을 치면서 똑같이 외쳐야 했습니다. 그는 "엘리야의 하나님 여호와는 어디 계시니이까" 하며 외쳤습니다. 무슨 말입니까? 그가 바라보며 생각하고 훈련받았던 영적인 이야기들을 삶 가운데 실제로 기도하면서 행동해 봐야 진짜가 된다는 뜻입니다. 그가 외치며 물을 치자 물이 갈라졌습니다. 그가 그 길을 건너는 순간 그는 진짜로 영적 계보에, 영적 라인에 온전히 서게 되었습니다.

많은 사람들이 가진 신앙의 문제가 무엇입니까? 기도는 많이 하지만 그 기도의 결론으로 행동하지 않는다는 것입니다. 그러다 보면 기도는 쓸데없는 것이 돼 버리고 맙니다. 무의미한 것이 되는 것입니다. 정말 기도가 살아 계신 하나님 앞에서 드리는 영적인 역사라면, 기도한 대로 행동해야 합니다. 그래야 기도가 완성됩니다. 특별히 영적 라인에 서기 위해서는, 영적 계보를 잇기 위해서는 기도한 그대로 행해야 합니다.

병든 사람이 있으면 손을 얹으십시오. 어떤 문제가 생기면 성경에서 본 그대로 금식하며 엎드리십시오. 어떤 악한 세력과 더러운 것이 있으면 두 눈 똑바로 뜨고 말씀에 기록된 대로 선포하십시오. "악하고 더러운 귀신아, 떠나라!" 의심하지 말고 행하십시오. 역사는 기도 후에 행하는 행함을 통해 일어납니다.

엘리사의 소명 이야기의 클라이맥스는 그의 행함에 있습니다. 우리 삶의 클라이맥스 또한 다르지 않습니다. 기도했다면 행하십시오. 행함으로 영적 라인에 서서 영적 계보를 이으십시오. 우리가 이어야 할 가장 중요한 영적 라인과 계보는 누구입니까? 예수 그리스도이십니다. 어떤 사람의 라인에 서든, 그 계보는 무조건 예수 그리스도의 영적 라인에 자리 잡고 있어야 합니다.

우리가 하나님의 역사, 하나님의 일들을
받아들일 수 있는 것은,
그리고 그 일들이 우리 가운데 일어나는 것은
기도 외에는 방법이 없습니다.

> "
> 나의 두려움이
> 찬송으로
> 바뀌었나이다.
> "

| 대하 20:5-13 |

우리가 하나님의 권세와 능력과 그분의 사랑을 붙잡기 시작하면
이미 그 자체로 골짜기는 변하기 시작합니다.
이미 이긴 것입니다. 이미 축복이 된 것입니다.

성경에 나오는 '골짜기'라는 단어에는 아주 특별한 의미가 담겨 있습니다. 이는 단지 지형만을 뜻하는 것이 아니라, 삶의 특별한 순간, 곧 인생의 가장 힘들고 어려운 순간을 뜻하기도 합니다. 그 대표적인 예로 시편 23편을 들 수 있습니다. 우리가 잘 아는 '사망의 음침한 골짜기' 말입니다. 여기서 '사망의 음침함'이라는 말은 골짜기의 습성을 다시 한 번 드러낸 표현이라고 볼 수 있습니다. 모든 골짜기는 본질적으로 사망의 음침한 속성을 가지고 있다는 것입니다.

이를 잘 보여 주는 좋은 예 중에 하나가 바로 '게헨나'입니다. 게헨나는 구약에서 '힌놈의 골짜기' 혹은 '힌놈의 아들 골짜기'로 표현되는 예루살렘의 서남쪽에 위치한 골짜기를 말합니다. 그리고 신약에서는 이 단어가 헬라어로 바뀌면서 '지옥'이라고 번역되었습니다. 무슨 말입니까?

골짜기가 주는 이미지가 바로 지옥과 같다는 것입니다. '아골 골짜기'만 봐도 그렇습니다. 아골 골짜기는 여호수아가 가나안 정복 당시에 범죄한 아간을 돌로 쳐 죽인 바로 그 골짜기입니다. '아골'이라는 말 자체에 괴로움이라는 뜻이 들어 있습니다. 그곳에는 또한 시체가 있습니다. 그래서 결국 아골이라는 단어가 골짜기와 붙으면서 고통과 사망과 죽음이 있는 곳이라는 이미지가 더해진 것입니다.

피할 수 없는 인생의 골짜기

우리가 살아가면서 결코 가고 싶지 않은 곳이 있다면 바로 골짜기입니다. 하지만 그곳은 모든 사람이 가야 하는 곳이기도 합니다. 통과할 수밖에 없는, 반드시 지나야만 하는 곳이 바로 골짜기라는 것입니다. 시편 23편 4절은 이렇게 말씀합니다. "내가 사망의 음침한 골짜기로 다닐지라도." 다윗은 주님의 사랑과 은혜를 의지해서 살아간다 말하면서도 삶 가운데 있는 골짜기는 피할 수 없는 현실임을 전제하고 있습니다. 이는 결코 벗어날 수 없는 우리 삶의 부분이라는 것입니다.

그렇다면 우리 삶에는 구체적으로 어떤 골짜기들이 있을까요? 첫째는, 상황의 골짜기입니다. 어떤 경우 우리는 상황의 골짜기를 통과해야 합니다. 좋지 않은 경제적 상황이나 질병과 같은 건강의 문제 때문에 정말 힘든 상황의 골짜기를 건너야 할 때가 있습니다. 일과 사업에서 오는 상황의 골짜기를 건너야 할 때도 있습니다. 문제는 그 골짜기에 들어가다 보면 끝이 안 보인다는 것입니다. 어떻게 헤어나면 좋을지 방법이 없다는 것입니다. 하지만 방법이 보이면 골짜기가 아닙니다. 끝이 안 보이고 나갈 길이 없어 보이기에 골짜기인 것입니다.

둘째는, 관계의 골짜기입니다. 아름다워야 될 관계인데 풀리지 않을 경우, 정말 중요한 관계인데 망가져서 회복이 안 되는 경우가 이에 해당됩니다. 왜 이런 관계의 골짜기에 빠지게 됩니까? 어떻게 해야 할지, 어떻게 관계를 풀어 나가야 할지 잘 모르기 때문입니다. 그런데 이런 관계의 골짜기에 너무나도 많은 사람들이 빠져 있습니다.

셋째는, 감정의 골짜기입니다. 이것은 상황에서 오는 것일 수도 있고, 관계에서 오는 것일 수도 있습니다. 마음속에 골짜기가 생기는 것입니다. 극심한 우울함이나 감당 못할 두려움이 마음속에 자리해서 헤어날 수 없는 절망감 혹은 조절되지 않는 분노나 섭섭한 마음으로, 소외감과 외로움이 떨쳐 버릴 수 없는 열등감 혹은 죄책감 등으로 드러나는 것입니다. 이는 말 그대로 게헨나, 곧 진짜 지옥입니다. 이런 감정의 골짜기에는 그리스도인들도 빠질 수 있습니다. 아니, 많이 빠지고 있습니다.

넷째는, 신앙의 골짜기입니다. 어떤 경우에는 신앙생활하면서 영적인 골짜기를 통과할 때가 있습니다. 의심과 두려움이 우리 마음을 사로잡을 때가 있습니다. 심지어 어떤 때는 하나님이 안 계신 것처럼 생각될 때도 있고, 신앙이란 다 헛것이 아닌가 하는 불신이 쌓일 때도 있습니다. 신앙보다 현실이 더 커 보이고, 내 믿음보다 상황이 훨씬 확고해 보이는 무력감이 우리를 휘어잡을 때가 있다는 것입니다. 이 경우에는 대개 한때 뜨거웠던 믿음의 옛 시절을 떠올리며 그때의 믿음을 회복해야 한다고 생각하지만, 현 상황을 벗어날 방법이 없습니다. 이게 바로 우리가 맞닥뜨리고 있는 골짜기들의 이야기입니다.

다시 말하지만, 이 골짜기는 모든 사람에게 있습니다. 신앙인도 예외는 아닙니다. 그런데 더 분명한 것은 인생이 정말 아름답고 행복하려면 이 골짜기를 통과해야 한다는 것입니다. 통과하되 소중한 것 다 잃어버리고 만신창이 상태가 되어서는 안 됩니다. 그건 통과한 것이 아닙니다. 정말 소중하고 귀한 것들을 놓치지 않고 오히려 축복을 받아 내는 것이 진짜 골짜기를 통과하는 것입니다.

은혜를 붙잡고 믿음으로 통과하라

참신앙은 이런 골짜기를 하나님의 은혜로 통과하고 벗어나는 것입니다. 성경에는 하나님의 은혜로 골짜기를 통과하는 이야기가 굉장히 많이 기록되어 있습니다. 그중에 대표적인 이야기가 '하박국의 노래'입니다. 하박국은 영적인 회의와 신앙의 갈등이라는 골짜기에 빠졌습니다. 하나님이 행하시는 일들을 도무지 이해할 수 없었기 때문입니다. 그렇게 의심과 불신과 분노와 절망의 골짜기에 빠져 있던 그는 결국 그 모든 과정을 가지고 하나님 앞으로 나아가면서 깨닫게 됩니다. 그러면서 그는 그 유명한 하박국의 노래를 부르게 됩니다.

"비록 무화과나무가 무성하지 못하며 포도나무에 열매가 없으며 감람나

무에 소출이 없으며 밭에 먹을 것이 없으며 우리에 양이 없으며 외양간에 소가 없을지라도 나는 여호와로 말미암아 즐거워하며 나의 구원의 하나님으로 말미암아 기뻐하리로다"(합 3:17-18).

하박국은 골짜기를 통과하는 하나님의 은혜를 받고 나서 이 모든 것을 한마디로 요약합니다. 그것이 다음 절에 기록되어 있습니다.

"주 여호와는 나의 힘이시라 나의 발을 사슴과 같게 하사 나를 나의 높은 곳으로 다니게 하시리로다"(합 3:19).

'나를 나의 높은 곳으로 다니게 하시리로다'라는 구절은 기가 막힌 표현입니다. 이는 내적 치유의 모든 것이라 할 수 있습니다. 감정의 골짜기, 상황의 골짜기, 신앙의 골짜기를 헤매고 다니던 우리에게 하나님이 힘과 능력이 되어 주셔서 우리의 발을 사슴과 같게 하사 우리로 하여금 높은 곳으로 뛰어올라 그곳을 다니게 하신다는 것입니다. 이것이 바로 신앙이고, 이것이 바로 하나님의 역사입니다.

그런데 이 말씀에서 기억할 것이 있습니다. '다니게 하시리로다'라는 것은 아직 골짜기에 그대로 있다는 말입니다. 골짜기와 같은 어렵고 힘든 상황들이 모두 없어진 것이 아니라, 상황과 감정은 그대로지만 그곳을 믿음으로 벗어났다는 것입니다. 삶 속에서 고통스러운 것, 힘든 것, 어려운 것만 골라서 체험하고 다니는 사람들이 있습니다. 왜일까요? 능력이 없기 때문입니다. 힘이 없기 때문입니다. 벗어나지 못하기에, 이기지 못하기에 어려운 상황들이 계속되는 것입니다. 하지만 하나님이 함께하시면 다릅니다. 처한 상황은 변한 게 없지만, 하나님이 주신 높은 곳, 감사하고 찬양하며 기뻐할 곳을 거닐게 됩니다. 그것이 바로 능력이고, 그것이 바로 신앙입니다.

두려움을 찬송으로 바꾸는 기도

신앙은 골짜기를 이기고 벗어나는 것입니다. 이것을 잘 보여 주는 사람이 본문에 등장하는 여호사밧입니다. 여호사밧은 남 유다의 왕이었습니다. 그 당시 유다의 왕들은 끝까지 온전한 사람이 거의 없었다 해도 과언이 아닐 정도였습니다. 히스기야도 요시야도 훌륭한 왕이라고는 하지만 다들 조금씩 안타까운 점들이 있었습니다. 그나마 그중에서 신앙적, 정치적으로 훌륭했던 왕이 여호사밧입니다. 하지만 교제권이 별로 좋지 않았습니다. 여호사밧은 그 당시 북 이스라엘의 왕이었던 아합과 사돈을 맺었습니다. 아버지 아합과 어머니 이세벨의 나쁜 점만 골라 닮은 딸 아달랴를 자신의 아들 여호람과 혼인시킨 것입니다. 이런 좋지 않은 관계로 인해 여러 어려움을 겪으며 죽을 뻔한 위기에도 처하게 되지만, 그는 그럴 때마다 기도하며 열심히 하나님을 바라보려 한 사람이었습니다.

이런 여호사밧의 신앙을 가장 잘 보여 주는 내용이 본문인 역대하 20장에 기록되어 있습니다. 이 말씀에는 '여호사밧 골짜기'라는 제목이

붙어 있습니다. 본문 1절에 보면 암몬과 모압과 마온 사람들, 곧 유다 동쪽에 있는 세 부족이 연합해서 유다를 쳐들어옵니다. 그런데 한 나라가 쳐들어오는 것과 여러 민족이 연합해서 쳐들어오는 상황은 매우 다릅니다. 그리고 이러한 상황이 여호사밧을 두려움에 빠지게 합니다.

> "여호사밧이 두려워하여 여호와께로 낯을 향하여 간구하고 온 유다 백성에게 금식하라 공포하매"(대하 20:3).

여호사밧은 지금 연합군이 쳐들어왔다는 것만으로도, 사방이 연합해서 자신을 친다는 생각만으로도 두려워 마음이 무너지고 말았습니다. 즉 감정의 골짜기에 빠진 것입니다. 바울 사도의 표현대로라면 사방으로 우겨쌈을 당하고 있는 것 같은 느낌에 사로잡힌 것입니다. 이것이 바로 여호사밧 골짜기 이야기의 시작입니다. 하지만 그는 그 골짜기에 가만히 서 있지 않았습니다. 말씀에 나온 것처럼, 그는 하나님 앞에 기도하기 시작했습니다. 온 백성과 더불어 금식하며 기도하기 시작했습니다. 그 결과 그 골짜기의 이름이 바뀌었습니다.

> "넷째 날에 무리가 브라가 골짜기에 모여서 거기서 여호와를 송축한지라 그러므로 오늘날까지 그곳을 브라가 골짜기라 일컫더라"(대하 20:26).

'브라가 골짜기'란 무슨 뜻입니까? '송축의 골짜기'라는 뜻입니다. 앞서 살펴본 대로 골짜기 앞에는 대개 '사망의 음침한'이나 '게헨나', 아니면 '아골'과 같은 부정적인 단어들이 붙었는데 여기서는 긍정적인 단어인 '브라가'가 붙었습니다. 무슨 말입니까? 그렇게 두려움으로 시작했던 이야기가 찬송으로 변했다는 것입니다. 이것이 바로 여호사밧 골짜기 이야기의 결말입니다.

우리 삶 가운데 어떤 힘든 골짜기가 있다 할지라도 우리가 믿음을 갖고 있다면 그것은 사망으로 끝나지 않습니다. 마지막에는 반드시 브라가 골짜기로 바뀔 것입니다. 너무 감사하고 행복하고 귀해서 사람들 앞에서 간증하지 않을 수 없고, 하나님을 찬양하지 않을 수 없게 되는 것입니다. 내 마음을 다 드려서 주 앞에 송축하지 않을 수 없는 그러한 이야기로 바뀐다는 것입니다.

기억하십시오. 여호사밧의 사망의 골짜기를 송축의 골짜기가 되게 한 분명한 답은 하나입니다. 기도밖에는 다른 이유가 없습니다. 어떤 경우에도 기도 외에는 사망의 음침한 골짜기를 송축의 골짜기로 바꿀 수 없습니다. 신앙의 반전, 뒤집힘, 역전은 기도 외에 다른 방법으로는 나올 수 없는 것입니다. 하나님만을 바라보는 이 기도가, 주님만을 의지하는 이 기도가 바로 그 두려움의 골짜기를 찬송의 골짜기로 바꾼 것입니다.

새찬송가 370장 〈주 안에 있는 나에게〉 2절에 보면 이런 가사가 있습니다. "그 두려움이 변하여 내 기도 되었고, 전날의 한숨 변하여 내 노래 되었네." 저는 이것이 여호사밧 골짜기를 말하는 것이라고 생각합니다. 그렇습니다. 정말 두려움이었습니다. 정말 한숨이었습니다. 그런데 그것이 기도를 통해서 노래가 되었습니다. 이것이 바로 신앙 이야기입니다. 그리고 여호사밧의 기도를 들으시고 그 골짜기를 브라가 골짜기, 곧 송축의 골짜기가 되게 하신 하나님, 그분이 또한 우리 하나님이십니다.

결론을 바꾸는 기도의 방법

그렇다면 어떻게 기도해야 할까요? 어떻게 기도해야 우리 골짜기의 결론이 송축의 골짜기가 될 수 있을까요? 기도할 때 중요한 두 가지 주제가 있습니다. 우리는 이 두 가지를 양손에 붙들고 가야 합니다. 이 두 가지만 놓치지 않으면 그 골짜기는 반드시 송축의 골짜기가 될 수 있습니다.

하나님의 권세와 능력을 붙잡으라
첫째는, 하나님의 권세와 능력을 붙드는 기도입니다.

"이르되 우리 조상들의 하나님 여호와여 주는 하늘에서 하나님이 아니시니이까 이방 사람들의 모든 나라를 다스리지 아니하시나이까 주의 손에 권세와 능력이 있사오니 능히 주와 맞설 사람이 없나이다"(대하 20:6).

대적은 우리로 하여금 하나님의 권세와 능력을 끊임없이 의심하게 만듭니다. 안 그러려고 해도 자꾸만 상황이 커 보입니다. 세상이 더 강하게 보입니다. 돈이 훨씬 더 힘 있어 보이고, 어떤 현실이 자꾸만 더 커 보이게 합니다. 그러나 기도의 사람은 그런 상황 속에서도 전심을 다해서 하나님의 권세와 능력을 붙들고 기도해야 합니다.

하나님은 세상의 모든 것을 통치하는 전능한 하나님이십니다. 세상은 마귀가 아닌 하나님이 다스리십니다. 우리 삶은 사탄의 영향 아래 있는 것이 아니라 하나님의 통치 아래에 있습니다. 이 사실을 숨이 넘어가도 포기하지 않고 붙잡는 사람이 바로 브라가 골짜기, 곧 송축의 골짜기가 주는 은혜를 맛볼 수 있습니다. 이것이 바로 여호사밧이 드렸던 기도의 첫 번째 주제입니다.

하나님의 사랑을 붙들라

둘째는, 하나님의 사랑을 붙드는 기도입니다.

"우리 하나님이시여 전에 이 땅 주민을 주의 백성 이스라엘 앞에서 쫓아내시고 그 땅을 주께서 사랑하시는 아브라함의 자손에게 영원히 주지 아니하셨나이까"(대하 20:7).

여호사밧은 하나님이 특별히 사랑하신, 그래서 그들이 하나님에게 부르짖기만 하면 구원하시는 하나님의 사랑의 이야기를 붙들고 기도하고 있습니다. 마귀가 아무리 다른 말로 속삭여도 우리를 향한 하나님의 사랑은 결코 막을 수도 없고 끊을 수도 없습니다. 그 사랑은 결코 변하지 않습니다. 이걸 붙들고 기도하는 것이 중요합니다.

상황이 우리 마음대로 되지 않는다고 해서 나를 향한 하나님의 사랑을 의심해서는 안 됩니다. 그때 박수는 누가 칩니까? 마귀가 칩니다. 이것은 사탄이 원하는 결론입니다. 우리가 원하는 대로 되지 않을지라도, 우리가 생각하는 대로 되지 않을지라도 우리는 이렇게 말할 수 있어야 합니다. "이해하거나 납득할 수 없지만, 그럼에도 불구하고 하나님이 나를 사랑하신다는 것을 믿습니다."

얼마나 많은 신앙의 사람들이 눈물을 흘리며 하나님의 사랑을 붙잡았는지 모릅니다. 하나님의 사랑인 것이 너무 감사해서 붙잡는 것은 쉽습니다. 하지만 그렇지 못한 상황에서 눈물 흘리고 통곡하며 그 사랑을 붙잡는 것은 어렵습니다. 그들은 그렇게 고통의 골짜기를 송축 골짜기로 만들어 냈습니다. 그것이 신앙입니다.

마귀가 제일 빠르게 움직일 때가 언제입니까? 하나님이 나를 사랑하지 않으신다는 어떤 단서들에 우리가 관심을 기울이는 순간입니다. 마귀는 그 순간을 놓치지 않고 논리를 제공하면서 하나님이 사랑하신다면 이러실 수 없다고 우리를 미혹합니다. 뿐만 아니라 마귀는 우리가 하나님의 사랑 앞에 나아가려 할 때마다 우리가 하나님을 사랑할 수 없는 이유들을 끝없이 상기시켜 줍니다. '너 또 죄 지었잖아. 너 그런 식으로 못된 마음먹었잖아. 너 지난날에 그런 일했잖아.' 그러면서 이러한 이유로 하나님은 우리를 사랑하지 않으신다고, 우리 또한 하나님을 사랑할 수 없는 존재라고 계속해서 속입니다.

이런 생각이 들 때마다 성경을 보십시오. 그러면 성경이 그 순간 목이 터져라 외치고 있는 것을 볼 수 있습니다. "아니다, 절대로 그렇지 않다. 하나님은 그럼에도 불구하고 너를 사랑하신다. 그 확실한 증거가 바로 십자가다." 하나님은 우리가 사랑받을 만해서 십자가에 당신의 아들을 못 박으신 것이 아닙니다. 십자가에 아들을 못 박으셨다는 것은 그렇게 아들을 죽이지 않고는 도저히 구원할 수 없을 만큼 우리가 사랑할 수 없는 존재라는 것입니다. 그런데 그럼에도 불구하고 우리를 사랑하셨다는 뜻입니다. 그러므로 우리는 하나님의 사랑을 말씀 가운데서 다시 붙잡아야 합니다. 우리를 향한 하나님의 사랑을 의심하지 않아야 합니다. 그래야 골짜기를 통과할 수 있으며, 그래야 그 골짜기가 브라가 골짜기, 곧 송축의 골짜기가 되는 것입니다.

우리가 하나님의 권세와 능력과 그분의 사랑을 붙들기 시작하면 이미 그 자체로 우리 인생의 골짜기는 변하기 시작합니다. 기억하십시오. 브라가 골짜기는 변화 이후에 얻게 된 이름이 아닙니다. 여호사밧과 이스라엘 백성이 하나님 앞에 무릎 꿇은 순간, 하나님의 권세와 능력을 부여잡고 하나님의 사랑을 움켜잡은 순간 그 이름이 바뀌었습니다. 결론은 이미 정해졌습니다. 이미 이긴 것입니다. 이미 축복이 된 것입니다. 그래서 정말 아름답고 행복한 삶을 살 수 있는 신앙이 된 것입니다. 이것이 여호사밧 골짜기 이야기의 결론입니다.

골짜기는 모든 사람에게 있습니다.

신앙인도 예외는 아닙니다.

그런데 더 분명한 것은, 인생이 정말 아름답고 행복하려면

이 골짜기를 통과해야 한다는 것입니다.

참신앙은 이런 골짜기를

하나님의 은혜로 통과하고 벗어나는 것입니다.

"
주의 목전에서
선하게 행한 것을
기억하소서.
"

| 사 38:1-8 |

하나님과의 관계가 멀어진 상태에서 드리는 기도는 진짜 기도가 아닙니다.
기도는 저 멀리 우주의 하나님에게 하는 것이 아니라,
내 옆에, 나와 함께하시는 하나님 아버지에게 하는 것입니다.

미국에서 목회한 지 5년쯤 지날 무렵, 교회의 규모가 커지면서 교단에 가입해야겠다는 생각을 갖게 되었습니다. 이유는 두 가지인데, 하나는 미국 주류 사회와 영적인 교감을 해야겠다는 생각에서였고, 다른 하나는 우리 교회가 주류 사회에 기여할 수 있는 기회를 가져야겠다고 생각했기 때문입니다.

취지가 그랬기에 처음부터 한국 교단은 들어가지 않기로 결정하고는 미국의 여러 교단들을 점검하기 시작했습니다. 그러던 중 CRC라는 교단을 소개받게 되었습니다. CRC는 Christian Reformed Church의 줄임말로서 우리말로는 북미주개혁교회라고 번역할 수 있는데, 이 CRC는 1850년경에 네덜란드에서 온 이민 교단이었습니다. 네덜란드에 있는 개혁교회가 자유주의로 빠지는 것을 보고는 안 되겠다 싶어 미국으로 건너온 사람들이 세운 교단이었던 것입니다.

저는 이 교단의 개혁신앙이 두 가지 면에서 굉장히 좋았습니다. 첫째는, 이 신앙은 세상을 포기하지 않기 때문입니다. 보통 신앙이 좋은 교단은 세상과 교회를 나눕니다. 세상은 악한 것, 교회는 하나님 나라라는 식으로 말입니다. 그래서 신앙 좋은 사람들은 세상의 악한 것과 더러운 것을 다 끊고 외면하고 버려야 한다는 생각을 갖게 되는데, 개혁신앙은 그렇지 않습니다. 세상이 악하고 문화가 타락했어도 이 세상은 하나님이 만드셨다는 것입니다. 그러니 세상을 포기할 수 없다는 것입니다. 대신, 세상을 바꿔서 회복시켜야 한다는 것입니다. 1986년에 열린 CRC 총회에서 소위 말하는 현대적 언어로 된 신앙 고백(Contemporary testimony)을 만들었는데, 그 신앙 고백의 제목이 '우리의 세상은 하나님에게 속했다'입니다. 무슨 말입니까? 세상을 포기할 수 없다는 것입니다.

제가 개혁신앙을 좋아한 두 번째 이유는, 철저하게 신앙의 본질을 강조하기 때문입니다. 참된 신앙, 진짜 신앙이 정말 중요하다는 것입니다. 개혁은 진짜로의 개혁, 참됨으로의 개혁입니다. 종교 개혁 때도 그랬지만, 개혁은 하나의 새로운 사상, 혹은 그동안 없었던 또 다른 어떤 것을 만드는 것이 아니라, 본질로 돌아가는 것입니다. 변질되었으니 본질로 가겠다는 것입니다. 루터와 칼뱅과 같은 개혁주의자들을 보십시오. 그들은 사상뿐 아니라 신앙 자체가 하나님 앞에서 진짜였습니다. 그랬기에 지금까지도 그들의 삶이 우리에게 본이 되는 것입니다. 그들의 신앙이 진짜가 아니었다면 그들은 절대로 종교 개혁자가 될 수 없었을 것입니다.

그렇다면 성경에 기록된 인물 중에서 이러한 개혁주의적 신앙을 가진 대표적인 사람을 꼽으라면 누구를 꼽을 수 있을까요? 바로 히스기야입니다. 히스기야는 남 유다 왕 중에서 신앙적으로 뛰어난 두 명 중에 한 명으로, 다른 한 사람은 요시야를 꼽습니다. 그렇다면 무슨 근거로 이 두 왕을 남 유다에서 가장 뛰어난 왕으로 꼽는 것일까요? 이들은 모두 종교 개혁을 단행했던 인물들입니다. 그중에서도 히스기야가 먼저 종교 개혁을 일으켰습니다.

앞에서도 이야기했듯이, 자신의 신앙이 진짜가 아니면 개혁자가 될 수 없습니다. 모든 신앙의 개혁은 하나님 앞에서 자신의 신앙을 가지고 몸부림치다가 나오는 것입니다. 히스기야도 그랬습니다. 그는 참된 신앙인으로서 본이 되는 사람이었습니다. 그렇다면 히스기야는 특별히 어떤 면에서 신앙의 본을 보였을까요? 그는 바로 기도하는 사람으로서의 신앙의 본을 우리에게 보여 주고 있습니다.

히스기야의 기도

진짜 신앙인이라면 기도하는 사람이어야 합니다. 어떤 경우도 기도를 빼 놓고는 참신앙을 논할 수 없습니다. 기도생활을 잘 안 하지만, 신앙은 참신앙이다? 그건 가짜입니다. 그럴 수 없기 때문입니다. 물론 개인 기도, 통성 기도 등 기도하는 스타일 자체는 다를 수 있습니다. 하지만 기도하지 않고는 절대로 진짜 신앙인이 될 수 없습니다.

히스기야는 그만이 가진 독특한 기도의 특징이 있었습니다. 저는 이 것을 '히스기야의 기도'라고 부르고 싶습니다. 물론 이러한 특징들은 다른 사람에게서도 발견될 수 있습니다. 하지만 이는 히스기야의 기도를 통해 특별히 강조되고 있습니다.

하나님 앞으로 달려가는 기도

첫째는 무엇입니까? 무슨 일이든지 무조건 하나님 앞으로 달려가는 기도입니다. 히스기야는 삶에 어려운 일이 닥칠 때마다 하나님 앞으로 달려가는 신앙인이었습니다. 우리는 흔히 어려운 일을 당하면 하나님 앞으로 달려갈 거라 생각합니다. 그런데 꼭 그렇지만도 않습니다. 그 어려운 일이 종종 하나님 앞으로 갈 수 없게 만드는 시험이기 때문입니다. 그러니 어려운 일이 닥칠 때마다 하나님 앞으로 달려간다는 면에서 히스기야는 비교할 수 없이 철저하고 확실한 사람임을 알 수 있습니다. 특별히 본문을 보면 삶의 어려움 앞에서 무조건 하나님 앞으로 달려가는 그 기도의 영성이 얼마나 철저하고 대단한지를 알 수 있습니다. 그가 이사야에게 들었던 이야기는 그야말로 절망 그 자체였습니다.

"그때에 히스기야가 병들어 죽게 되니 아모스의 아들 선지자 이사야가 나아가 그에게 이르되 여호와께서 이같이 말씀하시기를 너는 네 집에 유언하라 네가 죽고 살지 못하리라 하셨나이다 하니"(사 38:1).

기도하면 나을 수 있다는 말이 아닙니다. 하나님이 어쩌면 너를 살려 주실 수 있다는 말도 아닙니다. 이미 끝났다는 것입니다. 더 이상 살수 없으니 유언이나 남기라는 것입니다. 그런데 이 말을 하나님의 사람인 선지자 이사야가 하나님의 말씀으로 이야기했습니다. 이것이 우리가 겪는 시험의 아주 중요한 포인트입니다. 우리 마음이 하나님에게 닫힐 수밖에 없는 절망적인 순간이 아닐 수 없습니다. 하지만 그는 하나님에게로 달려갔습니다. 가서 기도하기 시작한 것입니다. 기도하면 어떻게든 고쳐 주시겠지 하는 기대가 있어서 간 것이 아니라, 어려우니까 그냥 달려간 것입니다.

이런 신앙이 무서운 신앙입니다. 재고 계산하고 판단하는 신앙보다 본능과도 같은 신앙이야말로 정말 놀라운 신앙이고 세상이 감당할 수 없는 믿음입니다. 이러한 신앙은 영적인 습관이 되어 버린 신앙을 말합니다. 그냥 하는 것입니다. 이건 마귀가 어떻게 해 볼 수 없는 신앙입니다. 아무리 의심을 집어넣으며 회유해도 넘어가지 않습니다. 그냥 달려가기 때문입니다. 이게 바로 히스기야의 기도하는 모습이었습니다.

오래전 주일학교 시절에 들었던 한 이야기가 생각납니다. 한국전쟁 때 공산군이 교회를 핍박하던 이야기입니다. 공산군이 사람들을 모아 놓고 총을 들이밀며 하나님은 없다고, 하나님을 부인하라고 요구했습니다. 그러자 사람들은 겁에 질려서 하나둘씩 하나님을 부인했습니다. 그러던 중 주일학교 어린아이 차례가 되었습니다. 이 아이는 공산군에게 이렇게 대답했다고 합니다. "하나님에게 물어볼게요." 어떻게 보면 만들어 낸 이야기 같기도 합니다. 하지만 이 이야기를 떠올릴 때마다 이런 생각이 듭니다. 어쩌면 신앙은 이 아이와 같아야 한다고 말입니다. 우리 마음에 의심과 회의가 가득한 순간에도, 우리가 정말 시험에 들었을 때에도 그 마음 그대로 들고 하나님 앞으로 나아가야 한다고 말입니다. 이것이 정말 무서운 신앙입니다.

히스기야가 이사야로부터 병들어 죽게 될 것이라는 말씀을 들었을 때는 앗수르에게 공격받아서 상황이 매우 곤궁할 때였습니다.

> "너와 이 성을 앗수르 왕의 손에서 건져내겠고 내가 또 이 성을 보호하리라"(사 38:6).

'너와 이 성을 앗수르에게서 건져내고 보호하겠다'는 말은 무슨 뜻입니까? 이스라엘이 지금 앗수르의 공격 앞에 있다는 것입니다. 그 위험에 빠져 있다는 것입니다. 다시 말해서, 앗수르의 공격을 받고 있는 상황 한복판에서 병든 것입니다.

사람들은 대개 한 번은 버팁니다. 그러나 똑같은 어려움이 반복해서 닥쳐오면 대부분 잘 무너집니다. 신앙의 사람들이 극단적인 선택을 하는 경우를 보십시오. 한 번 왔을 때는 버티는데 또 다른 어려움이 함께 오는 순간 모든 영적 의지와 신앙의 능력을 잃어버리고 버텼던 것에서 무너지면서 절망하는 것을 볼 수 있습니다. 포기하는 것입니다. 이것은 모든 사람이 겪는 어려움입니다. 그리고 히스기야의 상황이 딱 그랬습니다. 하지만 그럼에도 불구하고 히스기야는 포기하지 않고 하나님 앞으로 달려갔습니다. 그래서 이 신앙이 무서운 것입니다. 우리의 기도가 이런 기도가 되어야 합니다.

하나님에게만 집중하는 기도

히스기야의 기도가 보여 주는 두 번째 특징은 무엇입니까? 세상을 차단하고 하나님만 바라보면서 하나님에게만 집중하는 기도입니다.

"히스기야가 얼굴을 벽으로 향하고 여호와께 기도하여"(사 38:2).

얼굴을 벽으로 향했다는 구절이 그의 기도의 특성을 그대로 드러내고 있습니다. 세상의 다른 것은 보지 않겠다는 것입니다. 세상에는 다른 방법이 없다는 것입니다. 그러니 하나님에게만 집중하겠다는 것입니다.

불교에는 면벽수행이라는 것이 있습니다. 무문관(無門關), 곧 '관계를 맺는 문이 없는 방'에 들어가 벽을 보고 앉아서 오직 진리만을 구하고 수행하다가 득도하면 그 무문관을 부수고 나오는 것입니다. 제가 볼 때 히스기야가 벽을 보고 앉아서 하나님에게 기도한 것은 불교의 면벽수행과 비슷합니다. 차이가 있다면 불교의 면벽수행은 홀로 수행하는 것이지만, 히스기야의 벽을 향한 기도는 혼자가 아닌 하나님 앞에 집중하는 기도라는 것입니다. 살아 계신 하나님과 대화하고 그분에게 집중하며 아뢰는 기도라는 것입니다. 그렇게 하나님의 응답을 받는 것이기 때문에 완전히 다른 것입니다.

우리 신앙의 선배들을 보십시오. 그들은 기도원에 올라가서, 때로는 토굴에 들어가서, 아니면 작은 방에 들어가서 문을 걸어 잠그고 오직 하나님에게만 매달려 기도했습니다. 저는 우리의 기도가 그래야 한다고 생각합니다. 정말 필요할 땐 세상 다 차단하고 하나님 앞에만 가는, 벽을 향해 앉는 그런 기도 말입니다. 기도할 때 눈을 감는 이유가 무엇인 줄 압니까? 세상을 보지 않겠다는 것입니다. 다른 거 보지 않고 하나님만 바라보겠다는 것입니다. 하나님에게만 집중하겠다는 것입니다. 찬양할 때도 마찬가지입니다. 찬양할 때 때로 눈을 감는 것은 우리의 시선을 오직 하나님에게 향하겠다는 것입니다. 이러한 신앙이 정말 중요합니다.

하나님과 특별한 관계 속에서 드리는 기도

세 번째 특징은 무엇입니까? 하나님과 특별한 관계 속에서 드리는 기도입니다.

> "이르되 여호와여 구하오니 내가 주 앞에서 진실과 전심으로 행하며 주의 목전에서 선하게 행한 것을 기억하옵소서 하고 히스기야가 심히 통곡하니"(사 38:3).

사실 이 부분이 조금 당황스럽습니다. 어떻게 보면 대단히 교만하고 무례하게 느껴집니다. 하나님 앞에서 자신이 진실과 전심으로 행하며 주의 목전에서 선하게 행한 것을 기억해 달라고 말할 수 있는 사람이 누가 있을까요? 그런데 이 말은 그런 뜻이 아닙니다. 자신이 신앙생활을 제대로 잘했고 선한 일을 많이 행했으니 살려 달라는 요구가 아니라는 것입니다. 여기서 말하는 '진실과 전심으로 행하며 주의 목전에서 선한 일을 행했다'는 것은 그동안 살았던 신앙의 삶 자체를 이야기하는 것입니다.

그러니까 이 표현은 이런 것입니다. "하나님, 제가 하나님 앞에서 하나님을 예배하고 섬기며 살았던 그 모든 시간들, 하나님이 나의 하나님이어서 행복했던 그 모든 것들을 기억하는데 더 이상 하나님을 섬길 수 없다니 너무나 안타깝습니다."

이 내용이 확실한 것은 나중에 히스기야가 고침을 받고 부른 노래를 통해 알 수 있습니다.

"내가 또 말하기를 내가 다시는 여호와를 뵈옵지 못하리니 산 자의 땅에서 다시는 여호와를 뵈옵지 못하겠고 내가 세상의 거민 중에서 한 사람도 다시는 보지 못하리라 하였도다"(사 38:11).

다시는 산 자의 땅에서 여호와를 뵈옵지 못하게 될까 봐 너무 힘들었다는 것입니다. 그러면서 이어서 이렇게 이야기합니다.

"스올이 주께 감사하지 못하며 사망이 주를 찬양하지 못하며 구덩이에 들어간 자가 주의 신실을 바라지 못하되 오직 산 자 곧 산 자는 오늘 내가 하는 것과 같이 주께 감사하며 주의 신실을 아버지가 그의 자녀에게 알게 하리이다"(사 38:18-19).

결국 그가 이렇게 기도한 것은 내가 잘났다, 내가 제대로 살았으니 살려 달라는 교만함이 아니라, 하나님과 내가 얼마나 특별한 관계인지, 그분 앞에서 신앙생활하는 게 얼마나 소중했었는지를 이야기한 것입니다. 그냥 먼 곳에 계신 하나님, 일반 백성들의 관념 속에 있는 그런 하나님이 아니라, 정말 나의 하나님, 나와 특별한 관계 속에 계셨던 하나님, 나의 삶 속에 함께 계셨던, 내게 가장 행복했던 하나님을 이야기하고 있는 것입니다.

그렇습니다. 어떤 기도든 하나님과의 관계가 멀어진 상태에서 드리는 기도는 진짜 기도가 아닙니다. 기도는 기본적으로 개인적입니다. 기도는 저 멀리 우주의 하나님에게 하는 것이 아니라, 내 옆에, 나와 함께 하시는 하나님 아버지에게 하는 것입니다. 이것이 예수님이 가르쳐 주신 기도의 본입니다.

히스기야의 표현을 우리 식으로 바꾸면 이런 것입니다. "하나님, 저예요. 당신의 소중한 자녀예요. 당신의 특별한 사랑 가운데 살았던 저예요. 당신을 섬겼던 시간이 가장 행복했던 저예요. 하나님, 저 좀 살려 주세요." 이러한 고백이었기에 그 순간 하나님 앞에서 마치 아이가, 혹은 고생했던 자녀가 부모를 만났을 때 서러움이 폭발하듯이 그 서러움이 터져 나오면서 통곡했던 것입니다. 이것이 바로 히스기야의 기도입니다.

우리의 기도가 진짜 기도인지 아닌지는 첫마디에서 결판납니다. 첫마디에서 하나님을 부를 때 이미 기도는 끝난 것입니다. 그때 그 하나님이 내 아버지이셔야 합니다. 그때 그 하나님이 나와 가까이 계셔야 합니다. 그때 그 하나님 앞에서 내가 모든 걸 토해 내고 울 수 있는 관계여야 합니다. 내 사정을 가장 잘 아시는 분, 내 속에 있는 아픔을 가장 잘 아시는 분, 그러면서 세상 어떤 관계보다도 가까우신 분, 그분에게 마치 집 밖을 헤매고 다니다가 집에 돌아온 그런 마음으로 드리는 기도가 진짜 기도입니다.

예수님은 하나님 앞에 '하늘에 계신 우리 아버지여'라고 기도할 수 있도록 가르쳐 준 유일한 분이십니다. 기도는 다른 것이 아닙니다. 기도는 하나님 앞에 나아가 우리의 모든 사정을 이야기할 뿐 아니라 우리의 모든 마음을 물을 쏟아 붓듯이 쏟을 수 있는 것입니다. 우리는 예수님이 가르쳐 주신 것처럼, 바로 그런 기도를 해야 합니다.

진짜 기도와 진짜 응답

히스기야의 기도는 진짜 기도입니다. 그의 기도는 세상에서 쉽지 않은 삶의 이야기를 감당하면서 어느 날 자신도 감당 못할 청천벽력 같은 통보에 언제나 가능성이 열려 있는 삶을 살아가는, 그런 우리가 반드시 기억해야 할 기도입니다. 그러니 기억하십시오. 히스기야의 기도는 바로 그럴 때 우리 하나님의 마음을 가장 잘 움직이는 강력한 기도입니다. 하나님이 응답하시는 기도라는 것입니다. 물론 응답의 방법은 우리가 생각하는 것과 다를 수 있겠지만, 분명한 것은 하나님이 응답하셨다는 것입니다.

너는 죽을 것이라고, 살지 못할 것이라며 네 집에 유언하라고 말씀하신 분이 하나님이셨는데, 하나님이 이 기도 앞에서 뜻을 돌이키셨습니다. 생명을 15년 더 연장시켜 주신 것입니다. 그리고 또 하나, 히스기야가 갖고 있던 또 다른 문제를 해결해 주셨습니다. 그것은 바로 앗수르에게서 건져 주시겠다는 약속을 지켜 주신 것입니다. 하나님은 히스기야에게 확실한 증거를 보여 주셨습니다. 아하스의 해시계가 뒤로 10도 물러가는 초자연적 기적을 베푸신 것입니다.

여기에 담겨 있는 중요한 의미는 무엇입니까? 하나님이 지금 히스기야를 돌보고 계시다는 것입니다. 그의 마음이 아픈 걸 아시고, 그의 마음이 흔들릴 걸 아시고 만지고 계시는 것입니다. 히스기야처럼 기도하십시오. 그렇게 되기를 사모하십시오. 우리는 그처럼 간절하게, 그처럼 가까이, 그처럼 치열하게 기도할 수 있어야 합니다. 그러면 하나님이 우리 기도를 들으시고 우리의 마음을 만지실 것입니다.

사실 우리가 부르짖어도 응답되지 않을 수 있습니다. 하지만 그렇다고 응답이 안 된 것은 아닙니다. 우리의 생각대로 되지 않았을 뿐입니다. 그때 하나님이 우리 마음을 만져 주십니다. 사랑으로 돌봐주십니다. 이것이 바로 기도하는 사람을 향한 하나님의 마음이요, 우리 기도에 대한 진짜 응답입니다.

기도할 때 눈을 감는 이유가 무엇인 줄 압니까?

세상을 보지 않겠다는 것입니다.

다른 거 보지 않고 하나님만 바라보겠다는 것입니다.

하나님에게만 집중하겠다는 것입니다.

"
내가
여기 있나이다.
나를 보내소서.
"

| 사 6:1-8 |

우리의 기도가 정말 온전한 기도, 아름다운 기도라면
그 마지막 결론은 반드시 소명과 헌신으로 가야 합니다.
그것이 하나님에게 드리는 가장 값진 기도입니다.

세계적인 기독교 변증가이자 강연자요, 작가이자 사회비평가로도 유명한 오스 기니스(Os Guinness)는 굉장히 영적인 가문 출신입니다. 증조할아버지인 헨리 기니스(Henry Guinness)는 허드슨 테일러(James Hudson Taylor)와 함께 중국 내지 선교회를 함께한 사람으로서 허드슨 테일러는 중국에서 사역을, 헨리 기니스는 영국에서 사역을 지원하고 도운 것으로 유명합니다. 이 오스 기니스의 대표적인 저서 중 《소명》(IVP 역간)이라는 책이 있습니다. 그는 소명을 굉장히 중요하게 생각했습니다. 책에서 굉장히 인상 깊었던 내용은 그가 소명을 '아르키메데스의 지렛대가 놓인 지점'으로 봤다는 것입니다. 아르키메데스(Archimedes)가 누구입니까? 그는 "나에게 충분한 길이의 지렛대를 주면 지구도 들어 올리겠다"라고 말한 것으로 유명한 사람입니다.

오스 기니스는 이 이야기를 통해서, 소명이란 결국 이 세상에서 정말 힘든 상황에 처해 있다 해도 우리 가운데 허락된 저 세상, 즉 영원한 세상의 목표를 가지고 이 세상을 들어 올릴 수 있게 하는 지렛대가 놓인 지점, 곧 받침대와 같은 것이라고 말하고 있습니다. 그렇기 때문에 성공적인 삶을 살기 위한 필수불가결한 것이 있다면 그것이 바로 소명이고, 이 시대가 힘이 없고 어려우며 사람들이 방황하는 이유는 바로 이 소명이 없기 때문이라고 덧붙입니다.

하나님이 허락하신 소명을 붙들라

소명은 인생에서 너무나도 중요합니다. 소명이 없다면 인생은 그야말로 쓰레기와 같은 허무하고 헛된 것에 불과합니다. 소명이 없이는 삶 가운데 의미가 있을 수 없습니다. 소명이 없이는 삶에 진정한 가치가 있을 수 없습니다. 소명이 없이는 삶 가운데 성취와 만족이 있을 수 없다는 것입니다. 그래서 소명이 없는 삶은 절대로 행복할 수 없으며, 아름다울 수 없고, 성공적일 수 없는 것입니다. 무엇보다 인생의 마지막 순간에 후회하지 않는 삶을 살기 위해서는 이 소명이 절대적으로 중요합니다. 왜냐하면 진정한 소명은 우리를 지으시고 우리로 하여금 이 삶을 살도록 허락하신 하나님이 우리를 향해 주신, 우리를 부르신 그 부름이기 때문입니다. 이 소명이 우리 삶의 방향과 목표와 원칙과 기준이 되는 것이기 때문에 그렇습니다.

소명이 있어야 지금 내가 제대로 살고 있는지 아닌지를 판단할 수 있습니다. 하나님으로부터의 부르심이 없다면 내가 지금 제대로 살고 있는지 아닌지를 판단할 기준이 없기 때문입니다. 요즘은 제멋대로, 나 좋은 대로 살면 그만이라고 생각하는 경향이 짙습니다. 이것은 정말 문제입니다. 오늘날 수많은 가정들이 무너지는 이유가 무엇입니까? 가정에 소명이 없기 때문입니다. 소명이 있어야 힘들고 어려운 시간 속에서 견뎌 나가는 것이 의미 있는데, 소명이 없다 보니, 부르심이 없다 보니 힘든 시간들을 참아 낼 이유가 없는 것입니다.

그런 의미에서 바울 사도는 참으로 소명의 사람이었습니다. 그가 빌립보서를 쓸 때의 상황을 보십시오. 빌립보서는 옥중서신입니다. 감옥에서 삶의 마지막을 직면하며 쓴 서신이라는 것입니다. 당시 바울은 언제 죽을지 모르는 미결수요, 재판이 판정되면 사형될 수도 있는 어려운 상황이었습니다. 그런데 그런 상황 속에서도 그는 굉장히 힘 있고 아름답게 살아가는 내용을 빌립보서에 담았습니다. 기쁨을 선포했습니다. 어떻게 그럴 수 있었을까요? 이유는 하나입니다.

"내가 이미 얻었다 함도 아니요 온전히 이루었다 함도 아니라 오직 내가 그리스도 예수께 잡힌바 된 그것을 잡으려고 달려가노라 형제들아 나는 아직 내가 잡은 줄로 여기지 아니하고 오직 한 일 즉 뒤에 있는 것은 잊어버리고 앞에 있는 것을 잡으려고 푯대를 향하여 그리스도 예수 안에서 하나님이 위에서 부르신 부름의 상을 위하여 달려가노라"(빌 3:12-14).

'부름의 상을 위하여 달려가노라.' 지금을 참을 수 있는, 지금의 어려움을 감수할 수 있는 이유가 무엇입니까? 상이 있기 때문입니다. 그런데 그 상이 그냥 상이 아니라 부름의 상이라는 것입니다. 그 상이 있기 때문에 지금의 많은 어려움과 고난도 결코 그것으로 인해 괴로워하거나 절망할 이유가 될 수 없다는 것입니다. 이 모든 시간을 참고 견디는 것이 다 상으로 연결되기 때문입니다. 이것이 바로 부름의 상이라는 것입니다. 무슨 말입니까? 소명 받은 사람만이 받을 수 있는 상이라는 것입니다. 그것이 삶을 아름답게 할 수 있었다는 것입니다. 소명은 그만큼 중요한 것입니다. 그래서 신앙인들은 특별히 이 소명을 반드시 받아야 합니다.

기도 가운데 주어진 이사야의 소명

하나님으로부터 부르심을 받았을 땐 "아멘, 내가 여기 있습니다"라고 대답하고 헌신하며 가는 것이 중요합니다. 어떻게 하면 좋을지 고민할 필요가 없습니다. 왜냐하면 소명과 헌신의 이야기는 이미 성경에 꽉 차 있기 때문입니다. 성경에 나오는 모든 믿음의 사람들의 이야기는 다 소명과 헌신의 이야기라고 할 수 있습니다. 성경에는 다양한 사람들의 이야기가 기록되어 있지만, 그것을 단순하게 압축한다면 결국 하나님이 그를 부르셨고 그는 거기에 응답해서 살아갔다는 내용이기 때문입니다. 그게 바로 신앙인입니다. 하나님이 부르셨는데 응답하지 않았다면,

그는 불신앙인이라 할 수 있습니다.

　성경에 기록된 소명 이야기 가운데 아주 유명한, 그러면서도 굉장히 강렬하고 독특한 이야기가 본문에 기록되어 있습니다. 이는 소위 '이사야의 소명 이야기'라고 불립니다. 이사야는 구약의 선지자 중 대표적인 사람으로 그가 기록한 이사야서는 총 66장으로 되어 있습니다. 이 66장은 두 부분으로 나눌 수 있는데, 성경을 구약 39권과 신약 27권으로 나누는 것처럼 이사야서도 1-39장(총 39장)과 40-66장(총 27장) 두 부분으로 나눌 수 있습니다. 그런데 놀라운 것은, 각각 39장과 27장으로 나뉜 이사야서와 구약과 신약의 내용이 비슷하게 맞는다는 것입니다. 이는 결코 우연이 아닙니다. 무엇보다 이사야서는 그 예언의 주된 내용이 바로 메시아, 곧 그리스도였습니다. 이사야는 마치 그것을 보고 그리는 것처럼 생생하게 묘사했습니다. 이처럼 이사야서는 구약을 통해서 신약으로 건너가는 통로와도 같습니다.

　선지자는 머리로 책을 쓰지 않습니다. 선지자는 또한 남의 이야기로 책을 쓰는 사람이 아니었습니다. 선지자는 자기가 곧 글이었습니다. 자신이 체험한 것을 쓰는 사람이었습니다. 선지자들의 주된 활동 중에 '행동 메시지'라는 것이 있습니다. 호세아가 그러한 굴곡진 삶을 살아야 했던 이유는 그의 삶이 곧 메시지이기 때문입니다. 이사야도 마찬가지입니다. 자신이 체험한 메시아의 은혜를 기록한 것이 이사야서입니다. 그렇기 때문에 이사야의 소명 이야기는 이사야 한 사람의 이야기가 아니라 복음의 역사였다는 것입니다. 응답하신 하나님, 구원하신 하나님, 치유하신 하나님, 회복하신 하나님, 아름답게 하신 하나님의 이야기를 보

여 주는 그런 복음의 역사 말입니다. 이것이 바로 이사야의 소명 이야기
입니다.

그런데 이 소명 이야기에서 먼저 살펴봐야 할 중요한 것이 있습니다.
이 소명 이야기가 어떻게 일어났느냐는 것입니다. 그리고 그것은 바로
그의 기도 가운데 일어났다는 사실입니다.

"웃시야 왕이 죽던 해에 내가 본즉 주께서 높이 들린 보좌에 앉으셨는데
그의 옷자락은 성전에 가득하였고"(사 6:1).

여기에 나오는 '웃시야 왕이 죽던 해'라는 표현은 그때가 언제인지를
알리기 위해 쓴 것이 아닙니다. 그때 이사야가 어떤 마음이었는지를 말
해 주려고 쓴 것입니다. 웃시야는 이사야에게 굉장히 특별한 의미가 있
는 사람이었습니다. 유대인들의 전승에 따르면, 웃시야 왕은 이사야의
사촌 형이었다고 합니다. 그만큼 두 사람은 가까웠으며, 웃시야 왕은 이
사야에게 특별한 존재였던 것입니다. 웃시야는 처음에만 해도 너무나
도 좋은 왕이었습니다. 신앙적으로도 훌륭했고, 하나님 뜻대로 다스렸
으며, 하나님 뜻대로 감당해서 나라를 부강하게 만든 왕이었습니다. 한
마디로 어린 이사야에게 있어 웃시야는 우상이요, 소망이요, 신앙의 모
델이었던 것입니다.

그런데 그렇게 좋았던 웃시야 왕이 너무나 잘나가자 교만해지면서
갑자기 이상한 행동을 하기 시작했습니다. 제사장만이 할 수 있는 분향
을 본인이 하겠다고 들어간 것입니다. 그 순간 하나님이 치셔서 온몸에

나병이 발병했습니다. 보통 사람이면 들로 쫓겨나야 하지만 왕이었기에 그럴 수 없어서 그는 별궁에 갇히게 됩니다.

본문 1절의 '웃시야 왕이 죽던 해'란 그가 별궁에 12년 동안 갇혀 있다가 죽던 해를 말합니다. 그의 죽음을 보면서 이사야의 마음이 얼마나 힘들었을까요? 이사야의 수많은 고민과 갈등이 '웃시야 왕이 죽던 해'라는 구절 안에 들어 있습니다. 그런데 더 중요한 것은 그가 이 고민을 혼자하지 않았다는 것입니다. 그는 이 고민을 하나님 앞으로 가지고 나아갔습니다. 그래서 이것을 기도라고 말하는 것입니다. 본문 1절을 보십시오. "주께서 높이 들린 보좌에 앉으셨는데 그의 옷자락은 성전에 가득하였고"라고 말씀합니다. 이는 이사야가 성전에 들어갔다는 말이 아닙니다. 그가 고민하는 자리가 바로 하나님 앞이었다는 것입니다.

이것이 기도인 또 다른 확실한 증거가 본문 5절에 기록되어 있습니다.

"그때에 내가 말하되 화로다 나여 망하게 되었도다 나는 입술이 부정한 사람이요 나는 입술이 부정한 백성 중에 거주하면서 만군의 여호와이신 왕을 뵈었음이로다 하였더라"(사 6:5).

하나님의 임재가 오는 순간 이사야는 자신의 죄를 보았습니다. 그중에서도 가장 먼저 입술의 부정함을 보게 되었습니다. 이 말씀은 무엇을 뜻하는 것일까요? 저는 이렇게 생각합니다. 이사야는 결국 하나님 앞에 자신의 고민을 가지고 나아가 모든 생각과 감정을 쏟아 놓은 것입니다. '하나님, 계세요? 하나님, 살아 계신 것 맞나요? 정말 신앙이 답인가요?

기도하면 되는 건가요? 믿음이 정말 승리하는 거 맞나요?' 이런 절망과 한탄과 부정적인 말들을 막 쏟아 내는 그때, 하나님의 임재가 그 앞에 나타나자 그 순간 가장 먼저 보게 된 것이 바로 자신의 부정한 입술이었던 것입니다. 그러니 이것은 기도가 아닐 수 없습니다. 이사야는 기도하고 있었다는 것입니다. 그리고 그 기도의 결론이 바로 이사야의 소명 이야기로 갔다는 것입니다.

하나님과의 교제로 나아가는 기도

우리의 기도가 정말 온전한 기도, 아름다운 기도라면 그 마지막 결론은 반드시 소명과 헌신으로 가야 합니다. 그것이 하나님에게 드리는 가장 값진 기도입니다. 내 요구 조건 다 던져 놓고 내가 원하는 기한 안에 응답해 주실 것을 요구하는 건 기도가 아니라는 것입니다.

기도가 가지고 있는 차원은 정말 깊고 다양합니다. 가짜 기도부터 진짜 기도까지, 천박한 기도부터 심오한 기도까지, 잘못된 기도부터 바른 기도까지 굉장히 다양한 스펙트럼이 있습니다. 그렇다면 진짜 기도와 가짜 기도를 측정하는 중요한 기준이 있다면 그것은 무엇일까요? 바로 '거래'인가, 아니면 '교제'인가입니다. 우리가 단지 하나님에게 필요한 것을 구하고 하나님이 거기에 응답하셔서 필요를 채움 받았다면 그건 거래입니다. 쉽게 말하면 물건을 구매하는 것과 똑같은 것입니다. 받은 응답이 기적이라 할지라도 우리 안에 하나님을 향한 요구만 가득하다면 그것은 거래라는 것입니다. 이는 가장 낮은 차원의 기도입니다.

이와는 반대로 기도의 가장 높은 차원은 교제입니다. 살아 계신 하나님과의 관계라는 것입니다. 하나님과 깊은 인격적인 교제를 하게 되면 나의 필요가 채워지지 않아도 상관없습니다. 하나님만 계시면 다른 건 다 없어도 괜찮습니다. 수많은 기도의 용사들이 그렇게 응답받았습니다. 내가 원하는 걸 받았기 때문에 응답이 아닙니다. 기도하면서 더 깊어진 하나님과의 관계가 진짜 응답이라는 것입니다.

그런 의미에서 본다면 소명과 헌신으로 끝나는 기도는 최고의 기도입니다. 가장 높은 차원의 기도입니다. 이것은 단지 하나님과 교제하는 정도가 아니라, 하나님의 부르심을 받고 자신의 삶을 드리는 거룩한 동역까지 가기 때문입니다. 하나님의 마음을 품고 하나님의 뜻과 섭리 앞에 내 삶을 드리는 가장 깊은 곳까지 가기 때문입니다. 이사야를 보십시오. 그가 드린 기도의 결론을 통해 우리는 그가 하나님과 얼마나 깊은 관계 속에 들어가 있는지를 알 수 있습니다.

"내가 또 주의 목소리를 들으니 주께서 이르시되 내가 누구를 보내며 누가 우리를 위하여 갈꼬 하시니 그때에 내가 이르되 내가 여기 있나이다 나를 보내소서 하였더니"(사 6:8).

하나님은 마치 혼잣말을 하시듯, 한탄하시듯, 독백하시듯 당신의 속상한 마음을 풀어내시는 것처럼 말씀하십니다. 그런데 이는 하나님에게 쓸 수 있는 표현이 아닙니다. 하나님은 부족함이 없는 분이시기 때문입니다. 그렇다면 하나님이 이렇게 말씀하신 이유는 무엇일까요? 바로 그 순간 그동안 들려오지 않았던 하나님의 음성이 이사야에게 들렸다는 뜻입니다. 세상 모든 사람이 듣지 못하는 하나님의 그 음성을, 세상 모든 사람이 느끼지 못하는 하나님의 그 마음을 느끼기 시작했다는 것입니다. 그 간절함, 가까움, 친밀감, 깊은 관계를 말하기 위해서 그는 이런 파격적인 표현을 쓰고 있는 것입니다.

이사야는 아무한테도 전달되지 않았던, 그리고 누구도 함께하지 못했던 하나님의 그 마음을 그 순간 품기 시작했습니다. 그리고 그 마음으로 대답했습니다. "내가 여기 있나이다 나를 보내소서." 이는 매우 감동적인 관계입니다. 하나님과 우리의 관계가 이와 같아야 합니다. 하나님이 우리의 하나님이며, 우리의 아버지시기 때문입니다. 하나님을 위해서라면 우리가 못 할 게 어디 있습니까? 하나님을 위해서라면 우리 삶을 다 드려도 괜찮은 거 아닌가요?

그런데 이러한 관계 속에서 가장 행복한 사람은 사실 이사야입니다. 이사야는 그 뒤로 자신의 삶에 흔들림이 없었습니다. 고민이 없었습니다. 마음껏 사랑하는 분을 위해 전심으로 삶을 드릴 수 있었기 때문입니다. 사랑받는 것보다 훨씬 행복한 것이 사랑하는 것입니다. 사랑받는 것보다 훨씬 아름다운 것이 사랑하는 것입니다.

전승에 의하면, 순교자 저스틴(Justin Martyr)은 이사야의 죽음에 대해 "이사야는 므낫세 왕 시절에 톱으로 켜서 죽임을 당했다"고 말했다 합니다. 하지만 이는 비참한 이야기가 아니라 아름다운 이야기입니다. 소명을 받은 그날부터 자신의 삶을 일관되게 끝까지 달려간 아름다운 인생이기 때문입니다. 그렇게 살 수 있었던 이유는 하나님을 너무 사랑했기 때문입니다. 사랑하는 하나님 앞에 삶을 드릴 수 있는 것, 이것이 바로 소명입니다. 소명 때문에 불가능한 일도 할 수 있고, 절망적인 상황도 이겨낼 수 있고, 어떤 무거운 것도 다 들어 올릴 수 있을 만큼 능력 있는 삶을 살았던 그는 정말 행복했을 것입니다.

응답으로 이어지는 기도의 요소

이사야가 하나님 앞에 결단함으로 드린 고백의 순간, 그가 처음에 웃시야 왕이 죽었던 해에 가졌던 고민과 갈등과 어려움들은 온데간데없이 사라졌습니다. 이것이 진짜 응답입니다. 우리가 어떤 문제를 가지고 주 앞에 나아갔든지, 우리가 마지막 기도의 결론으로 하나님의 부르심을 받고 거기에 사랑하는 분을 위해서 내 삶을 드리는 이야기로 끝나면 앞의 문제는 아무것도 아닌 것이 됩니다.

저도 개인적으로 그런 경험을 한 적이 있습니다. 목회를 시작한 지 얼마 안 되었을 때의 일입니다. 목회를 시작하며 힘들고 분한 마음들이 제 마음에 가득했는데, 수요 예배가 있던 어느 날, 예배 후 엎드려 기도하는 가운데 하나님이 가만히 물으셨습니다. "십자가가 뭐니?" 이에 저는 "죽는 거죠"라고 대답했습니다. 하나님이 다시 물으셨습니다. "넌 교회가 십자가 없이 될 거라고 생각하니?" 저는 또다시 대답했습니다. "십자가 없이는 안 되죠." 그러자 하나님이 다시 한 번 물으셨습니다. "이 교회도 십자가가 있어야 한다. 네가 질 수 없겠니? 네가 나를 위해서 십자가를 지지 않겠니?" 이렇게 물으시는데 더 이상 버틸 수가 없었습니다. 그리고 주님이 제게 십자가를 져 달라고 말씀하셔서 정말 감사했습니다. 그래서 저는 울면서 고백했습니다. "제가 십자가를 지겠습니다. 아무리 힘들어도 교회를 섬기는 일이라면 지고 가겠습니다." 그러고 나니 문제는 하나도 풀린 것이 없는데 더 이상 아무 문제가 되지 않았습니다.

문제가 무엇이든 마지막 기도의 결론이 하나님의 부르심에 대한 나의 헌신으로 흐른다면 모든 문제는 이미 응답받은 것인 줄 믿으십시오. 이것이 우리 기도의 이야기입니다. 중요한 것은 하나님이 나를 아신다는 것입니다. 그리고 내가 하나님을 위해 살아간다는 것입니다. 우리의 모든 기도가 바로 이런 기도가 되어야 합니다. 이 기도는 낮은 차원이 아닌 하나님과의 관계를 추구하는 높은 차원의 기도입니다.

이런 아름다운 부르심과 거기에 대한 응답이 있는 기도를 드리려면 네 가지 요소가 있어야 합니다.

하나님 앞에 마음을 올려 드리라

첫째는, 하나님 앞에 나의 마음을 온전히 올려 드리는 것입니다. 이사야처럼 하나님 앞에 나의 고민과 아픔과 갈등과 분노까지 물을 쏟아 붓듯 가서 쏟아 부어야 합니다. 우리의 기도가 왜 진짜 기도가 되지 못하고 적당한 선에서 끝납니까? 속에 있는 모든 것을 쏟아 붓지 못하기 때문입니다.

둘째는, 살아 계신 하나님의 임재를 체험하는 것입니다. 본문에 보면 스랍들이 날기 시작했습니다. 스랍은 여섯 개의 날개 중 둘로는 얼굴을 가리고, 둘로는 발을 가리고, 둘로는 날면서 찬양하는 천사인데, 이들이 날면서 주의 영광이 나타나 그 옷자락이 성전을 다 덮었습니다. 이것이 곧 하나님의 임재입니다.

임재의 체험은 두 개의 역사를 행하게 되어 있습니다. 하나는 하나님의 자기 선포입니다. 더 정확히 말하면, 하나님의 통치의 선포입니다.

"서로 불러 이르되 거룩하다 거룩하다 거룩하다 만군의 여호와여 그의
영광이 온 땅에 충만하도다 하더라"(사 6:3).

이것이 하나님의 자기 선포이며, 이것이 하나님의 임재 역사입니다. 이렇게 하나님의 자기 선포가 시작되면 그다음으로 온 땅이 흔들립니다. 존재가 흔들리는 것입니다. 이것이 두 번째 역사입니다.

"이같이 화답하는 자의 소리로 말미암아 문지방의 터가 요동하며 성전에
연기가 충만한지라"(사 6:4).

이는 매우 상징적인 표현입니다. 그러나 그냥 상징에만 머무는 말씀은 아닙니다. 실제로 하나님의 임재 앞에 진동이 일어난다는 것입니다. 어떤 진동입니까? 바로 내 존재가 흔들리기 시작하는 것입니다. 내 생

각이 흔들리기 시작하는 것입니다. 내 판단과 계획, 나의 가치, 나의 정서, 나의 기준이 다 바뀌기 시작하는 것입니다.

하나님 앞에서 뒤집어지지 않고는 절대로 응답받을 수 없습니다. 자신의 생각과 감정을 모두 가지고 어떻게 응답을 기대할 수 있겠습니까? 그런데 놀라운 것은 이것이 하나님의 임재 앞에서 저절로 된다는 것입니다. 이것이 하나님의 임재의 신비로움입니다. 하나님은 바꾸라고 말씀하지 않으십니다. 그냥 임재하십니다. 그러면 그 순간 우리의 존재가 떨리기 시작합니다. 그러면서 뒤집어지기 시작하는 것입니다. 이것이 바로 임재의 역사입니다. 기도에는 이런 임재의 역사가 있어야 합니다.

회개하라

셋째는, 회개가 있어야 합니다. 하나님의 임재 앞에서 자신의 죄를 새삼스럽게 깨닫고 그 죄를 보면서 두려움과 죄송함으로 떨며 회개하는 그런 회개 말입니다. 회개는 하나님의 임재가 있으면 반드시 일어나는 역사입니다. 예배의 때마다, 기도의 때마다 왜 울게 됩니까? 지은 죄가 크고 흉악해서가 아닙니다. 하나님의 임재 앞에 섰을 때 회개하지 않을 수 없기 때문입니다.

치유와 회복을 경험하라

그러고 나면 넷째로, 치유와 회복이 임합니다.

"그때에 그 스랍 중의 하나가 부젓가락으로 제단에서 집은 바 핀 숯을 손에 가지고 내게로 날아와서 그것을 내 입술에 대며 이르되 보라 이것이 네 입에 닿았으니 네 악이 제하여졌고 네 죄가 사하여졌느니라 하더라"(사 6:6-7).

이것이 바로 치유입니다. 저는 이 장면을 볼 때마다 굉장히 놀라운 감동을 받습니다. 이사야가 입술의 부정함을 고백했을 때 스랍 중의 하나가 제단에서 부젓가락으로 핀 숯을 하나 집어서 이사야의 입술에 댔습니다. 그러면서 "이것이 네 입에 닿았으니 네 악이 제하여졌고 네 죄가 사하여졌느니라"라고 말합니다. 빨갛게 핀 숯이 입에 닿는 것을 상상해 보십시오. 끔찍합니다. 너무 뜨거워 입이 다 타 버리거나 화상을 입게 될 것입니다. 극심한 고통이 따를 것입니다. 그런데 아닙니다. 그럴 줄 알았는데 그런 일은 전혀 일어나지 않습니다. 예수님이 귀신을 쫓으실 때를 떠올려 보십시오. 귀신을 내쫓는 순간 귀신이 나가며 사람들이 바닥에 고꾸라지는데 다친 사람이 없습니다.

하나님의 치유는 이렇게 일어납니다. 언뜻 생각할 때는 그것 때문에 많이 부끄러울 것 같고, 많이 힘들 것 같고, 많이 절망할 것 같지만 아닙니다. 오히려 그것 때문에 내게 자유가 오고, 기쁨이 오고, 찬양과 은혜가 임한다는 것입니다. 이것이 바로 하나님의 치유입니다. 기도 중에 이런 치유와 회복의 역사가 있어야 합니다. 나의 온 존재를 회복시키시는 그 역사, 이것이 바로 진짜 기도입니다.

"
주여 나를 도우사
내게 근심이
없게 하소서.
"

| 대상 4:9-10 |

삶의 의미를 포기하지 않는 결단, 이는 정말 말할 수 없는 감동을 가져옵니다.
이것은 꿈을 꾸며 살아간다는 뜻입니다. 하나님은 이런 기도를 기뻐하십니다.

야베스는 성경에 딱 한 번, 역대기의 족보에 유다 지파를 이야기하면서 두 절에 걸쳐 나오는 잘 알려지지 않았던 인물입니다. 그런데 브루스 윌킨슨(Bruce H. Wilkinson)의 《야베스의 기도》(디모데 역간)라는 책이 출간되면서 이제는 그리스도인이 아닌 사람들까지도 아는 유명한 성경 인물이 되었습니다.

야베스의 기도는 우리에게 많은 메시지와 도전을 줍니다. 그리고 그의 기도는 많은 사람들을 살렸습니다. 또한 은혜의 자리, 신앙의 자리로 돌아오게 했고, 힘든 가운데서도 그 자리를 지킬 수 있게 했습니다. 성경에 많은 기도가 나오지만 야베스의 기도처럼 사람들의 마음을 흔들고 도전을 주는 기도는 없을 것입니다.

삶을 담아 드리는 결단의 기도

그렇다면 야베스의 기도의 어떤 부분이 그렇게 강력한 것일까요?

"야베스가 이스라엘 하나님께 아뢰어 이르되 주께서 내게 복을 주시려거든 나의 지역을 넓히시고 주의 손으로 나를 도우사 나로 환난을 벗어나 내게 근심이 없게 하옵소서 하였더니 하나님이 그가 구하는 것을 허락하셨더라"(대상 4:10).

본문 10절은 네 부분으로 나눌 수 있는데, 첫 번째는 '주여, 내게 복을 주옵소서', 두 번째는 '주여, 나의 지역을 넓히소서', 세 번째는 '주여, 주의 손으로 나를 도우소서' 그리고 네 번째는 '주여, 나로 환난을 벗어나 내게 근심이 없게 하옵소서'입니다. 사실 이것은 짧은 기도입니다. 하지만 내용은 참 기가 막힙니다. 그는 정말 하나님이 원하시는 기도를 드렸습니다. 그런데 이 기도가 그렇게 강력하고 은혜로운 까닭은 기도문 자체가 훌륭해서이기도 하지만, 바로 야베스라는 사람이 이런 기도를 했다는 사실 때문에 그렇습니다. 그가 어떤 상황에서 이 기도를 드렸는지를 안다면 은혜의 깊이가 달라집니다.

기도는 기도를 드리는 사람과 분리될 수 없습니다. 기도를 드리는 사람이 지금 어떤 상황인지, 어떤 마음인지를 알아야 그 기도를 제대로 알 수 있습니다. 어떤 기도는 내용은 정말 평범한데 기도하는 사람의 마음과 상황 때문에 충격 같은 메시지가 될 수 있습니다. 그저 '아버지' 하고 한마디 내뱉었을 뿐인데, 그렇게 부른 사람의 마음이 지옥 같은 상황이라면 그 단어는 전율 같은 메시지가 됩니다. 이처럼 기도할 수 없는 상황임에도 불구하고 온 힘을 다해 기도하면 그 기도는 하나님이 응답하실 수밖에 없는 강력한 기도가 됩니다. 하나님의 보좌를 흔들고 하나님의 마음을 감동시키는 기도가 된다는 것입니다.

야베스의 기도가 그렇습니다. 이 네 문장의 기도는 그가 삶의 구체적인 내용을 담아서 하나님 앞에 드린 기도이기 때문에 아주 강력한 기도가 되었습니다. 그렇다면 그의 기도는 구체적으로 어떤 마음으로 드린 기도일까요?

아름다운 삶에 대한 결단

첫째는, 아름다운 삶을 꿈꾸고 그 귀한 삶을 포기하지 않는 결단의 마음입니다. 앞서 살펴본 첫 번째 내용이 무엇입니까? '주여, 내게 복을 주옵소서'입니다. 사실 이 내용은 그냥 복을 달라는 정도가 아니라 일종의 축복의 결단이라 할 수 있습니다. 복을 놓을 수 없다는 것입니다. 복을 받아야 한다는 것입니다. 여기서 절대로 물러날 수 없다는 것입니다. 개역한글 성경은 이 부분을 "복에 복을 더하사"라고 번역했습니다. 이는 포기할 수 없는 것입니다.

그의 이 간구가 감동스러운 까닭은 야베스의 배경 때문입니다.

"야베스는 그의 형제보다 귀중한 자라"(대상 4:9a).

'그의 형제보다 귀중한 자'라는 말은 그가 형제들보다 뛰어나다는 것입니다. 그것이 외적인 성공을 의미하든 내적인 인격 또는 신앙심을 의미하든, 그의 삶이 모든 면에서 훌륭하다는 것입니다. 그런데 그다음에 이어지는 그의 출생 이야기가 남다릅니다.

"그의 어머니가 이름하여 이르되 야베스라 하였으니 이는 내가 수고로이 낳았다 함이었더라"(대상 4:9b)

이 한 구절을 통해서 그의 출생과 어린 시절이 다 드러났습니다. 우선은 어머니가 이름을 지었다는 것이 이상합니다. 아버지에 의해 이름이 지어지는 유대 사회에서 어머니가 이름을 지었다면 가능성은 하나밖에 없습니다. 그가 태어났을 때 아버지가 없었다는 것입니다.

당시 사회에서 아버지가 없이 태어났다는 것은 여러 가지로 고통스러운 상황이 아닐 수 없었습니다. 그 삶이 경제적으로, 현실적으로, 상황적으로, 영적으로 정말 어려운 상황이라는 것입니다. 당시는 삶과 영적인 것을 연관 지어 생각했습니다. 예를 들면, 야베스처럼 아버지가 일찍 죽은 집은 하나님으로부터 저주를 받았다고 보는 것입니다. 그런데 그런 상황에서 야베스가 태어났습니다. 이것을 확실하게 보여 주는 내용이 그다음에 나옵니다. 아버지가 없어서 어머니가 어쩔 수 없이 이름을 지었는데 야베스라고 지었다는 것입니다. 그 뜻이 무엇입니까? '내가 수고로이 낳았다'는 것입니다. 또 다른 뜻은 '그가 고통을 불러오다'입니다.

아들의 이름을 이렇게 지었다면 그 어머니는 마음이 무너질 대로 무너진 것입니다. 자기 삶을 저주하고 있는 것입니다. 그리고 그런 상황 속에서 그 이름을 짊어지고 태어난 사람은 태어난 순간부터 죄에게 완전히 짓밟힌, 피곤하고 힘들고 수치스럽고 어렵고 아픈 삶일 수밖에 없는 것입니다. 이것이 바로 야베스의 출생 스토리고, 야베스의 어린 시절 이야기입니다.

그는 한마디로 저주스러운 삶의 이야기를 탯줄처럼 목에 감고 태어났습니다. 그리고 그것은 그의 어린 시절부터 나중까지 끈질기게 따라오는 삶의 굴레였을 것입니다. 어떻게 보면 인생을 대충 살아도 누가 뭐라 할 수 없는 환경이 아닐 수 없습니다. 그런데 그는 그렇게 살기를 거부했습니다. 사람들은 모두 그렇게 생각하고 말했지만, 그는 아니었습니다. 오히려 그는 하나님의 복을 구했습니다. 복된 인생이 되기를 갈망했습니다. 이것이 진짜 신앙입니다. 그리고 이런 기도가 하나님을 감동시킵니다. 이런 기도에는 하나님이 응답하실 수밖에 없습니다.

영향력 있는 삶에 대한 결단

둘째는, 의미 있고 영향력 있는 삶을 포기하지 않는 결단의 마음입니다. 이것은 그의 기도문의 두 번째 내용인 '주여, 나의 지역을 넓히소서'라는 구절에 들어 있습니다. 지역을 넓혀 달라는 것은 땅이나 소유를 많이 갖겠다는 것이 아닙니다. 이는 영향력 있는 삶을 살겠다는 것입니다.

삶 가운데 어려움이 있거나 상처가 많은 사람들이 보이는 첫 번째 증상은 자꾸 움츠러드는 것입니다. 벽이나 담을 쌓는 것입니다. 그러다 정말 상황이 심각해지면 혼자만의 공간에 숨어 버립니다. 상처가 왜 나쁩니까? 상처를 받으면 사람이 자꾸 이기적이 됩니다. 이기적이 되다 보니 나밖에 모르고 삶에 여유가 없습니다. 심한 경우에는 함께 사는 가족도 돌보지 않습니다.

야베스는 충분히 그럴 수 있는 상황에 처해 있었습니다. 하지만 그는 그렇게 살지 않았습니다. 대신에 그는 자신의 지역을 넓혀 달라고 기도했습니다. 이는 품겠다는 것입니다. 받아들이겠다는 것입니다. 감당하겠다는 것입니다. 개척하겠다는 것입니다. 도망쳐서 숨지 않겠다는 것입니다. 힘들지만 움츠러들지 않고 영향력 있는 삶을 살겠다는 것입니다. 왜입니까? 바로 그것이 하나님이 '나'를 지으신 이유였기 때문입니다.

삶의 의미를 포기하지 않는 결단, 이는 정말 말할 수 없는 감동을 가져옵니다. 이것은 꿈을 꾸며 살아간다는 뜻입니다. 하나님은 이런 기도를 기뻐하십니다. 하나님 나라는 이렇게 꿈꾸며 기도하는 사람들의 기도를 통해 이루어집니다. 그리고 우리 또한 이러한 기도의 대열에 동참해야 합니다. 기도의 영역을 넓히십시오.

거룩한 삶에 대한 결단

셋째는, 거룩하고 고상한 삶을 고집하는 결단의 마음입니다. 이것은 '주의 손으로 나를 도우소서'라는 세 번째 내용과 '나로 환난을 벗어나 내게 근심이 없게 하옵소서'라는 네 번째 내용이 합해진 것입니다. 자칫 잘못 해석하면 이 구절을 만사형통, 무사태평을 간구하는 기도로 오해할 수 있습니다. 정확한 뜻은 이것입니다. "주님, 악으로부터 나를 지켜 주세요. 그래서 그 악 때문에 내가 상처받지 않게 해 주세요. 악에게 상처받고, 악에게 농락당하는 삶을 살지 않게 해 주세요."

악은 우리 삶에 어떻게 다가옵니까? 우리의 죄를 통해 다가옵니다. 우리 마음이 죄 가운데 있을 때 악을 받아들이게 되는 것입니다. 그래서 예수님은 기도를 가르쳐 주시며 "우리를 시험에 들게 하지 마시옵고 다만 악에서 구하시옵소서"(마 6:13)라고 고백하게 하셨습니다. 우리가 시험에 들지 않아야 악에게 빠지지 않는다는 것입니다. 그렇기 때문에 야베스의 기도는 '거룩한 삶에 대한 결단'이라고 말할 수 있습니다.

'주의 손으로 나를 도우사'라는 구절의 정확한 표현은 '주의 손으로 나를 지키사'입니다. 무슨 말입니까? 혹시라도 악에게 넘어가려고 할 때마다, 욕심에 넘어가려고 할 때마다, 나태해질 때마다, 또는 욕망에 흔들릴 때마다 주의 손으로 때려서라도 지켜 달라는 것입니다. 거룩에 대한 결단으로 무섭게 가는 것입니다. 야베스는 하나님에게 맞는다는 게 무슨 의미인지 알고 있었습니다. 그러나 하나님에게 맞을지언정 죄에 넘어갈 수는 없다는 것입니다. 이처럼 거룩한 삶에 대한 결단 그 자체가 하나님에게 드리는 강력한 기도가 됩니다. 그리고 이러한 기도를 드리는 삶을 하나님은 귀히 여기십니다.

기도로 이루는 반전의 신앙

야베스의 기도는 그야말로 반전 드라마입니다. 그리고 신앙인은 이러한 반전의 드라마를 쓰는 사람들입니다. 상황이 그래서 결론이 뻔하다면 이건 신앙인의 이야기가 아닙니다. 지금까지 있었던 사건 중에 최고의 반전이 무엇입니까? 십자가입니다. 인류 역사상 가장 추하고 잔혹한 형틀이 가장 거룩하고 아름다운 곳으로 변화된 반전의 역사가 십자가에서 나타났습니다. 신앙은 그런 것입니다. 그리고 야베스의 기도는 그것을 잘 보여 주고 있습니다.

야베스는 기도로 이룬 반전의 신앙을 통해 하나님에게는 말할 수 없는 영광을, 마귀에게는 짙은 절망감을 안겨 주었습니다. 우리 또한 이러한 기도를 드릴 수 있어야 합니다. 하나님 앞에서 아름다운 삶에 대한 결단을, 영향력 있는 삶에 대한 결단을, 그리고 거룩한 삶에 대한 결단을 간구할 수 있어야 합니다. 그때 야베스의 기도의 결론이 우리 삶의 결론이 될 것입니다.

거룩한 삶에 대한 결단 그 자체가
하나님에게 드리는 강력한 기도가 됩니다.
이러한 기도를 드리는 삶을 하나님은 귀히 여기십니다.

"
주의 종이
형통하여
은혜를 입게 하소서.
"

| 느 2:1-8 |

신앙인의 기다림은 그냥 시간만 흘려보내는 것이 아니라
기도와 함께하는 기다림입니다.
그러면 그 마음을 잃지 않으면서도 결코 내 힘으로 먼저 서두르지 않는,
그런 역사가 일어납니다.

느헤미야는 페르시아 통치 시절 페르시아 제국의 고관이었습니다. 그는 이스라엘 백성의 3차 귀환을 인도하고 유다 총독으로서 예루살렘 성벽을 52일 만에 건축한 것으로 유명합니다. 그는 외부의 수많은 역경과 반대 및 내부의 분열을 무릅쓰고 탁월한 리더십을 발휘해서 사명을 완수했습니다. 예루살렘 성벽을 단기간에 완공할 만큼 탁월한 리더십을 갖추었으며, 결과뿐 아니라 과정에 있어서도 신앙인의 참모습을 보여 준 아름다운 사람이었습니다.

느헤미야의 신앙적인 모습은 그가 페르시아 수산 궁에서 예루살렘으로 돌아오는 과정을 통해 확인할 수 있습니다. 사실 느헤미야에게 있어서는 성벽 건축보다 훨씬 더 힘들고 중요했던 것이 페르시아 수산 궁에서 예루살렘으로 돌아오는 것을 결정하는 일이었습니다. 그렇기 때문에 그 과정을 보면 그가 얼마나 훌륭한 신앙의 사람인지를 알 수 있습니다.

느헤미야는 페르시아 왕 아닥사스다의 술 맡은 관원이었습니다. 당시 술 관원은 굉장히 높은 관직으로, 고대 근동에서는 왕이 가장 신임하는 사람에게 주는 직분이었습니다. 고대 근동의 왕들은 암살을 가장 두려워했는데, 암살이 주로 독살을 통해 발생했기 때문입니다. 그렇기 때문에 아무거나 덥석 먹거나 마실 수가 없었습니다. 그래서 왕들은 가장 신임하는 사람을 술 관원으로 임명하고 그 사람이 주는 것만 마셨습니다. 이것이 바로 느헤미야의 직분이었습니다.

느헤미야가 아닥사스다 왕의 술 관원이 되었다는 것은 포로로 잡혀간 사람의 후손으로서는 최고의 자리에 올라갔다는 뜻입니다. 세상적으로 볼 때는 정말 성공한 인생이 아닐 수 없습니다. 그런데 한편으로는 이러한 그의 지위가 느헤미야에게 있어서는 굉장한 위기였음을 알아야 합니다. 자칫 잘못하면 안락한 환경에서 무의미한 삶을 살다가 이 땅을 떠날 수도 있기 때문입니다. 삶에는 가치와 의미가 있어야 합니다. 그래야 아름답고 행복한 것입니다. 그런데 그 의미와 가치는 우리를 창조하신 하나님이 원하시는 삶, 하나님의 역사와 뜻을 이루기 위한 삶을 살지 않는 한은 절대로 이룰 수 없습니다.

우리 삶에도 이러한 위기가 찾아올 수 있습니다. 경제적으로 안락하고 보장된 삶이 축복처럼 보이지만 그것이 영적으로는 굉장한 위기일 수 있다는 것입니다. 삶에 의미와 가치가 없을 수 있는 그런 위험 말입니다. 때로 힘들고 어려워도, 사람들에게 주목받지 못할지라도 하나님이 인정하고 기뻐해 주신다면 그것이 진짜 의미 있고 가치 있는 삶입니다.

하나님의 길을 선택하라

느헤미야는 지금 갈림길에 서 있습니다. 인간적으로 편하고 안락하게 살 것인가, 아니면 하나님의 뜻을 따라 하나님이 원하시는 의미 있고 가치 있는 삶을 살 것인가 하는 갈림길 말입니다. 인간적이고 세상적인 삶을 사는 데는 하나님의 인도하심이 필요하지 않습니다. 오히려 거기에는 마귀의 역사, 마귀의 유혹만 있을 뿐입니다. 반면에 하나님이 원하시고 하나님의 뜻을 이루는 길, 그 가치 있고 의미 있는 길을 걸으며 살아가기 위해서는 절대적으로 하나님의 인도하심이 있어야 합니다. 그러지 않고는 그 길을 걸을 수도, 그런 삶을 살 수도 없습니다.

진정한 영성은 하나님의 인도하심을 받는 것입니다. 그것이 신앙이고, 그것이 능력입니다. 참능력은 하나님의 인도하심을 끊임없이 받는 것에서 비롯됩니다. 그런 점에서 느헤미야는 정말 아름다운 신앙인, 영적인 능력을 가진 믿음의 사람이었습니다. 그는 주의 인도하심을 받기 어려운 상황에서 하나님의 인도하심을 온전히 받았기 때문입니다.

만일 느헤미야가 페르시아에서 정말 힘든 상황에 처해 있었다면, 혹은 결단하지 않으면 안 되는 급박한 상황 속에서 하나님의 뜻을 찾고 인도하심을 구했다면, 그것은 어느 정도 쉬운 결단이라 할 수 있습니다. 하지만 느헤미야는 아무 일도 없는데, 너무나도 편안하고 좋은데, 주의 인도하심을 받고 하나님의 뜻을 따라 모든 것을 내려놓고 예루살렘으로 온 것입니다. 이는 정말 대단한 결단이 아닐 수 없습니다.

그는 어떻게 이러한 결단을 내릴 수 있었을까요? 그것의 시작은 바로 어느 날 그에게 들려온 예루살렘에 대한 소식 때문이었습니다.

"내 형제들 가운데 하나인 하나니가 두어 사람과 함께 유다에서 내게 이
르렀기로 내가 그 사로잡힘을 면하고 남아 있는 유다와 예루살렘 사람들
의 형편을 물은즉 그들이 내게 이르되 사로잡힘을 면하고 남아 있는 자들
이 그 지방 거기에서 큰 환난을 당하고 능욕을 받으며 예루살렘 성은 허
물어지고 성문들은 불탔다 하는지라"(느 1:2-3).

사실 느헤미야에게는 동족과 조국에 대한 간절한 마음이 있었습니
다. 하지만 그는 마음만 있었지, 현실적으로는 할 수 있는 것이 없었습
니다. 자신이 꼭 해야 할 일도 아니었습니다. 그러던 어느 날 자기 동족
중에 하나인 하나니와 또 다른 몇 사람이 와서 예루살렘에 대한 소식을
전해 주는데, 그 상황을 듣고 나니 그동안 마음만 있을 뿐 어떻게 하지
못했던 그 마음에 강력한 도전이 임했습니다.

그런데 기억할 것이 있습니다. 이렇게 도전받는다고 해서, 가슴 아픈
소식을 듣는다고 해서 모든 사람이 하나님의 인도하심대로 따라가지는
않는다는 것입니다. 그것이 생각처럼 쉬운 결정이 아니기 때문입니다.
느헤미야의 경우도 그랬습니다. 그의 결정은 결코 쉬운 것이 아니었습
니다. 예루살렘에 남아 있는 사람들의 가슴 아픈 이야기를 들었지만 그
들은 멀리 있는 사람들입니다. 자기 자신이 처한 상황도 아닙니다. 더군
다나 지금 당장 할 수 있는 일도 없고, 삶에 변화를 주기에는 너무나 많
은 것들을 가지고 있습니다. 맡은 일 또한 자기 뜻대로 내려놓기 어렵습

니다. 하지만 느헤미야는 이 같은 상황에서 그러한 결단을 내렸다는 것입니다.

기도함으로 기다리라

느헤미야는 어떻게 이러한 결단을 내릴 수 있었을까요? 그 중요한 비밀이 그다음에 이어지는 느헤미야 1장 4절 말씀에 나와 있습니다.

"내가 이 말을 듣고 앉아서 울고 수일 동안 슬퍼하며 하늘의 하나님 앞에 금식하며 기도하여."

답은 뒤에 있습니다. 울고 슬퍼하는 것만으로는 안 됩니다. 아무리 많이 울어도 그것이 영적인 역사를 일으키지는 않습니다. 여기서 역사가 일어난 것은 바로 하늘의 하나님 앞에 금식하며 기도했기 때문입니다. 그냥 감정적으로 도전받고 울컥하고 속상해하며 끝난 것이 아니라, 그것을 가지고 하나님 앞에 기도했기 때문에 이것이 하나님의 인도하심의 역사가 일어나는 계기가 되었다는 것입니다.

주의 인도하심을 받기 원한다면, 그 가운데 살아가는 삶을 원한다면 우리 마음을 움직이고 도전하는 모든 것들을 반드시 기도로 연결해야 합니다. 그래야 하나님의 역사가 됩니다. 느끼는 것으로는 하나님의 역사가 일어나지 않습니다. 기도해야 하나님의 역사가 시작됩니다. 도전받고 기도하지 않으면 그냥 지나갑니다. 그건 아무것도 아닌 것입니다. 아니, 아무것도 아닌 정도가 아니라 우리 마음에 상처만 남기게 됩니다. 그러나 아무리 힘겹고 억울하고 답답해도 하나님 앞에 나아가 기도하면, 그것은 하나님의 인도하심의 역사가 시작되는 계기가 됩니다. 이것이 바로 느헤미야가 보여 준 비밀입니다.

그런데 기도는 단지 주의 인도하심을 받는 첫걸음을 떼기 위해서만 필요한 것이 아닙니다. 주의 인도하심을 받는 전 과정이 기도로만 가능합니다. 기도 아니고는 방법이 없다는 것입니다. 무엇보다 기다림 때문에 그렇습니다. 주의 인도하심을 받는 것 중에 가장 어려운 것이 기다림입니다. 인도하심을 받을 때 기다림은 피할 수 없습니다. 왜냐하면 가장 중심이 되는 것이 '하나님의 때'이기 때문입니다. 하나님의 때는 반드시 우리의 기다림을 동반합니다. 그렇기 때문에 기도 외에는 다른 방법이 없습니다. 이 기다림은 영적인 것이기 때문에, 더 정확히 말하면 영적 전쟁이기 때문입니다.

인간은 아무리 강하게 도전받고 은혜 받고 감동받아도 그 마음을 계속 유지할 수 없습니다. 기다림과 직면하게 되면 거기에서 다 무너지기 때문입니다. 기다리다가 잃어버리거나, 잃어버리지 않기 위해 서두르다가 일을 망치거나 둘 중 하나입니다. 이는 인간의 의지로 가려 했기 때문입니다. 하지만 그 마음을 조금도 잃어버리지 않으면서 서두르지 않을 수 있는 기가 막힌 비밀이 있다면 기도하면서 기다리는 것입니다. 신앙인의 기다림은 그냥 시간만 흘려보내는 것이 아니라 기도와 함께하는 기다림입니다. 그러면 그 마음을 잃지 않으면서도 결코 내 힘으로 먼저 서두르지 않는, 그런 역사가 일어납니다.

느헤미야가 하나님이 주신 마음을 실행에 옮기기까지는 4개월이라는 꽤 긴 시간이 걸렸습니다. 그 기간 동안 그는 할 수 있는 것이 없었습니다. 방법이 없었습니다. 그래서 아무것도 못 하고 있었습니다. 그러나 그는 기도하며 하나님의 때를 기다렸습니다. 만일 느헤미야가 4개월 동안 그냥 기다리기만 했다면 그는 그 마음을 모두 잃어버리고 말았을 것입니다. 그리고 아무런 역사도 일어나지 못했을 것입니다. 그런데 그는 기도하면서 기다렸습니다. 그래서 처음 그 마음을 잃지 않으면서도 서두르지 않고 하나님의 때를 기다릴 수 있었습니다. 그 결과 하나님의 역사하심을 온전히 받을 수 있었습니다. 이 모습이 신앙인에게는 참으로 중요한 것입니다.

기회는 기도하는 자에게 열린다

"왕이 내게 이르시되 그러면 네가 무엇을 원하느냐 하시기로 내가 곧 하늘의 하나님께 묵도하고"(느 2:4).

드디어 기회가 왔습니다. 아니, 하나님이 역사하기 시작하신 것입니다. 아닥사스다 왕이 느헤미야의 안색을 살폈습니다. 그리고 얼굴에 왜 수심이 가득하냐고 물어 온 것입니다. 이는 하나님의 역사가 아니고는 설명할 수 없는 일입니다. 하나님이 당신의 사람을 인도하시기 위해서 역사를 행하신 것입니다. 하나님은 지금도 이렇게 역사하고 계십니다. 우리가 하나님의 사람으로서 주의 길을 걸으려고 할 때, 하나님은 주변 사람들의 마음과 상황을 움직이면서 그렇게 역사하시는 것입니다.

그런데 이때 보인 느헤미야의 반응이 중요합니다. 그는 그 순간 하늘의 하나님에게 묵도했습니다. 이것이 중요한 포인트입니다. 그는 왕에게 대답하기 전에 하나님 앞에 기도했다는 것입니다. 이는 무엇을 의미합니까? 그가 기도의 사람이라는 것입니다. 늘 기도하지 않는 사람은 이런 순간에 기도하지 못합니다. 기도했어야 했는데 하지 못했다며 지나고 나서야 생각합니다. 이러한 행동은 그냥 나오는 것이 아닙니다. 기도가 생활이 되지 않은 사람은, 기도가 호흡이 되지 않은 사람은 이러한 때에 결코 기도하지 못합니다.

결국 무슨 말입니까? 그는 지난 4개월 동안 내내 기도했다는 것입니다. 그래서 왕이 물었을 때 하나님 앞에 잠시 기도한 후에 자신이 품었던 마음을 이야기할 수 있었던 것입니다. 그리고 기도하면서 기다렸기 때문에 이런 기회가 왔을 때 잡을 수 있었던 것입니다. 그렇습니다. 기도하지 않으면 하나님의 인도하심의 역사를 온전히 경험할 수 없습니다. 그래서 기도는 하나님의 인도하심에 절대적으로 중요한 것입니다.

'내가 곧 하늘의 하나님께 묵도하고.' 저는 이 구절을 읽을 때마다 감탄합니다. 이는 정말 기가 막힌 영성입니다. 왕의 질문 앞에서 잘못 대답했다가는 죽을 수도 있는 상황인데, 왕과 대화하는 중에 잠깐 그 대화에서 빠져나와 하나님에게 기도한다는 것은 결코 쉬운 영성이 아닙니다. 이렇게 했다는 것 자체가 느헤미야의 영성이 정말 기가 막힌 신앙임을 보여 줍니다. 이것이 그리스도인입니다. 그리고 이것이 주의 인도하심을 받는 사람의 모습입니다.

하나님의 선한 손의 역사하심을 경험하라

우리가 이렇게 기도할 수 있으면 그다음은 하나님이 하십니다. 하나님이 인도하심의 역사를 행하시는 것입니다. 하나님이 그 모든 역사를 만들고 길을 여는 일을 행하신다는 것입니다. 느헤미야의 경우를 보십시오. 왕이 무엇을 원하는지 물었을 때 그는 짧은 순간 기도하고 나서 준비해 왔던, 기도해 왔던 것들을 곧바로 이야기합니다. 하나님이 역사하시길 바라면서 대답한 것입니다.

> "왕에게 아뢰되 왕이 만일 좋게 여기시고 종이 왕의 목전에서 은혜를 얻
> 었사오면 나를 유다 땅 나의 조상들의 묘실이 있는 성읍에 보내어 그 성
> 을 건축하게 하옵소서 하였는데"(느 2:5).

객관적으로 볼 때 이것은 말도 안 되는 요구입니다. 페르시아가 지배하고 있는 유다의 수도인 예루살렘에 성벽을 건축하게 했다가 잘못하면 반란을 일으킬 수 있는 근거를 줄 수 있기 때문입니다. 그런데 하나님이 하시는 일은 참으로 놀랍습니다. 아닥사스다 왕의 마음을 움직이신 것입니다.

"그때에 왕후도 왕 곁에 앉아 있었더라 왕이 내게 이르시되 네가 몇 날에 다녀올 길이며 어느 때에 돌아오겠느냐 하고 왕이 나를 보내기를 좋게 여기시기로 내가 기한을 정하고 내가 또 왕에게 아뢰되 왕이 만일 좋게 여기시거든 강 서쪽 총독들에게 내리시는 조서를 내게 주사 그들이 나를 용납하여 유다에 들어가기까지 통과하게 하시고 또 왕의 삼림 감독 아삽에게 조서를 내리사 그가 성전에 속한 영문의 문과 성곽과 내가 들어갈 집을 위하여 들보로 쓸 재목을 내게 주게 하옵소서 하매 내 하나님의 선한 손이 나를 도우시므로 왕이 허락하고"(느 2:6-8).

느헤미야는 말도 안 되는 상황에서 왕의 허락을 받아 냈습니다. 단지 가는 길만을 허락해 준 것이 아니라, 통행증과 건축에 필요한 목재 등 이스라엘에 가서 필요한 모든 조치를 취해 주었습니다. 성경은 이것을 '하나님의 선한 손이 느헤미야의 삶을 인도하셨다'라고 이야기합니다.

우리에게도 하나님의 선하신 손의 역사가 필요합니다. 주의 인도하심을 받는 사람의 삶은 하나님의 선하신 손이 반드시 함께하는 삶입니다. 당장에 볼 때는 아닌 것처럼 보이고 답답해 보일지 모르지만, 결국은 그 모든 것을 통해서 합력해서 선을 이루시는 그 하나님의 선하신 손이 인도하심으로 아름다운 역사를 행하신다는 것입니다.

우리는 주의 인도하심을 받고 살아가야 합니다. 그래야 정말 행복하고 아름다운 삶을 살 수 있습니다. 주의 인도하심을 받는 것에는 정해진 틀이 없습니다. 그래서 답은 하나입니다. 계속 기도해야 한다는 것입니다. 내 생각이 아닌 하나님의 뜻을 따르기 위해서는 계속 기도하는 것밖에 없습니다. 기억하십시오. 시작만이 아닙니다. 시작부터 끝까지 계속해서 기도로 나아가는 것이 바로 주의 인도하심을 받는 삶의 비결입니다.

"
하나님의 선한 손의
도우심을
입게 하소서.
"

| 스 8:15-23 |

하나님의 선한 손은 우리가 삶 가운데서 어떤 위기에 직면했을 때
그것을 뚫고 나갈 수 있는 영적인 비밀입니다.
하나님의 그 선한 손이 우리를 도우시고, 잡아 주시고,
만져 주시고, 인도하실 것입니다.

신앙생활을 수식하는 여러 가지 표현들이 있습니다. 저는 그중에서 "신앙생활은 장애물 달리기와 같다"라는 표현에 크게 공감합니다. 즉 허들 경기와 같다는 것입니다. 신앙생활은 평평한 곳에서 빨리 달리는 것이 아니라, 장애물이 나올 때마다 뛰어넘고 달리기를 반복하면서 경주하는 것과 같습니다. 왜입니까? 장애물이 없는 인생은 없기 때문입니다. 어떤 면에서 진짜 신앙은 달릴 때 나타나는 것이 아니라 장애물을 뛰어넘을 때 나타납니다. 장애물을 뛰어넘을 때에야 비로소 그 신앙의 진가가 나타나기 때문입니다.

이런 면에서 우리에게 영적인 본이 되고 귀한 메시지를 주는 사람이 바로 에스라입니다. 에스라 하면 떠오르는 것이 무엇입니까? 바로 '말씀의 종'이라는 것입니다. 그는 말씀으로 백성을 영적으로 깨우치고 가르치고 세워 주는 일들을 감당했습니다. 하지만 그는 신앙으로 삶의 장애물을 잘 뛰어넘은 아름다운 신앙인으로도 유명합니다.

믿음의 모험을 감행하라

에스라는 대제사장 아론의 16대손 장손입니다. 그야말로 뼈대 있는 집안이라 할 수 있습니다. 하지만 그는 바벨론에서 태어났습니다. 포로로 잡혀간 자들의 후손으로 바벨론에서 태어난 것입니다. 이러한 시대적인 상황에서는 뼈대 있는 집안도, 대제사장이라는 위치도 아무 소용이 없었습니다. 하지만 그는 그런 상황 속에서도 이스라엘의 제사장으로서의 자기 사명을 절대로 잊지 않았습니다.

이것이 왜 중요합니까? 신앙인이란 모든 상황을 신앙으로 바꾸어 나가는 사람이기 때문입니다. 상황적으로 볼 때 에스라가 할 수 있는 것은 아무것도 없었습니다. 꿈꿀 수조차 없는 상황이었습니다. 하지만 그는 제사장으로서 받은 거룩한 사명, 곧 하나님 앞에서 하나님의 백성들로 하여금 온전한 예배를 드리게 하는 일을 포기하지 않았습니다.

시대가 어둡다고 비전을 버리는 사람은 신앙인이 아닙니다. 상황이 힘들다고 아름다움의 꿈을 버린 사람 또한 마찬가지입니다. 언제 이루어질지 알 수 없어도, 어쩌면 영원히 안 올지 몰라도, 하나님의 사람은 믿음으로 주신 그 꿈을 그 자리에서 계속 꾸면서 붙들고 나아가는 사람입니다.

에스라는 자신의 사명을 감당하면서 기도하며 기다렸습니다. 그러던 어느 날 그는 아주 중요한 결심을 하게 됩니다. 예루살렘으로 돌아가겠다는 결심을 한 것입니다. 스룹바벨이라는 사람을 통해 예루살렘의 성전이 다시 재건되었습니다. 하지만 성전만 재건했을 뿐 제사는 제대로 이루어지지 않고 있는 실정이었습니다. 그 소식을 들은 에스라는 재건된 성전에서 온전한 예배를 드리겠다고 결심합니다.

이러한 결정을 내렸을 때의 에스라의 나이를 정확히 알 수는 없습니다. 하지만 그가 이미 중년의 나이에 접어들었다는 것을 알 수 있습니다. 그는 그곳에서 반평생을 살았습니다. 그런 안정된 곳을 떠나는 것이 그에게는 큰 모험이었을 것입니다. 고향이라고는 하지만 한 번도 가 보지 않은 미지의 땅입니다. 더구나 자리 잡고 살고 있는 현재의 위치에서 어떤 일이 발생할지 알 수 없는 불확실을 향해 나아간다는 것은 결코 쉬운 일이 아닙니다. 그러나 그는 소명 받은 사람이기에, 사명 받은 사람이기에 결단을 내리고 감행을 합니다. 이것이 바로 신앙의 사람들의 이야기입니다.

불가능을 가능으로 바꾸는 영적 비밀

그는 당시 페르시아의 왕인 아닥사스다에게 예루살렘으로의 귀환을 요청합니다. 그리고 왕의 허락을 받아 냅니다. 예루살렘에 돌아갈 수 있는 기본적인 조치가 끝난 것입니다. 이에 사람들을 모집하고 출발하려고 아하와 강가에 모였는데 문제가 생겼습니다.

> "내가 무리를 아하와로 흐르는 강가에 모으고 거기서 삼 일 동안 장막에
> 머물며 백성과 제사장들을 살핀즉 그중에 레위 자손이 한 사람도 없는지
> 라"(스 8:15).

이들은 단순히 고향을 방문하기 위해 모인 것이 아닙니다. 예배를 살리기 위해 모인 것입니다. 그런데 예배를 섬길 수 있는 레위 자손이 한 사람도 없습니다. 장애물을 만난 것입니다. 난관에 봉착한 것입니다. 불가능한 상황이 아닐 수 없었습니다. 하지만 에스라에게는 이 어려운 상황과 난관을 풀어 낼 수 있는 아주 특별한 변수가 하나 있었습니다.

> "우리 하나님의 선한 손의 도우심을 입고 그들이 이스라엘의 손자 레위
> 의 아들 말리의 자손 중에서 한 명철한 사람을 데려오고 또 세레뱌와 그
> 의 아들들과 형제 십팔 명과"(스 8:18).

에스라의 특별한 변수가 무엇입니까? 그가 늘 의지하는 '우리 하나님의 선한 손의 도우심'이라는 것입니다. 이것은 에스라만이 아니라 모든 신앙인들의 변수입니다. 객관적으로는 정말 불가능해 보이는 상황일지라도 하나님의 선한 손이 도와주시면 불가능이 가능으로 바뀌는 것입니다. 에스라는 하나님의 선한 손의 도우심을 힘입어 함께 가기 위해 필요한 258명의 레위 자손을 구할 수 있었습니다.

하나님의 선한 손은 우리가 삶 가운데서 어떤 위기에 직면했을 때 그것을 뚫고 나갈 수 있는 영적인 비밀입니다. 성경에 나오는 사람들을 보십시오. 또한 교회사를 보십시오. 그들의 삶에 어려움이 있을 때마다 하나님은 당신의 그 선한 손으로 역사하셨습니다. 물론 하나님은 지금도 당신의 선한 손을 펼쳐서 역사하십니다. 신앙생활은 역사하는 것입니다. 역사하심이 없으면 신앙생활이 아닙니다. 하나님은 우리 삶의 모든 영역에서 역사하십니다.

하나님의 선한 손을 붙들라

그렇다면 하나님의 선한 손이란 무엇입니까? 그것을 네 가지로 살펴볼 수 있습니다.

첫째는, 도우시는 손입니다. 하나님은 당신의 자녀들을 도우십니다. 돕는다는 것은 무엇을 전제합니까? 내가 해야 할 일이 있다는 것입니다. "너는 가만히 있어. 내가 다 해 줄게." 이런 경우는 거의 없습니다. 이것은 축복이 아니라 저주가 될 수 있기 때문입니다. 하나님은 지금도 당신의 사람들을 도우십니다.

둘째는, 잡아 주시는 손입니다. 신앙인이 삶 가운데 어떤 난관에 부딪히게 되면 중심이 흔들립니다. 그러다 보면 쓰러지게 됩니다. 이때 잡아 주시는 손이 바로 하나님의 선한 손입니다. 우리 믿음의 중심이 흔들릴 때, 흔들려서 쓰러질 때, 그때 잡아서 일으켜 주시는 손이 바로 하나님의 선한 손입니다. 하나님은 지금도 당신의 사람들을 굳게 잡아 주십니다.

셋째는, 만져 주시는 손입니다. 이는 내적인 위로를 뜻합니다. 신앙 생활하다가 마음이 상했을 때, 상처받았을 때, 마음에 두려움과 분노 및 열등감과 죄책감이 가득할 때, 그때마다 만져 주시는 손이 하나님의 선한 손입니다. 이로 인해 우리는 하나님의 위로와 격려를 통해 힘 주시고 새롭게 해 주시는 은혜를 경험하게 됩니다. 마치 쓰러진 엘리야를 만져 주시며 먹이신 것처럼 말입니다. 하나님은 지금도 당신의 사람들의 마음을 만져 주십니다.

넷째는, 인도하시는 손입니다. 신앙의 난관에 부딪히면 방향을 잃어 버리게 됩니다. 어디로 가야 할지 몰라 당황하다가 헤매게 되는 것입니다. 그런데 그 순간 하나님의 선한 손이 우리를 잡아서 인도해 주십니다. 마치 〈주님여 이 손을〉이라는 찬양의 가사처럼 말입니다. "폭풍우 흑암 속 헤치사 빛으로 손잡고 날 인도하소서." 이것이 바로 우리를 인도하시는 하나님의 손입니다. 하나님은 지금도 당신의 사람들을 인도하십니다.

이처럼 신앙인의 삶 가운데 어려움을 만났을 때 이를 이길 수 있게 하는 것은 바로 하나님의 손입니다. 그리고 이 선한 손을 체험하는 것이 바로 신앙의 이야기입니다. 그러면 이 하나님의 선한 손은 어떻게 체험할 수 있을까요? 대답은 오직 하나입니다. 기도해야 체험할 수 있습니다. 하나님의 선한 손은 절대로 혼자서 역사하지 않기 때문입니다.

영적인 자존심을 지키라

에스라는 하나님의 선한 손의 도움으로 레위 자손을 구했습니다. 그런데 마지막으로 풀어야 할 굉장히 심각한 문제가 있었습니다. 어떻게 안전하게 돌아갈 것이냐 하는 문제입니다. 바벨론에서 예루살렘까지는 약 1,600킬로미터 정도로, 이는 서울과 부산을 세 번 오갈 수 있는 거리입니다. 게다가 중간 중간 살고 있는 종족들은 대개 유목민으로서, 이들의 주업은 유목이요, 부업은 강도였습니다. 재물을 빼앗고 아이들과 여자들을 팔아넘기면서도 죄책감이라고는 없는 종족이었습니다. 이런 상황에서 5개월 정도 걸리는 먼 길을 1,772명, 여자와 아이들까지 합하면 약 4, 5천 명 정도 되는 사람들을 데리고 군대도 없이 이동해야 합니다. 더군다나 예배드리기 위해서 필요한 모든 보물들을 다 가지고 이동하고 있으니, 예루살렘까지 무사히 도착하기란 상황적으로 볼 때 불가능한 일이었습니다.

이러한 상황에서 취할 수 있는 조치는 아닥사스다 왕에게 귀향길을 지켜 줄 군대를 요청하는 것이었습니다. 그리고 군대를 요청하면 아닥사스다 왕은 줄 수밖에 없는 상황이었습니다. 자신이 가라고 허락했기 때문입니다. 그런데 에스라는 그렇게 하지 못했습니다. 그전에 아닥사스다 왕에게 한 말이 있었기 때문입니다.

"이는 우리가 전에 왕에게 아뢰기를 우리 하나님의 손은 자기를 찾는 모든 자에게 선을 베푸시고 자기를 배반하는 모든 자에게는 권능과 진노를

내리신다 하였으므로 길에서 적군을 막고 우리를 도울 보병과 마병을 왕
에게 구하기를 부끄러워하였음이라"(스 8:22).

에스라는 그야말로 영적으로 꼬장꼬장한 사람이었습니다. 하나님을
믿는다고 말해 놓고 급하다고 눈앞의 현실적인 것을 붙잡는 신앙인은
될 수 없는 사람이었습니다. 바로 이 점 때문에 에스라가 훌륭한 것이
고, 바로 이 점 때문에 하나님이 그를 귀하게 보신 것입니다. 그래서 그
는 존경받는 사람일 수 있는 것입니다.

이 시대에는 이러한 신앙인이 필요합니다. 말로만 좋은 신앙은 실제
로 어려움에 직면할 경우 신앙은 다 날아가고 현실적인 것만을 붙잡고
의지하는 연약하고 추하고 위선적인 신앙으로 추락해 버리고 맙니다.
하지만 진정한 신앙은 그 신앙 때문에 어떤 물질적인 손해나 사람들 앞
에서의 수치 또는 어려움을 겪어도, 심지어 생명을 잃을 수 있는 위험에
처해도 믿음으로 고백한 그 길을 꿋꿋이 걸어가는 신앙입니다.

에스라의 고백에서 제 마음에 강하게 다가왔던 표현은 그가 '부끄러
워했다'는 것입니다. 적어도 하나님의 사람으로 살아가는 사람이라면
이런 부끄러움 정도는 있어야 합니다. 신앙인은 부끄러워할 줄 알아야
합니다. 사람이니 어쩔 수 없다는 식으로 얼버무리며 넘어가서는 안 됩니
다. 물론 우리는 완벽할 수 없습니다. 하지만 그렇지 못한 것에 대해 부끄
러워하면서 그것을 용납해서는 안 됩니다. 이것이 신앙이고, 이것이 바
로 영적인 자존심입니다.

결국 에스라의 입장에서 할 수 있는 것은 하나밖에 없었습니다. 본인

이 말한 대로 하나님에게 매달리고 간구하는 것입니다. 하나님의 선한 손이 도와주시기를 구하는 것입니다. 그래서 그는 아하와 강가에서 금식 기도를 선포합니다. 며칠이 걸렸는지는 알 수 없습니다. 그러나 분명한 것은 확신이 들 때까지 기도했을 것입니다. 에스라는 확신이 들자 출발했습니다. 그리고 기적적으로 5개월 만에 아무 어려움도 당하지 않고 예루살렘에 도착했습니다. 하나님의 선한 손이 지켜 주신 것입니다.

이 이야기를 통해 알 수 있는 것이 무엇입니까? 살아가면서 직면하게 되는 난관을 돌파하기 위해서는 하나님의 선한 손의 역사하심을 경험해야 한다는 것입니다. 그리고 그 선한 손의 역사하심을 경험하는 방법은 기도밖에 없다는 것입니다. 인간적인 생각과 판단을 모두 내려놓고 기도해야 합니다. 나의 확신은 결코 중요하지 않습니다. 확신할 수 없어도, 믿을 수 없어도 하나님의 선한 손의 역사를 기다리면서, 결국은 합력해서 선을 이루실 하나님의 그 아름다운 역사를 기대하면서 기도하는 것입니다.

직면한 문제 앞에서 영적인 승부를 걸라

하나님의 선한 손의 역사를 경험하려면 먼저 기도해야 합니다. 그리고 기도의 결과로 응답받아야 합니다. 하지만 단지 눈앞에 있는 문제가 해결된 것만을 선한 손의 역사로 봐서는 안 됩니다. 문제 해결이 결론이라면 그것으로 이야기가 끝나 버리기 때문입니다. 우리는 기도를 통해서 하나님의 선한 손의 역사를 경험하고자 할 때 하나님의 사랑과 은혜를 경험할 수 있어야 합니다. 무언가를 얻었기 때문에 좋은 것이 아니라, 하나님의 살아 계심을, 하나님의 사랑하심을, 내가 하나님의 사람임을 깨닫는 것이 중요하다는 것입니다.

다른 방법을 찾지 말고 영적으로 승부를 거십시오. 이는 현실적인 모든 것을 거부하라는 말이 아닙니다. 아플 때 병원에 가거나 약을 먹는 등 현실적인 문제들은 현실적인 방법을 사용해서 해결해야 합니다. 하지만 우리가 직면한 상황이 영적인 것이라면 영적인 승부를 걸어야 합니다. 하나님의 선한 손이 역사하시도록 말입니다. 그러면 하나님의 그 선한 손이 우리를 도우시고, 붙잡아 주시고, 만져 주시고, 인도하실 것입니다.

신앙인의 삶 가운데 어려움을 만났을 때
이를 이길 수 있게 하는 것은 바로 하나님의 손입니다.
그리고 이 선한 손을 체험하는 것이 바로 신앙의 이야기입니다.

"
우리의 허물이 커서
하늘에
미침이니이다.
"

| 스 9:1-6 |

우리 안에 하나님과의 사이를 가로막는 어떤 것이 보일 때
그것을 발견하고 하나님 앞에 끄집어내기 시작하는
그 작업이 바로 회개의 기도입니다.

한국의 기독교 역사에서 꼭 기억해야 할 사건이 있다면 1907년에 일어난 '평양 대부흥' 사건일 것입니다. 전 세계에 있었던 부흥 운동 중에서 가장 강력한 사건으로 꼽힐 정도로 굉장한 역사였습니다. 평양 대부흥 운동의 시작은 이렇습니다. 장대현교회에서 말씀 사경회를 준비하던 중 본 집회도 아니고 예비 집회 마지막 날 길선주 장로가 말씀을 전할 때 그 말씀이 심령 가운데 역사하면서 회개가 일어나기 시작했습니다. 말씀을 전하면서 자신의 죄를 고백하기 시작한 것입니다. 이 고백이 불씨가 되어 참석한 모든 사람들의 심령에 회개의 불이 붙기 시작했습니다. 그러면서 터져 나온 것이 1907년 평양 대부흥 운동입니다.

하지만 이 회개의 역사는 1907년에 처음 시작된 것이 아닙니다. 거슬러 올라가 보면 1903년에 원산에 모인 선교사들에 의해서 시작되었습니다. 선교사들이 여름휴가를 보내기 위해 모여서 기도하며 말씀을 나누는 가운데 성령이 역사하셔서 회개가 시작된 것입니다. 그리고 회개는 하나님의 바람과도 같아서, 그렇게 시작된 회개의 불씨가 1907년 평양에까지 와 닿은 것입니다.

느헤미야 8장에는 유명한 에스라의 부흥 사경회 이야기가 나옵니다. 다른 건 하지 않았습니다. 그저 말씀만 읽었습니다. 그런데 그 말씀을 들으며 사람들이 통곡하기 시작했습니다. 그렇게 울고 웃고 기뻐하며 영이 살아나는 진짜 부흥이 임한 것입니다.

그런데 여기서 한 가지 짚고 넘어가야 할 것이 있습니다. 그는 말씀 사역자이면서 동시에 회개의 역사를 감당하는 사람이었다는 사실입니다. 말씀을 통한 부흥의 역사가 있기 위해서는 반드시 회개의 영성이 함께해야 한다는 것입니다. 이 회개의 영성이 함께 있지 않으면 말씀을 통한 사역의 부흥은 있을 수 없다는 것입니다. 그러므로 참된 말씀의 사역자라면 그는 회개의 영성을 가진 회개의 사람이 되어야 합니다. 바로 거기에서 하나님의 역사가 일어나는 것입니다. 에스라가 바로 그런 사람이었습니다.

상황에 굴복하지 않는 회개의 영성

오랫동안 꿈꾸고 기다렸던 예루살렘에 도착했습니다. 이제 하나님이 주신 소명대로 제대로 된 예배 공동체를 이뤄야 할 순간이 온 것입니다. 그는 3일 동안 휴식을 취한 후 성전에 가서 가지고 온 금과 은을 전달했습니다. 이는 예루살렘 성전을 운영하기 위한 자금과도 같은 것이었습니다. 5개월 동안 무사히 운반해 온 것들을 내놓으면서 그의 마음에 큰 기쁨이 있었을 것입니다. 이는 하나님이 함께하셨기에 가능한 기적과도 같은 일이었기 때문입니다.

모든 것을 무사히 전달한 후에 그는 하나님 앞에서 번제를 드렸습니다. 이제는 하나님의 백성답게 살기로, 예배를 멈추지 않기로, 아름답고 거룩하게 살기로 결단하며 감격스러운 예배를 드렸을 것입니다. 그런데 모든 것이 잘되어 가고 있다고 생각하는 그때 방백들이 찾아왔습니다. 방백이란 유다 지파의 리더들을 말합니다.

"이 일 후에 방백들이 내게 나아와 이르되 이스라엘 백성과 제사장들과 레위 사람들이 이 땅 백성들에게서 떠나지 아니하고 가나안 사람들과 헷 사람들과 브리스 사람들과 여부스 사람들과 암몬 사람들과 모압 사람들과 애굽 사람들과 아모리 사람들의 가증한 일을 행하여 그들의 딸을 맞이하여 아내와 며느리로 삼아 거룩한 자손이 그 지방 사람들과 서로 섞이게 하는데 방백들과 고관들이 이 죄에 더욱 으뜸이 되었다 하는지라"(스 9:1-2).

문제가 생겼습니다. 예루살렘에 남아 있던 이스라엘 사람들이 여러 민족의 딸들과 결혼해서 가정을 이루어 살고 있었던 것입니다. 상황으로 볼 때는 그럴 수밖에 없었지만, 이는 분명 율법에 어긋나는 일이었습니다. 특별히 성경은 이에 대해 이렇게 말씀합니다.

> "또 그들과 혼인하지도 말지니 네 딸을 그들의 아들에게 주지 말 것이요 그들의 딸도 네 며느리로 삼지 말 것은 그가 네 아들을 유혹하여 그가 여호와를 떠나고 다른 신들을 섬기게 하므로 여호와께서 너희에게 진노하사 갑자기 너희를 멸하실 것임이니라"(신 7:3-4).

하나님의 말씀이 있음에도 불구하고 그들이 그렇게 행한 이유는 무엇일까요? 그 속에 인간적인 욕심과 욕망이 있었기 때문입니다. 현실적으로 편하게 살고 싶은 마음이 있었기 때문입니다. 하나님의 사람으로서 이렇게 행해서는 안 되지만, 현실이 이러니 어쩔 수 없다며 타협한 것입니다. 이는 분명한 문제입니다. 하지만 지금 당장 어떻게 되돌리기는 어려운 현실입니다. 이러한 일들이 몇 십 년에 걸쳐 진행되어 왔기 때문입니다. 그래서 유다인들도 지금까지 그냥 끌고 온 것입니다.

에스라는 이 이야기를 듣고 어떻게 행했습니까? 그는 그 자리에서 겉옷과 속옷을 찢으며 하나님 앞에서 회개하기 시작했습니다. 그대로는 넘어갈 수 없다는 결단으로 하나님 앞에 회개하기 시작한 것입니다. 이러한 행동으로 인해 여러 가지 불편한 상황들이 발생할 수도 있었습니다. 그러나 그의 마음에는 이건 아니라는 확고한 믿음이 있었습니다. 그래서 그는 그것을 회개하기 시작한 것입니다. 이러한 회개의 영성을 가진 사람이 진짜 하나님의 사람이고 말씀의 사람입니다.

회개를 이루는 기도의 세 가지 포인트

이 시대에 참된 신앙인으로 서기 원한다면 우리는 회개의 영성을 가져야 합니다. 회개해야 하는 그 순간 회개를 놓치지 않고, 묻어 버리지 않고 하나님의 말씀 앞에서 즉각적으로 회개하는 신앙을 가지고 있어야 한다는 것입니다. 그래야 하나님 나라가 이뤄집니다. 그렇다면 구체적으로 어떻게 회개해야 할까요?

> "내가 이 일을 듣고 속옷과 겉옷을 찢고 머리털과 수염을 뜯으며 기가 막혀 앉으니"(스 9:3).

'기가 막혀 앉으니'라고 말씀하지만 그는 그냥 주저앉아 있지만은 않았습니다. 그것은 진정한 회개의 영성이 아니기 때문입니다. '이건 아니다, 잘못됐다, 문제가 있다'를 느끼는 것만으로는 회개가 될 수 없습니다. 그렇게 본다면 가룟 유다도 회개한 사람이 되어 버립니다. 중요한 것은 그다음 행동으로 넘어가는 것입니다.

> "저녁 제사를 드릴 때에 내가 근심 중에 일어나서 속옷과 겉옷을 찢은 채 무릎을 꿇고 나의 하나님 여호와를 향하여 손을 들고"(스 9:5).

무슨 말입니까? 기도했다는 것입니다. 회개의 영성이 온전한 신앙으로 나타나기 위해서는 죄를 자각하는 것도 중요하지만, 거기서 끝나지 않고 자각을 가지고 하나님 앞으로 나아가 기도하는 것까지 가야 한다는 것입니다. 기도하지 않고는 온전한 회개의 영성을 가질 수 없기 때문입니다. 그렇다면 어떻게 해야 할까요? 여기에 회개의 영성이 온전히 이루어지게 하는 기도의 세 가지 포인트가 있습니다.

하나님과의 관계를 회복하라

첫째는, 하나님과의 회복입니다.

"말하기를 나의 하나님이여 내가 부끄럽고 낯이 뜨거워서 감히 나의 하나님을 향하여 얼굴을 들지 못하오니 이는 우리 죄악이 많아 정수리에 넘치고 우리 허물이 커서 하늘에 미침이니이다"(스 9:6).

죄는 그것이 무엇이든지 하나님과의 관계를 망가뜨립니다. 그것이 제일 심각한 것입니다. 그렇기 때문에 회개의 영성을 가진 사람의 기도는 하나님과의 회복을 시도합니다. 에스라의 기도를 보십시오. "나의 하나님이여 내가 부끄럽고 낯이 뜨거워서 감히 나의 하나님을 향하여 얼굴을 들지 못하오니." 회개의 영성을 가진 사람들은 기도하면서 하나님과의 사이를 가로막고 있는 것들을 끄집어내기 시작합니다. 교만이 있으면 교만을 끄집어내고, 더러운 욕심이 있으면 욕심을 끄집어내고, 어떤 추한 것이 있으면 그 추한 것들을 끄집어냅니다. 끄집어내십시오. 던지십시오. 우리 안에 하나님과의 사이를 가로막는 어떤 것이 보일 때 그것을 발견하고 하나님 앞에 끄집어내기 시작하는 그 작업이 바로 회개의 기도입니다.

상한 감정을 쏟아 내라

둘째는, 마음속에 남아 있는 상한 것들을 쏟아 내는 것입니다. 죄는 반드시 우리 안에 상처를 남깁니다. 에스라의 경우에는 그 이야기를 듣는 순간 마음속에 분노가 올라왔습니다. 그들을 향한 분노와 섭섭함과 실망감이 밀려온 것입니다. 하지만 그 마음을 그대로 가지고 있으면 에스라는 절대로 그 민족을 인도할 수 없습니다. 볼 때마다 그 마음이 표출될 것이기 때문입니다. 에스라는 기도함으로 모든 감정들을 쏟아 냈습니다. 그랬기에 하나님의 역사를 경험할 수 있었습니다.

하나님의 역사를 위한 근거를 마련하라

셋째는, 하나님이 일하고 역사하실 수 있는 계기와 시간입니다. 회개는 후회가 아닙니다. 다시 바로잡는 것입니다. 그런데 문제는 바로잡을 방법이 없다는 것입니다. 자신의 힘으로 바로잡을 수 있었다면 벌써 그렇게 했을 것입니다. 에스라의 경우도 마찬가지입니다. 지금 문제가 잘못된 것을 알지만 바로잡을 방법이 없습니다. 오랜 세월 가족으로 살고 있는 상황에서 어떻게 바로잡을 수 있겠습니까? 정말 어려운 상황이 아닐 수 없습니다. 그런데 기도하면 다릅니다. 기도가 하나님이 역사하실 수 있는 계기와 시간이 되기 때문입니다. 근거가 된다는 것입니다. 그래서 하나님이 역사하시는 것입니다.

에스라는 아무것도 하지 않고 하나님 앞에서 기도했습니다. 그러자 하나님이 역사하셔서 그 사람들의 마음에 찔림과 아픔이 찾아와 스스로 정리하겠다는 고백을 받아 내게 하셨습니다. 에스라가 정리를 명했다면 큰 소란이 일어났을 것입니다. 그런데 스스로 정리하겠다고 하면서 문제가 해결되기 시작한 것입니다. 하나님의 역사는 지금도 이렇게 이루어집니다. 회개하십시오. 기도하십시오. 그래서 하나님이 일하실 수 있는 기회를 드리십시오. 그러면 하나님이 행하시는 놀라운 일들을 목격하게 될 것입니다.

우리에게는 에스라의 회개 기도와 같은 기도가 꼭 필요합니다. 특별히 우리가 살고 있는 이 시대는 우리의 회개를 요구합니다. 회개의 민감한 영성을 가지고 기도하십시오. 기도로 아름다운 회개의 이야기를 이뤄 가는 하나님의 신실한 사람이 되십시오.

끄집어내십시오. 던지십시오.
우리 안에 하나님과의 사이를 가로막는 어떤 것이 보일 때
그것을 발견하고 하나님 앞에 끄집어내기 시작하는
그 작업이 바로 회개의 기도입니다.

"
죽으면
죽으리이다.
"

| 에 4:10-17 |

진짜 기도는 도전하는 기도입니다.
그런 기도가 하나님의 반전의 역사를 일으킵니다.
자기 생각과 감정과 상식과 판단을 뛰어넘지 않으면 기도가 될 수 없습니다.

유대인들은 절기를 참 잘 지킵니다. 그들은 각 절기별로 성경을 읽는데 이를 '메길로트'(다섯 개의 두루마리라는 뜻)라고 합니다. 유대인의 대표적인 절기인 '유월절'에는 '아가'서를 읽습니다. 두 번째 절기인 '오순절'(칠칠절)에는 '룻기'를 읽습니다. 세 번째 절기인 '초막절'에는 '전도서'를 읽습니다. 네 번째 절기인 '티샤 베아브'(아브 월 아홉 번째 날 [5월 9일], 성전이 파괴된 날)에는 '예레미야애가'를 읽습니다. 그리고 다섯 번째 절기인 '부림절'에는 '에스더'서를 읽습니다. 각 절기마다 그에 해당하는 메길로트를 읽는다는 것은 책을 읽듯이 읽는 것이 아니라, 어떤 면에서는 노래나 공연을 하는 것이라고 볼 수도 있습니다. 각 절기에 해당하는 하나님의 이야기를 온몸으로, 삶으로 다시 한 번 누리는 것이 목적이기 때문입니다.

이 다섯 가지 중에서 가장 극적이고 즐거운 책을 꼽으라면 사람들은 대개 에스더서를 꼽습니다. 에스더서의 내용 자체가 드라마이기 때문입니다. 드라마 중에서도 가장 재미있는 반전 드라마 말입니다.

반전과 우연으로 일하시는 하나님

십자가를 가리키는 반전 이야기

에스더서에는 수많은 반전 이야기가 나옵니다. 몇 가지 예를 들면, 처음에는 굉장히 낮은 위치에 있던 모르드개가 나중에는 왕 다음가는 높은 신분까지 올라갑니다. 그야말로 반전이 일어나는 것입니다. 반면에 높은 위치에 있던 하만은 마지막에 자기 가족과 함께 죽임을 당하는 아주 비참한 지경에까지 이르게 됩니다. 또 하만이 모르드개를 매달려고 세운 교수대 위에는 결국 누가 매달립니까? 하만 자신입니다. 이처럼 에스더서 안에는 극적인 반전 이야기들이 담겨 있습니다.

하지만 에스더서 최고의 반전 이야기는 따로 있습니다. 유대인들을 모두 죽이겠다고 제비를 뽑은 그날이 오히려 유대인들의 축제의 절기가 된 반전 이야기 말입니다. 그래서 그날을 '제비 뽑은 날'이라는 의미의 부림절이라고 부르게 된 것입니다. 그날은 원래 죽게 될 날이었습니다. 그런데 그날 구원받고 오히려 대적을 즉멸함으로써 그날이 곧 축제의 절기가 되었습니다.

그런데 이 반전 이야기가 왠지 익숙합니다. 십자가에서 사탄의 머리를 부수고 영원한 승리를 쟁취하신 예수 그리스도의 반전 이야기가 겹쳐지기 때문입니다. 이처럼 에스더서에는 전체적으로 십자가가 짙게 드리워 있습니다. 십자가야말로 역전 중에 역전이 아닙니까? 사형의 도구였던 십자가 형틀이 구원의 도구가 되었습니다. 끔찍한 죽음의 자리가 아름다운 구원의 자리가 되었습니다. 고통이 가득한 십자가가 기가 막힌 평화가 되는 역사, 이 반전 이야기가 바로 에스더서에 쫙 깔려 있는 것입니다.

반전을 향해 흐르는 우연의 역사

그런데 이런 반전의 역사가 어떻게 일어납니까? 이는 에스더서의 또 하나의 특징으로, 우연히 일어납니다. 우연의 일치로 이런 일이 일어나는 것입니다. 모르드개가 누군가 왕을 살해하려는 모의를 '우연히' 듣게 됩니다(에 2:21 참조). 그리고 후에는 이 이야기가 굉장히 중요한 역할을 하게 됩니다. 왕이 불면증에 걸려 잠이 오지 않아 그날따라 평소에는 보지 않던 역대 일기(궁중 일기)를 읽게 되는데, 그러던 중 '우연히' 모르드개의 충성을 발견하게 됩니다(에 6:1-2 참조). 그 후 왕이 모르드개에게 상을 주려는 순간 마침 '우연히' 하만이 궁전에 들어오게 되고(에 6:3-4 참조), 훗날 하만이 에스더에게 목숨을 구걸하는 순간 나갔던 왕이 '우연히' 다시 들어와 왕후를 강간하려 했다는 죄목으로 하만의 삶은 완전히 끝장나 버리게 됩니다(에 7:8 참조). 이처럼 에스더서에는 너무나도 많은 우연이 나옵니다.

그런데 놀라운 것은 에스더서에 나오는 이 우연들이 특정한 방향으로 흘러가고 있다는 것입니다. 반전의 방향으로 그 우연이 틀어지고 있다는 것입니다. 그래서 등장인물이 의도한 것과 전혀 다른 정반대의 결과가 나타나는 것입니다. 아하수에로 왕이 하만에게 "왕이 존귀하게 하기를 원하는 사람에게 어떻게 하여야 하겠느냐"(에 6:6)라고 묻습니다. 그 순간 하만은 그 대상이 자신이라고 착각하고 이렇게 대답합니다. "왕복과 말을 왕의 신하 중 가장 존귀한 자의 손에 맡겨서 왕이 존귀하게 하시기를 원하시는 사람에게 옷을 입히고 말을 태워서 성 중 거리로 다니며"(에 6:9). 하지만 왕이 존귀하게 하기를 원한 대상은 하만이 아니라 모르드개였습니다.

반전은 고대 근동 문학에서 중요합니다. 아리스토텔레스(Aristoteles)는 《시학》에서 '페리페테이아'라는 말을 썼는데 이는 '운명의 역전'이라는 의미를 갖습니다. 어떤 행동이나 상황이 예상했던 결과와는 전혀 상반되는 방향으로 가는 것을 페리페테이아라고 합니다. 그렇다면 이 페리페테이아를 왜 쓰는 것일까요? 답은 간단합니다. 그래야 재미있기 때문입니다. 하지만 더 중요한 이유가 있습니다. 그것은 페리페테이아를 통해 인간의 좌절을 말하고 싶어서입니다. 그러면서 인생의 항로가 인간의 통제권 밖에 있는 힘의 영향을 받고 있다는 것을 드러내기 위해서입니다.

그런데 에스더서에서 사용된 페리페테이아 기법은 아리스토텔레스가 말했던 그리스의 연극과는 다릅니다. 그리스 연극에서의 페리페테이아는 인간의 통제권 밖에 있는 어떤 힘에 의해서라는 결론으로 이야기를 끝내지만 에스더서는 그것이 무엇인지를 아주 강력하게 보여 주고 있기 때문입니다. 그 힘이 무엇입니까? 바로 하나님이십니다. 비록 에스더서에는 하나님이라는 말이 나오지 않지만 분명히 알 수 있는 것은 한 운명을 바꿔 가면서 우연 가운데 반전을 일으키며 역사하시는 분이 하나님이심을 누구도 부인할 수 없도록 드러내고 있기 때문입니다. 그렇게 함으로써 더 놀라운 은혜를 받게 하는 것이 에스더서의 기법입니다.

> "이때에 네가 만일 잠잠하여 말이 없으면 유다인은 다른 데로 말미암아 놓임과 구원을 얻으려니와 너와 네 아버지 집은 멸망하리라 네가 왕후의 자리를 얻은 것이 이때를 위함이 아닌지 누가 알겠느냐 하니"(에 4:14).

위의 말씀에는 하나님 이야기가 한마디도 나오지 않습니다. 그러나 읽는 순간 인생과 역사를 주관하시는 하나님의 손길을 인정하지 않을 수 없습니다. 그러면서 하나님이 이 모든 일을 행하셨음을, 이 일이 하나님이 역사하시는 이야기임을 너무나도 강력하게 보여 주고 있습니다. 바로 이런 반전 드라마를 하나님이 쓰셨다는 것입니다. 그리고 더욱 감동인 것은 그 하나님이 바로 우리 하나님이라는 사실입니다. 하나님은 지금도 우리 삶 속에서 역사하시면서 우리 삶의 아름다운 일을 위해 반전 드라마를 쓰고 계십니다.

하나님의 반전을 이끌어 내는 기도의 능력

그런데 기억해야 할 중요한 것이 있습니다. 하나님의 반전 드라마와 역사는 하나님이 원하시는 대로 일방적으로 일어나지 않는다는 것입니다. 하나님은 우리 삶과 인생 가운데 기가 막힌 반전의 역사를 일으키시되, 그 모든 반전의 역사를 혼자 행하시는 것이 아니라 믿음의 사람들의 기도와 간구를 통해서 일으키신다는 것입니다. 우연처럼 보이지만 우연이 아니라는 것입니다. 믿음의 사람들의 간구와 기도가 있었기에 놀라운 역사가 일어날 수 있었다는 것입니다. 에스더서에 기도라는 말은 한마디도 나오지 않지만, 저는 분명히 말할 수 있습니다. 성경의 다른 어떤 책보다 강력한 기도의 이야기는 바로 에스더서라고 말입니다.

에스더서의 두 주인공인 모르드개와 에스더는 성경에 있는 어떤 사람보다도 강력한 기도의 사람입니다. 무엇으로 알 수 있습니까? 하나님의 반전의 역사를 일으키는 기도의 사람에게는 세 가지 특징이 있는데, 이 세 가지가 두 사람 모두에게 해당합니다. 첫째는, 기도의 능력을 믿습니다. 둘째는, 기도에 모든 것을 겁니다. 기도 외에는 다른 대안이 없다는 것입니다. 셋째는, 실제로 결단하고 기도합니다. 생각만 하는 것이 아니라 구체적으로 기도한다는 것입니다. 기도는 생각이 아니라 행동입니다. 기도할 수 없는 환경 속에서도, 기도할 상황이 아니어도 결단하고 기도하는 구체적인 행동을 반드시 해야 합니다.

이렇게 하나님의 반전의 역사를 일으키는 기도의 모습을 잘 보여 주는 내용 중에 하나가 바로 에스더 4장입니다.

"당신은 가서 수산에 있는 유다인을 다 모으고 나를 위하여 금식하되 밤낮 삼 일을 먹지도 말고 마시지도 마소서 나도 나의 시녀와 더불어 이렇

게 금식한 후에 규례를 어기고 왕에게 나아가리니 죽으면 죽으리이다 하
니라"(에 4:16).

이 말씀에는 하나님의 반전의 역사를 일으키는 기도의 세 가지 특징
이 들어 있습니다.

도전하는 기도

첫째는, 도전하는 기도입니다. 기도하고 나서 규례를 어기고 왕에게
나아가겠다는 것입니다. 그러면서 뭐라고 고백합니까? '죽으면 죽으리
이다.' 진짜 기도는 도전하는 기도입니다. 그런 기도가 하나님의 반전의
역사를 일으킵니다. 자기 생각과 감정과 상식과 판단을 뛰어넘지 않으
면 기도가 될 수 없습니다.

그런데 주의할 것이 있습니다. '그냥 기도나 한번 해 보자' 하며 기도
하는 것은 도전이 아닙니다. 진짜 도전하는 기도는 그렇게 이루어질 것
이라고 믿고 밀고 들어가는 것입니다. 에스더를 보십시오. 도전하는 기
도 후에 어떻게 하겠다는 것입니까? 왕에게 나아가겠다는 것입니다. 그
러다가 죽게 되면 죽겠다는 것입니다. 이것이 바로 하나님의 반전의 역
사를 일으키는 기도의 특징입니다.

힘쓰는 기도

둘째는, 힘쓰는 기도입니다. 본문에 기도라는 말은 나오지 않지만 금
식이라는 말은 나옵니다. 그런데 금식이 무엇입니까? 힘쓰는 기도의 전

형적인 용어입니다. 그냥 기도하는 것이 아니라 기도하면서 힘을 쓰는 것입니다. 엘리야가 했던 기도를 보십시오. 얼마나 힘을 쓰며 기도했는지 머리가 무릎 사이로 들어갔습니다. 야곱은 어떻습니까? 하나님과 씨름해서 이겨 이스라엘이라는 이름을 얻었습니다. 그리고 하나님은 당신의 백성을 그 이름으로 부르셨습니다. 왜 선택된 백성의 이름이 이스라엘이 되었을까요? 당신의 사람은 바로 힘쓰는 기도를 하는 사람이라는 뜻입니다. 하나님 앞에 씨름하듯 기도할 수 있는 사람이 하나님의 사람이라는 것입니다.

분량을 채우는 기도

셋째는, 분량을 채우는 기도입니다. 에스더가 무엇을 부탁합니까? 수산 궁에 있는 모든 유다인들에게 3일의 금식 기도를 요청합니다. 기도의 분량이 채워져야 하기 때문입니다. 나는 별로 기도한 게 없는데 생각보다 일찍 하나님의 응답을 받았다면 둘 중 하나입니다. 하나는 하나님의 주권적인 역사 때문이고, 다른 하나는 다른 누군가의 기도 때문입니다. 그래서 중보기도가 힘이 있습니다.

비등점(沸騰點)이라는 물리학 용어가 있습니다. 이는 끓는점이라고도 하는데, 액체가 끓기 시작하는 온도를 말합니다. 물은 100도에서 끓습니다. 온도가 아무리 높아도 100도에 도달하지 않으면 물은 끓지 않습니다. 기도도 마찬가지입니다. 우리의 영적인 비등점이 올라가지 않으면, 기도의 분량이 채워지지 않으면 하나님의 역사는 일어나지 않습니다. 하지만 필요한 만큼의 분량이 채워지면 그때부터 하나님이 역사하기 시작하십니다.

하나님이 역사하시는 분량이 얼마큼인지는 정확히 알 수 없습니다. 하지만 기도하는 사람들은 압니다. 기도의 분량을 채운다는 것이 무엇인지, 또한 어떤 영적인 기도의 분량을 채워야 하는 것인지를 말입니다. 그래서 기도의 사람들은 그 기도의 분량이 채워지기까지 자신의 기도를 멈추지 않습니다. 뿐만 아니라 혼자 기도하지 않고 기도를 요청합니다. 그리고 자신도 다른 사람들을 위해서 기도합니다. 그들의 분량을 채우기 위해서 말입니다. 기도의 분량을 채우면 어떤 일이 일어납니까? 전혀 응답될 것 같지 않고 그럴 기미조차 보이지 않던 문제들을 놓고 기도한 것이 거짓말처럼 응답됩니다. 이것이 바로 영적 비밀이고, 하나님의 반전의 역사가 일어나는 이야기입니다.

하나님 앞에 분량을 채우는 기도를 드리십시오. 그리고 지금 그런 기도를 하고 있다면 멈추지 마십시오. 기도의 분량을 채울 때까지 계속해서 기도하십시오. 우리에게는 하나님의 반전의 역사가 필요합니다. 그리고 우리는 그 은혜가 없이는 살아갈 수 없는 존재입니다. 신앙인으로서 하나님의 반전의 역사가 필요하지 않은 사람은 한 명도 없습니다.

12. 호세아 - 회복의 기도

> "
> 오라 우리가
> 여호와께로
> 돌아가자.
> "

| 호 6:1-3 |

회개란, 돌이키는 것입니다.
그런데 돌이키는 행위보다 방향, 곧 돌이키는 대상이 누구인지가 중요합니다.
진짜 회개는 하나님에게로 돌아가는 것입니다.

프랜신 리버스(Francine Rivers)라는 미국의 유명한 소설가가 있습니다. 이 사람은 미국의 로맨스 소설 부문 최고의 작가에게 주는 상인 리타 상을 3년 연속 받을 정도로 능력이 뛰어났으며, 30대 후반에 이미 로맨스 소설 분야에서 명예의 전당에 오를 정도로 성공을 거둔 대단한 사람이었습니다. 그런데 나오는 소설마다 좋은 반응을 얻으며 인기를 얻었지만 프랜신 리버스의 마음은 황폐해지기 시작했습니다. 심리적 공황 상태가 오기 시작한 것입니다.

프랜신 리버스에게 글쓰기란 현실에서 나가는 일종의 탈출구였습니다. 현실 세계에서는 마음대로 되지 않는 것들을 글을 씀으로써 원하는 대로 만들어 나가며 그 안에서 사랑과 행복을 얻었습니다. 그렇게 해서 나온 것이 로맨스 소설이었던 것입니다. 하지만 그녀는 자신이 누리는 사랑과 행복이 진짜가 아닌 가상의 것임을 깨닫는 순간 마음이 점점 메말라 가고 황폐해지는 것을 막을 수가 없었습니다. 그러다 결국에는 더 이상 글을 쓸 수 없을 만큼 힘든 상황에 이르게 되었습니다.

극심한 내적인 고갈과 갈등 가운데 있던 그녀는 1986년 39세의 나이에 거듭남의 체험을 하게 되었습니다. 그동안 명목상의 그리스도인으로 살던 그녀가 극심한 내적 갈등 속에서 방황하다가 하나님을 제대로 만난 것입니다. 그러면서 진정한 거듭남의 체험을 하게 된 것입니다. 그때부터 그녀는 교회에서 성경을 공부하고 말씀을 읽으며 내면의 굶주림을 하나님의 사랑으로 채우기 시작했습니다. 그리고 그렇게 은혜 가운데 푹 젖어 있다가 다시금 글을 써야겠다는 결심을 하게 되었습니다. 가슴에 채워진 하나님의 사랑을 말하고 싶었기 때문입니다.

그렇게 나온 작품이 1991년에 발표된 《구원의 사랑》(김영사 역간)이라는 소설입니다. 이 소설은 프랜신 리버스의 가장 대표적인 작품이 되었고, 미국에서 많은 사람들이 사랑하는 소설 가운데 하나가 되었습니다. 그녀는 이 책에서 이렇게 말했습니다. "나는 이 이야기야말로 하나님이 내가 쓰기를 원하시는 진정한 사랑 이야기라는 확신이 들었다. 나에게는 이 책을 집필하는 일 자체가 일종의 예배와도 같았다." 그러면서 그녀는 삶을 살아 내는 것만으로도 벅찬 사람들, 사랑이라는 이름으로 이용당하고 학대받는 이들에게 진정한 자유와 사랑을 보여 주고 싶어서 이 책을 썼다고 이야기했습니다.

하나님의 구원의 사랑

프랜신 리버스가 쓴《구원의 사랑》의 배경은 호세아서입니다. 호세아서의 내용이 무엇입니까? 타락과 우상 숭배를 일삼는 이스라엘 백성을 끝까지 포기하지 않으시는 하나님의 사랑 이야기입니다. 이를 깨닫게 하시기 위해 하나님은 선지자 호세아에게 고멜이라는 음란한 여인을 아내로 맞게 하시고, 그 여인이 음란한 자녀, 곧 다른 사람의 아이를 낳는 것과 그것으로도 모자라 바람이 나 집을 나간 후 노예가 된 상황에서 값을 지불하고 그녀를 다시 되찾아 오는 상황들을 경험하게 하십니다. 하나님의 사랑이 이와 같다는 것을 이스라엘 백성이 깨닫게 하시기 위함인 것입니다.

호세아서는 하나님과 하나님 백성과의 관계를 결혼으로 보았습니다. 그러면서 우상 숭배란 다른 것이 아니라 바로 가정을 깨고 고통스럽게 하는 불륜과도 같은 것이라고 고발하고 있습니다. 그럼에도 당신의 백성을 용서하고 끝까지 사랑하시는 하나님의 그 사랑을 호세아가 고멜을 끝까지 찾아오는 상황들을 통해서 이야기합니다.

호세아서에 나오는 하나님의 사랑 이야기는 매우 실제적입니다. 수많은 고통과 아픔을 이긴 아주 생생하고 눈물이 젖어 있는 진짜 사랑 이야기입니다. 지금도 수많은 사람들이 죄 가운데 아파할 때, 특별히 관계 속에서 무너질 때 그 삶을 견디고 이겨 낼 수 있는 유일한 처방이 되는 바로 그 사랑 말입니다. 하나님의 사랑은 추상명사가 아닙니다. 하나님의 사랑은 신학책 속에 들어 있는 사랑도 아닙니다. 하나님의 사랑은 어던가에 있는 거룩하고 수준 높은 무언가가 아니라, 사람들이 살아가면서 그 사랑 없이는 살 수 없는, 사람들이 그 사랑으로 살 수 있게 만드는 진짜 사랑입니다. 그게 호세아서에서 말하는 사랑의 이야기입니다.

온전한 사랑을 먹으라

우리는 흔히 고통은 끔찍한 사고나 질병을 통해 발생한다고 생각합니다. 하지만 가만히 들여다보면, 고통은 대개 상처 때문에 생깁니다. 그리고 그 상처는 결국 사랑의 문제라고 볼 수 있습니다. 여기서 우리에게 사랑의 문제를 일으킬 수 있는, 즉 상처를 줄 수 있는 존재를 '권위의 존재'라고 말합니다. 그 사랑으로 인해 행복해질 수도 있지만, 그 사랑의 상실로 인해 상처받을 수도 있는 존재를 말하는 것입니다.

그렇다면 이 권위의 존재로부터 사랑의 문제와 상처를 일으키는 요소는 무엇일까요? 이를 세 가지로 나눌 수 있는데, 첫째는 결핍입니다. 다시 말하면, 사랑받지 못하는 경우입니다. 음식으로 말하자면, 음식을 먹지 못해서 굶주리는 것처럼 사랑을 받지 못해 감정에 결핍이 일어나는 것입니다.

둘째는 상함입니다. 사랑과 상처를 함께 받는 것입니다. 상한 음식을 먹은 것입니다. 상한 음식을 먹으면 어떻게 됩니까? 다 토하게 됩니다. 그로 인해 상처를 받게 되는 것입니다.

셋째는 왜곡입니다. 이것은 원하는 사랑이 아닌 왜곡된 사랑입니다.

먹기 싫거나 좋아하지 않는 음식을, 아니면 소화시킬 수 없는 음식을 계속 먹게 되는 경우입니다. 이것은 절대로 도움이 되지 않습니다. 소화를 시킬 수 없다면 아무리 좋은 음식이라도 그것은 고통에 불과합니다.

그렇기 때문에 이런 모든 고통에 대한 답은 무엇입니까? 온전한 사랑을 제대로 먹어야 한다는 것입니다. 그렇다면 온전한 사랑을 제대로 먹는다는 것은 어떤 사랑을 어떻게 먹어야 한다는 것일까요?

우리는 간혹 사람들을 통해서 사랑을 먹습니다. 배우자의 사랑, 부모님의 사랑, 친구 또는 존경할 만한 목회자나 선생님의 사랑을 통해서 말입니다. 하지만 이러한 사람의 사랑에는 다음과 같은 문제가 있습니다. 첫째는, 늘 부족하다는 것입니다. 충분하지 않다는 것입니다. 다른 누군가에게 만족할 만큼 충분한 사랑을 줄 수 있는 사람은 없기 때문입니다. 둘째는, 불완전하다는 것입니다. 사랑을 주었는데 그것이 때로는 상처가 되기도 한다는 것입니다. 상처는 대부분 누구에게 받습니까? 사랑하는 사람에게 받습니다. 셋째는 가장 결정적인데, 찾고 만나기가 쉽지 않다는 것입니다. 특별히 상처가 많은 사람들은 상처 때문에 보통 잘못된 결정을 합니다. 그러다 보니 온전한 만남을 가질 수가 없습니다. 그래서 결국에는 더 심각해지는 결론에 이르게 됩니다. 이것이 바로 인간이 갖고 있는 고통스러운 현실입니다.

그렇기 때문에 답은 하나밖에 없습니다. 궁극적 권위이면서도 온전한 사랑이신 하나님의 사랑을 먹어야 한다는 것입니다. 이것은 모든 인류와 문화와 종교를 뛰어넘는, 인간이라면 누구에게나 해당되는 진리입니다. 인간은 하나님의 사랑을 온전히 받아야 합니다. 그 사랑 가운데 살아야 합니다. 그래서 성경이 강조하는 것이 바로 하나님의 사랑입니다.

"사랑하는 자들아 우리가 서로 사랑하자 사랑은 하나님께 속한 것이니
사랑하는 자마다 하나님으로부터 나서 하나님을 알고 사랑하지 아니하
는 자는 하나님을 알지 못하나니 이는 하나님은 사랑이심이라"(요일 4:7-8).

성경은 하나님을 한마디로 정의해 사랑이라고 말씀합니다. 그래서
우리가 해야 할 일 또한 사랑이라는 것입니다. 사랑하는 가운데 있을 때
만 하나님을 온전히 알 수 있기 때문입니다. 그 사랑의 하나님과 만나서
교제하며 그분을 온전히 체험하는 것이 우리 신앙의 모든 것이라는 것
입니다.

회개를 통한 사랑의 회복

그러면 사랑이신 하나님을 우리가 어떻게 체험할 수 있을까요? 성경
의 대답은 하나입니다. 회개해야 한다는 것입니다. 앞선 장에서도 이야
기했듯이 회개는 뉘우침으로 끝나는 것이 아닙니다. 하나님의 사랑으
로의 복귀입니다. 예수님과 세례 요한이 외친 회개가 근본적으로 달랐
던 이유는 세례 요한의 회개가 뉘우침이었던 반면, 예수님의 회개는 하
나님의 사랑으로의 복귀를 뜻했기 때문입니다.
돌아온 탕자의 비유는 예수님의 회개 이야기 중에서 가장 유명합니

다. 이 이야기의 절정은 무엇입니까? 뉘우침이 아닙니다. 아버지에게로 돌아가서 회복하는 것입니다. 그게 진짜 회개라는 것입니다. 회개하면 행복해질 수밖에 없습니다. 회개했는데 고통스럽거나 비참해졌다면 그것은 회개가 아닙니다. 회개는 우리를 하나님의 사랑으로 회복하게 합니다. 그렇기에 회개는 모든 죄의 세력에 대한 확실한 대답이 될 수 있습니다.

그런데 사람들은 왜 이 좋은 회개를 하지 않는 것일까요? 이에 대한 기가 막힌 대답이 본문에 기록되어 있습니다. 먼저는 회개를 촉구합니다. 그리고 이어서 그렇게 회개함으로 돌아가면 치유와 회복이 있을 것임을 강조합니다.

"오라 우리가 여호와께로 돌아가자 여호와께서 우리를 찢으셨으나 도로 낫게 하실 것이요 우리를 치셨으나 싸매어 주실 것임이라 여호와께서 이틀 후에 우리를 살리시며 셋째 날에 우리를 일으키시리니 우리가 그의 앞에서 살리라"(호 6:1-2).

하나님에게로 돌아가기만 하면 치유되고 회복된다는 것입니다. 그러니 여호와에게로 돌아가자는 것입니다. 하지만 이에 대한 반응은 무엇입니까?

"그러므로 우리가 여호와를 알자 힘써 여호와를 알자 그의 나타나심은 새벽 빛같이 어김없나니 비와 같이, 땅을 적시는 늦은 비와 같이 우리에게 임하시리라 하니라"(호 6:3).

우리는 이 말씀 앞에 '그러므로'가 붙은 것에 주목할 필요가 있습니다. 그러므로는 인과접속사, 곧 원인이 있어서 결과가 되는 문장 앞에 사용됩니다. 그런데 문장을 원인과 결과를 대입해 풀어 보면 이해가 잘 안 됩니다. 앞 문장이 뒤 문장의 이유나 원인, 또는 근거가 되어야 하는데, 앞에 나온 내용 중에서 어떤 것이 이유가 되는지를 생각해 볼 때 내용의 전개가 매끄럽지 않게만 느껴집니다. 하지만 좀 더 깊이 생각해 보면 이해가 됩니다. 이 안에는 중요한 비밀이 들어 있습니다.

이는 'A니까 그러므로 B다'라고 해석할 수 없는 문장입니다. '그러므로'를 쓰면 오히려 문법적으로 맞지 않게 됩니다. 이럴 때 기억해야 할 것이 있습니다. 성경에서 문법이나 논리에 어긋나는 단어가 등장한다면, 이는 정말 중요한 것을 강조하기 위해 일부러 파격적으로 사용한 경우라는 것입니다. 그렇다면 무슨 뜻입니까? '여호와께로 돌아가자'라고 말한 다음에 '그러므로 우리가 여호와를 알자'라고 말한 것은, 여호와에게로 돌아가는 구체적인 방법이 여호와를 아는 것이라는 뜻입니다. 이렇게 정리할 수 있습니다. "하나님에게로 돌아가야 한다. 즉, 회개해야 한다. 그래야만 살 수 있다. 그러므로 여호와를 알자."

그렇다면 사람들이 회개하지 않는 이유는 무엇입니까? 사람들이 그분을 잘 모르기 때문입니다. 그분을 알지 못해서 돌아가지 않는 것입니다. 사람들은 하나님을 어떻게 알고 있습니까? 우리를 찢으시는 분으로, 우리를 치시는 분으로 알고 있습니다. 하나님을 오해하고 있는 것입니다. 그러니 하나님을 오해하지 말고, 그분에게 돌아가기 위해 그분을 잘 알자는 것입니다.

하나님을 온전히 알라

우리 안에는 하나님에 대한 오해가 정말 많습니다. 그중에서 대표적인 것을 세 가지로 꼽을 수 있는데, 첫째는, 하나님을 무관심한 분으로 오해하는 것입니다. 이는 아마도 무관심한 부모로 인한 경험에서 비롯되었을 것입니다. 어쩌면 기도 응답이 이루어지지 않은 경험에서 비롯되었을 수도 있습니다. 그러다 보니 기도가 잘되지 않습니다. 무관심한 하나님은 응답하지 않으실 거라는 생각을 갖기 때문입니다.

둘째는, 하나님을 무능력한 분으로 오해하는 것입니다. 하나님은 좋으신 분이고 나를 사랑하신다는 것도 알고 있습니다. 그런데 우리 삶의 필요를 해결해 주실 분이라고는 생각하지 않습니다. 전능하신 하나님이라고 고백은 하지만 구체적인 삶의 문제나 아픔을 해결해 줄 수는 없는 무능력한 하나님이라고 생각하는 것입니다. 특별히 삶 가운데 원하지 않는 아픔이나 상실을 경험한 사람들은 이러한 생각을 지울 수가 없습니다. 무능력한 육신의 부모를 둔 경우에도 하나님에 대한 그림이 그렇게 깨져 있습니다. 그러다 보니 신앙생활하는 것이 쉽지 않고, 기도 또한 되지 않습니다.

셋째는, 하나님을 두려운 하나님으로 오해하는 것입니다. 이는 상처를 많이 준 부모로부터 비롯된 오해일 수 있습니다. 특별히 언제 터질지 모를 폭탄 같은 부모를 둔 경우에는 권위 자체가 두려움일 뿐입니다. 그러다 보니 하나님이 삶 가운데 역사하신다고 하면 겁이 납니다. 차라리 하나님이 간섭하지 않으시는 편이 더 좋겠다고 생각합니다. 간섭을 바라지 않으니 기도 또한 되지 않습니다.

넷째는, 하나님을 일방적인 하나님으로 오해하는 것입니다. 우리 의사와는 상관없이 당신이 하고 싶은 대로 하신다고 생각하는 것입니다. 그러다 보니 기도 모임에 나가는 것도, 기도하는 것도 잘되지 않습니다. 나의 의사와 상관없이 무언가를 결정하고 통보하실 것처럼 생각하기 때문입니다.

플로이드 맥클랑(Floyd McClung)이라는 YWAM 출신 목사님의 《하나님의 아버지 마음》(예수전도단 역간)이라는 책이 있습니다. 이분은 호주에서 오래 사역하셨는데, 내용 중에 이런 이야기가 있습니다. 호주 신앙인들의 내면을 들여다보면 놀랍게도 그들 안에 '무관심한 하나님, 특권 의식이 있는 하나님, 독선적인 하나님'에 대한 그림이 가득하다는 것입니다. 그래서 영적인 한계에 부딪쳐 그 앞으로 더 이상 나아가지 못한다는 것입니다. 이유를 살펴보니, 호주는 영국에서 죄수들을 데리고 와서 시작한 나라였습니다. 그런데 성직자들이 죄수들을 감시하는 교도관 역할을 하게 되면서 그들을 통해 하나님의 이미지가 '무서운 하나님, 특권 의식이 있는 하나님, 독선적인 하나님'으로 들어와 버린 것입니다.

비슷한 이야기가 북미 원주민들에게도 있습니다. 백인들이 그 땅을 점령하고 나서 원주민들을 교육이라는 이름으로 기숙학교에 집어넣었는데, 그때 기숙학교의 교장과 사감과 교사들이 모두 성직자들이었습니다. 그들로부터 어마어마한 학대와 상상 못할 차별을 받은 원주민들은 고통스러운 경험으로 인해 하나님의 그림이 깨져 버리고 말았습니다.

이처럼 우리 가운데 있는 많은 문제의 원인은 대부분 하나님에 대한 이미지가 깨져 있기 때문입니다. 그렇다면 하나님에 대한 잘못된 이미지를 갖고 있는 이유가 무엇입니까? 죄 때문입니다. 그리고 그 죄에서 돌이키려면 하나님에 대한 바른 이미지를 가져야 합니다. 그런데 이것이 문제입니다. 하나님에 대한 잘못된 이미지를 가진 것은 죄 때문인데, 죄를 벗어나려면 바른 이미지를 가져야 합니다. 그런데 죄 때문에 잘못된 이미지를 가지고 있습니다. 어떻게 해야 할까요? 악순환이 아닐 수 없습니다. 그래서 사람들이 여기서 헤어나지를 못하는 것입니다. 이것이 바로 우리가 갖고 있는 가장 고통스러운 현실이라는 것입니다.

죄의 악순환을 끊는 기도의 능력

현실의 모든 죄 문제는 악순환에서 비롯됩니다. 그런데 신앙이 무엇입니까? 바로 이 악순환을 깨는 것입니다. 세상에서는 그 어떤 것도 영적인 악순환을 깰 수 없습니다. 어떤 노력을 해도 되지 않습니다. 하지만 신앙은 다릅니다. 신앙은 반드시 악순환을 깨뜨립니다.

호세아가 본 악순환도 마찬가지입니다. 신앙으로 악순환을 깰 수 있기에 이야기한 것입니다. 쉽게 말하면 이것입니다. 하나님에 대한 깨어진 이미지를 가지고 있습니다. 그래서 하나님 앞에 나아가지 못합니다. 그러다 보니 더욱더 하나님에 대한 이미지가 깨어져 있습니다. 그 죄를 벗어날 수 없는 것입니다. 그런데 그것을 바꿀 수 있는 방법이 있습니다. 그럼에도 하나님 앞으로 나아가는 것입니다. 하나님에 대한 깨어진 이미지를 가지고 있지만 그럼에도 하나님 앞으로 나아가는 것입니다. 호세아는 이것을 회개라고 본 것입니다. 그리고 이것이 바로 영적인 역사를 일으킨다고 생각한 것입니다.

영적인 악순환을 끊으려면 이러한 영적 결단이 필요합니다. 죽어도 하나님 앞에서 죽겠다는 결단 없이는 악순환을 끊을 수 없습니다. 이것이 바로 신앙입니다. 그렇다면 신앙의 어떤 것들이 이러한 악순환을 끊을 수 있을까요? 예를 들면, 예배입니다. 예배드릴 만해서 예배드리는 사람은 없습니다. 예배드릴 수 없는 힘든 마음이지만 그럼에도 불구하고 예배드리다 보니 그 마음이 바뀌면서 은혜가 부어지는 것입니다. 성경 공부도 그렇습니다. 정말 힘들고 이해되지 않고 현실성이 없어 보여도 말씀이 들어감으로 그 속에서 대답이 나오는 것입니다. 성도 간의 교제는 어떻습니까? 정말 좋아서 교제하는 사람은 몇 명 되지 않습니다. 사랑하기로 결정했기에 사랑스러운 것입니다. 섬기기로 결정했기에 아름다울 수 있는 것입니다. 그 안에서 천국이 나타나는 것입니다.

그런데 악순환을 끊어 내는 이보다 더 강력한 최고의 영적인 결단이 있습니다. 그것은 기도, 더 정확히 말하면 회개 기도입니다. 회개란 '슈브', 곧 돌이키는 것입니다. 그런데 돌이키는 행위보다 방향, 곧 돌이키는 대상이 누구인지가 중요합니다. 반대로 돌아가면 큰일 납니다. 그건 잘못된 것입니다. 진짜 회개는 하나님에게로 돌아가는 것입니다.

그럼에도, 여전히 기도하라

호세아의 기도에서 발견할 수 있는 두 가지 기도의 방법이 있습니다. 첫째는, '그럼에도'의 기도입니다. "여호와께서 우리를 찢으셨으나 … 우리를 치셨으나"(호 6:1). 상황적으로는 하나님이 나를 버리신 것 같지만, 나한테는 관심이 없으신 것 같지만, 어떨 때는 하나님이 안 계신 것처럼 느껴지지만, 그럼에도 기도하라는 것입니다. 이는 무서운 기도가 아닐 수 없습니다. 이 '그럼에도'의 기도를 통해서 수많은 신앙의 사람들이 응답의 보물을 발견했습니다. 응답의 보물이란, 여전히 나를 사랑하시는 하나님의 사랑, 나를 향한 막을 수 없고 끊을 수 없는 하나님의 사랑, 결코 사라지거나 중단되지 않는, 여전히 계속되고 있는 하나님의 그 사랑이었습니다.

둘째는, '여전히'의 기도입니다. 기도는 마라톤과도 같습니다. 그래서 아닌 것 같은 순간에도 여전히 기도하는 것이 중요합니다. 한순간 짧고 굵게 기도하겠다는 생각을 버리십시오. 기도는 여전히 기도하는 것입니다. 호세아는 7장에서 유명한 '화덕의 비유'를 이야기합니다.

"그들은 다 간음하는 자라 과자 만드는 자에 의해 달궈진 화덕과 같도다 그가 반죽을 뭉침으로 발효되기까지만 불 일으키기를 그칠 뿐이니라"(호 7:4).

기도에 관한 말씀은 아니지만 기도를 이와 연결 짓는다면, 아름다운 기도는 화덕을 달구듯이 늘 달구어져 있어야 합니다. 반죽을 발효시키듯이 늘 부풀어 있어야 합니다. 그러다 보면 결정적인 순간에 역사가 일어나는 것입니다.

참된 신앙은 무엇입니까? '그럼에도', '여전히' 기도하는 것입니다. 아닌 것 같아도, 보이지 않아도 하나님의 때에 하나님의 역사가 일어날 것을 믿고 영적인 화덕을 달구면서, 영적인 반죽을 발효시키면서 계속 기도하는 것입니다. 우리는 기도로 영적인 악순환을 끊어 버리고 그 속에서 하나님의 아름다운 승리의 이야기를 만들어 내는 복된 사람이 되어야 합니다.

현실의 모든 죄 문제는 악순환에서 비롯됩니다.

그런데 신앙이 무엇입니까?

바로 이 악순환을 깨는 것입니다.

"
하나님이
우리와
함께하시나이다.
"

| 겔 1:1-3 |

고민하지 않는 신앙은 신앙이 아닙니다.
하지만 고민만 하는 신앙은 더욱 신앙이 아닙니다.
진짜 신앙은 고민하면서 그 고민을 하나님 앞에 가지고 나아가는 신앙입니다.

한 성경학자가 재미있는 연구를 했습니다. 구약에 등장하는 선지자들 중에서 가장 무식한 선지자와 가장 유식한 선지자가 누구인지를 연구한 것입니다. 그는 이것을 조사하기 위해 그들이 쓴 예언서의 문장과 어휘, 표현 같은 것들을 분석했습니다. 배운 것이 많을수록 사용하는 어휘가 고급스럽고 다양하기 때문입니다.

연구 결과 가장 무식한 선지자로는 호세아가 꼽혔습니다. 물론 이것이 호세아의 예언이 수준 낮다는 뜻은 아닙니다. 하나님의 말씀은 사람의 지식이 아니기 때문에 그가 표현하는 표현 자체는 단순할지 몰라도 그 안에 담겨 있는 하나님의 말씀의 깊이는 측량할 수 없습니다. 그렇다면 가장 유식한 선지자로는 누가 꼽혔을까요? 이사야도 아니고 예레미야도 아닌 에스겔입니다. 이 장에서는 이 에스겔에 대해 살펴볼 것입니다.

포로지 한가운데서…

성경은 에스겔을 어떤 식으로 소개합니까? 성경은 그를 제사장이라고 소개하고 있습니다.

"갈대아 땅 그발 강가에서 여호와의 말씀이 부시의 아들 제사장 나 에스겔에게 특별히 임하고 여호와의 권능이 내 위에 있으니라"(겔 1:3).

여기서 제사장이란 단순히 종교인이라는 뜻이 아닙니다. 당시 사회에서는 그 민족의 리더라는 의미였습니다. 뿐만 아니라 제사장은 단지 한 사람의 직책이 아니라 집안 대대로, 가문 대대로 이어지는 직분이었습니다. 이 말은 에스겔의 아버지도, 그의 할아버지도 제사장이었다는 것입니다. 이는 그가 그야말로 영적인 권위가 있는 집에서 태어나 성장했다는 것입니다. 이는 무엇을 뜻합니까? 에스겔은 어릴 때부터 자기 스스로에 대해서도 민족에 대해서도 하나님이 원하시는 대로, 기뻐하시는 대로 살도록 훈련받은 사람이고, 지금도 그렇게 살아가고 있다는 것입니다.

이런 에스겔이 예언자로 부름을 받았습니다. 이는 결코 쉬운 일이 아니었습니다. 제사장이 되는 것과 예언자가 되는 것은 좀 다른 성격이기 때문입니다. 에스겔이 예언자로 부름 받았을 때의 나이가 몇 살입니까? 그야말로 삶의 가운데 토막이라 할 수 있는 한창때였습니다.

"서른째 해 넷째 달 초닷새에 내가 그발 강가 사로잡힌 자 중에 있을 때에 하늘이 열리며 하나님의 모습이 내게 보이니"(겔 1:1).

물론 '서른째 해'라는 말의 해석이 굉장히 분분합니다. 이것이 에스겔의 나이일 수도 있지만, 어쩌면 왕의 연호를 말하는 것일 수도 있고, 나라의 특별한 어떤 날을 뜻하는 것일 수도 있기 때문입니다. 하지만 에스겔의 나이라고 확실히 말할 수 있는 이유를 그다음 절에 나오는 말씀을 통해 알 수 있습니다.

"여호야긴 왕이 사로잡힌 지 오 년 그달 초닷새라"(겔 1:2).

즉 그때가 서른째 해인 동시에 여호야긴 왕이 사로잡힌 지 5년째 되는 달이었다는 것입니다. 여호야긴 왕이 사로잡힌 것은 주전 597년, 2차 예루살렘 멸망 때입니다. 그 후로 5년이 지났다고 했으니 지금은 주전 592년입니다. 그렇다면 주전 592년이 서른 번째 해가 되는 해는 주전 622년입니다. 그런데 그때는 서른 번째 해를 기념해야 할 만한 특별한 사건이 일어나지 않았습니다. 게다가 왕으로 따져서 연호를 계산해도 그때까지 30년째 다스린 바벨론 왕은 없습니다. 그렇기 때문에 결국 이는 에스겔의 나이라는 것이 분명해집니다.

그렇다면 여기서 알 수 있는 한 가지 사실이 있습니다. 에스겔이 바벨론에 포로로 잡혀 올 때의 나이가 스물다섯 살이었다는 것입니다. 와서 5년 동안 이방 땅에 포로로 잡혀 있으면서 시간을 보낸 것입니다.

5년이라는 시간 동안 에스겔의 마음속에는 갈등이 많았을 것입니다. 제사장 가문에서 태어나 어렸을 때부터 제사장이 되기 위한 신앙 교육을 받고 꿈을 꾸면서 아름다운 삶을 살아 내려고, 하나님 나라를 이루어 내려고 소명만 바라보며 나아갔는데, 그 꿈을 펼쳐 보이기도 전에 나라가 망해 버린 것입니다. 한창 준비하고 나아가려는 그 순간 나라가 망해 버린 것입니다. 그것도 모자라 자기도 함께 포로로 끌려온 것입니다.

하고 싶은 것도 많고 할 것도 많은 나이 서른에 아무것도 하지 못한 채 그냥 포로로 잡혀서 이방 땅에서 허송세월을 하고 있으니, 삶에 대한 분명한 기대와 목표를 가지고 있던 에스겔의 입장에서는 매우 힘들고 어려운 시간이었을 것입니다. 더구나 그는 머리가 좋다고 했습니다. 머리가 좋은 사람은 그만큼 갈등도 많은 법입니다.

에스겔의 세 가지 질문

에스겔서를 연구하는 사람들은 당시 에스겔이 가졌을 갈등과 고민을 세 가지로 추론합니다. 그리고 이 세 가지는 에스겔만의 갈등이 아니라, 어떻게 보면 당시 유다 백성 전체의 고민과 갈등이라 할 수 있습니다.

첫째는, 하나님의 택한 백성이 어째서 이방인에게 멸망을 당하게 되었을까 하는 것입니다. 이는 바벨론에게 멸망한 유다 백성의 신앙의 근간을 흔드는 질문이었습니다. 그래도 우리가 하나님의 백성인데 우리가 아무리 잘못했다고 해도 어떻게 이방인에게 이렇게 멸망당할 수 있으며, 어떻게 포로로 잡혀와 이같은 포로 생활을 할 수 있냐는 것입니다. 사실 이런 갈등은 우리에게도 많습니다. 신앙생활하다가 어려움을 겪게 되면 우리도 모르게 자꾸 이런 생각이 듭니다. '세상의 믿지 않는 자들도 다 잘사는데 어떻게 믿는 사람인 나에게 이런 일이 있을 수 있어?'

둘째는, 우리에게 소망이 있는가 하는 것입니다. 이는 훨씬 더 절박한 질문입니다. 이미 망하고 포로가 된 채로 벌써 수년 동안 잡혀 있는데, 과연 우리에게, 이 백성에게 소망이 있느냐는 것입니다. 바벨론은 점점 강해지고 그들에게 잡혀 있는 유다 백성은 계속해서 무너지고 있는데, 더구나 이 백성은 그럼에도 불구하고 회개할 기미도 안 보이는데 정말 우리에게, 이 백성에게 소망이 있느냐는 것입니다.

셋째는, 하나님이 여전히 우리와 함께 계시는가 하는 것입니다. 이는 앞에 있는 모든 질문을 포함한 근본적인 질문과도 같습니다. '과연 하나님이 우리와 함께하시는가? 우리 가운데 계시는가?' 이것은 정말 고통스러운 질문입니다. 대부분의 경우 신앙인들이 어려움을 겪게 되면 가장 먼저 내리는 결론이 '하나님이 나를 버리셨다'이기 때문입니다. 이 말은 하나님이 나를 떠나셨다는 것입니다. 하나님이 우리와 지금 함께 계시다면 이런 일은 일어날 수 없다는 것입니다. 이는 참으로 견딜 수 없는 고통입니다.

에스겔의 이러한 고민은 신앙인으로서, 삶을 살아가는 실존적 존재로서 한번 해 볼 만한 어떤 철학적인 고민이 아닙니다. 사느냐 죽느냐를 결정하는 고민입니다. 왜냐하면 그는 신앙인이기 때문입니다. 이 고민에 대한 답을 찾지 못하면 행복할 수 없는 존재이기 때문입니다.

그런데 여기서 눈여겨봐야 할 것이 있습니다. 그는 이런 힘든 고민과 갈등을 혼자 하지 않고, 혹은 다른 누군가에게 풀어 버리거나 쏟아 버리지 않고, 혹은 그냥 묻어 두지 않고, 이 고민을 그대로 가지고 하나님 앞에 기도로 나아갔다는 것입니다. 이것이 중요한 포인트입니다.

기도의 자리, 그발 강가로 나아가라

신앙인은 살아가는 자체가 고민이어야 합니다. 왜입니까? 하나님이 우리에게 허락하신 삶의 기준이 정해져 있는데, 그 기준대로 사는 것이 결코 쉽지 않기 때문입니다. 그렇기 때문에 결국 신앙인에게 가장 중요한 것은 무엇입니까? 고민과 갈등이 없기를 바라는 것이 아니라, 이 고민을 하나님 앞으로 가지고 나아가는 것입니다. 그것이 하나님이 우리 가운데 고민과 갈등을 허락하신 이유입니다.

에스겔은 그렇게 했습니다. 에스겔은 그 젊은, 똑똑한, 그러나 망한 민족의 포로 된 제사장으로서의 갈등과 고민을 가지고 하나님 앞에 기도로 나아갔습니다. 그렇기에 그는 정말 아름다운 사람입니다. 그런데 한 가지 궁금한 것이 생깁니다. 성경에는 기도했다는 말이 없는데 에스겔이 기도했다는 것을 어떻게 알 수 있습니까? 그것은 그의 소명 기사를 통해서 알 수 있습니다.

"서른째 해 넷째 달 초닷새에 내가 그발 강가 사로잡힌 자 중에 있을 때에 하늘이 열리며 하나님의 모습이 내게 보이니 … 갈대아 땅 그발 강가에서 여호와의 말씀이 부시의 아들 제사장 나 에스겔에게 특별히 임하고 여호와의 권능이 내 위에 있으니라"(겔 1:1, 3).

본문은 두 절에 걸쳐 그가 소명 받을 때 그발 강가에 있었다고 말씀합니다. 이는 무엇을 뜻합니까? 그발 강가라는 장소가 굉장히 중요하다는 것입니다. 그발 강가는 특별하거나 유명한, 혹은 영적인 의미가 있는 강이 아닙니다. 그렇다고 해서 하나님이 특별히 지정하신 장소도 아닙니다. 이는 그저 유다 민족이 포로로 잡혀 살아가는 바벨론에서 멀지 않은 곳에 위치한 강가일 뿐입니다. 그런데 성경은 왜 그곳을 그렇게 강조하고 있습니까? 그것은 그발 강가 자체가 중요해서가 아니라, 강가가 갖고 있는 특별한 의미 때문입니다.

강가는 성경에서 하나님의 사람들이 기도하는 곳이었습니다. 한국 사람들은 기도하고 싶을 때 산으로 올라가는 것처럼, 유다인들은 기도하기 위해 강가나 광야로 나갔습니다. 특별히 강가는 이방 지역, 낯선 지역에서 기도하고 싶을 때, 그야말로 하나님 한 분만 바라보고 싶을 때 가는 곳이었습니다. 성경의 몇몇 구절이 이러한 사실을 뒷받침해 줍니다.

"안식일에 우리가 기도할 곳이 있을까 하여 문 밖 강가에 나가 거기 앉아서 모인 여자들에게 말하는데"(행 16:13).

"우리가 바벨론의 여러 강변 거기에 앉아서 시온을 기억하며 울었도다"(시 137:1).

　그발 강가에서 에스겔은 기도했습니다. 그는 자신의 고민과 갈등을 하나님 앞으로 가지고 나아가 기도한 것입니다. 이것이 바로 에스겔이 우리에게 보여 주는 중요한 영적 메시지입니다. 갈등이 있을 때, 고민과 고통이 따를 때 그 모든 문제를 가지고 그발 강가로 가십시오. 그곳에 가서 기도하십시오. 하나님 앞에 처절하게 엎드려 이 모든 사정을 아뢰고 응답받으십시오. 얼마가 되었든 포기하지 않고 기도하며 나아가는 것이 중요합니다.

　하지만 때로는 기도했음에도 응답은커녕 상황이 점점 심각해질 수 있습니다. 많이 나빠져서 기도했는데 기도하는 가운데 더 많이, 완전히 나빠질 수 있다는 것입니다. 그럴 수 있습니다. 현상은 그렇게 단순하게 변하지 않기 때문입니다. 에스겔의 경우를 보십시오. 그렇게 기도하며 하나님 앞으로 나아갔는데 훗날 그가 들은 소식이 무엇입니까? 예루살렘이 완전히 망했다는 것입니다. 그보다 더 심각한 것은 그곳에 있던 성전이 완전히 파괴되었다는 것입니다. 이건 절망과도 같은 소식입니다. 하지만 중요한 것은 그는 포기하지 않고 기도했다는 것입니다. 응답받을 때까지, 고민과 갈등이 다른 것으로 바뀔 때까지 말입니다.

　상황은 바뀌지 않을 수 있습니다. 오히려 더 나빠질 수도 있습니다. 그러나 기도하면서 묵상의 주제가 바뀔 때까지, 내 마음을 지배하고 있는 정서가 바뀔 때까지, 내 마음이 잡혀 있는 이야기가 바뀔 때까지, 바라보는 시선이 바뀔 때까지 계속 기도하며 나아가야 합니다. 그때까지 몸부림치며 기도해야 합니다. 그러면 그렇게 기도하고 포기하지 않은 시간 동안 성령님이 역사하십니다. 기도는 성령님이 역사하실 시간을 드리는 것입니다.

절망을 기쁨으로 바꾸시는 성령의 능력

에스겔서는 성령에 민감한 책입니다. 구약성경에 '르하크', 곧 성령을 뜻하는 단어가 350번 이상 나오는데, 그중 에스겔서에서만 52번 사용되었습니다. 에스겔은 영에 미친 사람입니다. 그는 이런 기도를 하면서 그 영을 경험했기 때문입니다. 그렇다면 성령을 경험하는 것은 무엇입니까? 마음이 바뀌는 것입니다. 고민과 갈등과 질문과 절망이 가득했던 마음이 새로운 기쁨과 희망으로 가득하게 되는 것입니다. 이게 바로 성령님의 작업입니다.

응답이 왔습니다. 결론적으로 그의 마음이 바뀌었습니다. 먼저, '하나님의 택한 백성이 어째서 이방인에게 멸망을 당하게 되었을까'라는 질문에 대해서는 이런 깨달음을 얻었습니다.

"그러므로 너는 이스라엘 땅에 대하여 예언하되 그 산들과 멧부리들과 시내들과 골짜기들에 관하여 이르기를 주 여호와께서 이같이 말씀하시기를 내가 내 질투와 내 분노로 말하였나니 이는 너희가 이방의 수치를 당하였음이라 그러므로 주 여호와께서 이같이 말씀하시기를 내가 맹세하였은즉 너희 사방에 있는 이방인이 자신들의 수치를 반드시 당하리라"(겔 36:6-7).

그의 고민에 대해 하나님은 "그래서 내가 너희가 당한 수치를 반드시 갚아 줄 것이다"라는 말씀으로 응답하셨습니다. '왜, 어째서'라는 질문 앞에 '그래서'라는 응답을 주신 것입니다.

둘째로, '우리에게 소망이 있는가'라는 질문에 대해서는 이런 깨달음을 얻었습니다.

"이에 내가 명령을 따라 대언하니 대언할 때에 소리가 나고 움직이며 이 뼈, 저 뼈가 들어맞아 뼈들이 서로 연결되더라 … 이에 내가 그 명령대로 대언하였더니 생기가 그들에게 들어가매 그들이 곧 살아나서 일어나 서 는데 극히 큰 군대더라"(겔 37:7, 10).

더 이상 소망이 없을 것 같은 상황에 대해 하나님은 마른 뼈가 살아 나 생기를 얻어 군대를 이루는 환상으로 응답하셨습니다. 여기서 '마른 뼈'는 소망이 없음을 상징합니다. 그리고 '생기'는 생명, 곧 소망의 회복 을 상징합니다. 이 백성이 살아난다는 것입니다. 이 민족에게 소망이 있 다는 것입니다.

셋째로, '하나님이 여전히 우리와 함께 계시는가'라는 질문에 대해서 는 이런 깨달음을 얻었습니다.

"영이 나를 들어 데리고 안뜰에 들어가시기로 내가 보니 여호와의 영광이 성전에 가득하더라"(겔 43:5).

"그가 나를 데리고 성전 문에 이르시니 성전의 앞면이 동쪽을 향하였는데 그 문지방 밑에서 물이 나와 동쪽으로 흐르다가 성전 오른쪽 제단 남쪽으로 흘러내리더라 그가 또 나를 데리고 북문으로 나가서 바깥 길로 꺾여 동쪽을 향한 바깥문에 이르시기로 본즉 물이 그 오른쪽에서 스며 나오더라 그 사람이 손에 줄을 잡고 동쪽으로 나아가며 천 척을 측량한 후에 내게 그 물을 건너게 하시니 물이 발목에 오르더니 다시 천 척을 측량하고 내게 물을 건너게 하시니 물이 무릎에 오르고 다시 천 척을 측량하고 내게 물을 건너게 하시니 물이 허리에 오르고 다시 천 척을 측량하시니 물이 내가 건너지 못할 강이 된지라 그 물이 가득하여 헤엄칠 만한 물이요 사람이 능히 건너지 못할 강이더라"(겔 47:1-5).

"그 사방의 합계는 만 팔천 척이라 그날 후로는 그 성읍의 이름을 여호와 삼마라 하리라"(겔 48:35).

그의 세 번째 고민에 대해 하나님은 굉장한 규모의 성전을 보여 주심으로 응답하셨습니다. 아주 새로운 성전과 그 가운데서 하나님 앞에 온전히 아름다운 제사와 예배가 일어나는 장면을 보여 주신 것입니다. 무슨 뜻입니까? '내가 여기 있다'는 것입니다. '내가 너희 가운데 있다'는 것입니다. 그러나 거기서 끝나지 않습니다. 성전 문지방 밑에서 물이 나오기 시작하더니 점점 커져 강이 되어 흘러 세상에 퍼져 나가기 시작했습니다. 우리의 예배의 자리로부터 성령의 물이 흘러서 세상을 덮기 시작하면 모든 것이 소생하고 사람들이 살아나는 역사가 일어난다는 것입니다.

이러한 일이 있은 후에는 온 세상이 다시 한 번 하나님 나라로 재정립되기 시작합니다. 각 지파별로 해당하는 몫이 주어지고, 그 한복판에 성소가 세워집니다. 성읍에는 각 지파의 수에 해당하는 열두 개의 문이 달려 있습니다. 이 모든 것을 완성한 후 그 성의 이름을 '여호와삼마'라고 부릅니다. 무슨 뜻입니까? 여호와가 그곳에 계신다는 것입니다. 하나님이 여전히 우리와 함께 계시냐는 질문에 하나님은 강력하게 말씀해 주신 것입니다. "내가 너희와 함께 있는 정도가 아니라, 이 모든 이야기를 통해서, 너를 통해서 세상을 구원할 것이다. 세상을 구원하는 그 역사에 네가 나와 함께할 것이다."

질문이 바뀌어서 새로운 깨달음이 되었습니다. 갈등이 변해서 꿈과 비전이 되었습니다. 의심이 바뀌어서 확신과 삶의 방향이 되었습니다. 이것이 바로 그발 강가의 기도입니다. 우리는 이런 기도를 해야 합니다. 그래야 우리에게 질문과 갈등을 허락하신 하나님의 뜻이 이루어집니다.

고민하지 않는 신앙은 신앙이 아닙니다. 하지만 고민만 하는 신앙은 더욱 신앙이 아닙니다. 진짜 신앙은 고민하면서 그 고민을 하나님 앞에 가지고 나아가는 신앙입니다. 삶의 고민과 문제를 그발 강가로 가지고 나아가십시오. 그곳에서 하나님의 응답을 구하십시오. 하나님은 언제나 우리의 질문에 대답할 준비가 되어 있으십니다.

신앙인에게 가장 중요한 것은 무엇입니까?
고민과 갈등이 없기를 바라는 것이 아니라,
이 고민을 하나님 앞으로 가지고 나아가는 것입니다.
그것이 하나님이 우리 가운데
고민과 갈등을 허락하신 이유입니다.

"
나를
더럽히지
않겠나이다.
"

| 단 1:3-15, 6:1-10, 10:10-14 |

세상의 가치를 따라가는 사람은 절대로 성도일 수 없습니다.

이는 마치 죽은 물고기가 물이 흐르는 방향으로 떠내려가는 것과 같습니다.

성도는 세상이라는 물결을 거슬러 올라가야 합니다.

남 유다는 바벨론의 세 번의 침공으로 멸망했습니다. 첫 번째는 주전 605년 여호야김 왕 때입니다. 두 번째는 주전 597년 여호야긴 왕 때입니다. 그리고 세 번째는 주전 586년 시드기야 왕 때입니다. 이 세 번의 침공으로 유다 백성은 바벨론에 포로로 잡혀가게 되었습니다.

그런데 여기서 중요한 것이 있습니다. 바벨론에 포로로 잡혀간 사람들의 태도입니다. 그들은 자신을 포로로 잡혀간 자, 혹은 멸망당한 민족의 후손, 혹은 거대 국가 속에 있는 이름 없는 한 노예라고 보지 않았습니다. 만일 그랬다면 성경은 정확히 주전 586년에서 끝나야 합니다. 성경은 더 이상 성경이 아니라 실패하고 망한 민족의 역사에 불과할 것입니다. 그들은 수많은 고난이 닥쳐올 때마다, 신앙의 뿌리가 흔들릴 때마다 그 모든 것들을 이겨 내면서 스스로에 대해, 민족에 대해 확실한 정체성을 정립해 나갔습니다. 그것은 바로 '남은 자'라는 것입니다.

이들이 자신을 '남은 자'라고 생각할 수 있는 이유는 무엇입니까? 이를 두 가지로 요약할 수 있습니다. 첫째는, 하나님의 역사는 결코 중단되지 않기 때문입니다. 하나님은 여전히 살아 계십니다. 하나님이 살아 계시기에 나라가 망하고 민족이 망해도 하나님의 언약의 역사는, 구속의 역사는 계속될 수밖에 없는 것입니다. 둘째는, 하나님의 사랑은 결코 막을 수 없기 때문입니다. 하나님의 사랑을 막을 수 있는 것은 아무것도 없습니다.

이렇게 어려움과 고난 가운데 주신 이 '남은 자' 사상은 하나님의 이야기가 진행 중인 지금까지도 이어집니다. 결국 무슨 말입니까? 우리는 그 이야기를 끌고 나가는 하나님의 역사에 남은 자라는 것입니다. 그렇기에 이 사상은 너무나도 중요합니다. 이것이 성경을 성경 되게 한 사상입니다. 무엇보다 이것은 예수 그리스도를 통해서 우리에게까지 이어지는 구속사의 핵심입니다.

성경에는 남은 자의 영성으로 자신의 삶을 아름답게 살아 낸 많은 사람들의 이야기가 기록되어 있습니다. 그중에서도 다니엘은 포로지 한복판에서 타협하지 않는 신앙의 본을 보인 사람으로 유명합니다. 성경은 그가 남은 자의 영성을 끝까지 지키며 살아가는 모습을 여러 가지 사건을 통해 이야기하는데, 놀랍게도 그 모든 이야기의 결론은 하나입니다. 그는 '기도하는 사람'이었다는 것입니다. 이 장에서는 그의 기도 이야기를 세 가지 사건을 통해 살펴보려 합니다.

뜻을 정하는 기도(단 1:3-15)

본문에는 다니엘뿐 아니라 그의 세 친구가 함께 등장합니다. 본문은 특별히 이들의 남은 자로서의 삶의 자세를 한마디로 정의합니다. 무엇입니까? 바로 '뜻을 정하여'입니다. 이들은 자신의 정체성을 잃지 않기 위해 뜻을 정했다는 것입니다.

"다니엘은 뜻을 정하여 왕의 음식과 그가 마시는 포도주로 자기를 더럽히지 아니하리라 하고 자기를 더럽히지 아니하도록 환관장에게 구하니"(단 1:8).

무슨 말입니까? 그들은 지금 바벨론 가운데 있지만 그 속에서 신앙인으로서의 삶을 지키겠다는 것입니다. 왕의 음식과 포도주로 자기를 더럽히지 않겠다는 것은 바벨론의 음식과 쾌적한 환경에 길들여지지 않겠다는 것입니다. 바벨론은 곧 이 세상의 모든 세속적 힘을 뜻하기 때문입니다.

"또 일곱 대접을 가진 일곱 천사 중 하나가 와서 내게 말하여 이르되 이리로 오라 많은 물 위에 앉은 큰 음녀가 받을 심판을 네게 보이리라 땅의 임금들도 그와 더불어 음행하였고 땅에 사는 자들도 그 음행의 포도주에 취하였다 하고 곧 성령으로 나를 데리고 광야로 가니라 내가 보니 여자가 붉은 빛 짐승을 탔는데 그 짐승의 몸에 하나님을 모독하는 이름들이 가득하고 일곱 머리와 열 뿔이 있으며 그 여자는 자주 빛과 붉은 빛 옷을 입고 금과 보석과 진주로 꾸미고 손에 금잔을 가졌는데 가증한 물건과 그의 음행의 더러운 것들이 가득하더라 그의 이마에 이름이 기록되었으니 비밀이라, 큰 바벨론이라, 땅의 음녀들과 가증한 것들의 어미라 하였더라"

(계 17:1-5).

무슨 말입니까? 바벨론이라는 말로 대표되는 세상의 세력이 있다는 것입니다. 세상의 세력은 영적으로 중립이 아닙니다. 그곳은 성도를 타락시키고 무력화시키려는 사탄의 노림수가 담겨 있는 곳입니다. 사탄은 성도를 직접적으로 공격하지 않는다 할지라도 세상 자체가 성도를 핍박합니다. 왜입니까? 그리스도인에게는 세상과 함께할 수 없는 영적인 정체성이 있기 때문입니다.

그리스도인과 세상의 싸움은 마치 누룩이 가루 속에 들어갔을 때 벌어지는 일과 같습니다. 한쪽이 모두 변하기 전까지는 싸움을 멈출 수 없다는 것입니다. 그래서 세상은 끝없이 성도들의 정체성을 없애 버리려는 것입니다. 그들을 끝없이 길들이려 하는 것입니다. 그래서 세상에 섞여 살면서 세상과 성도가 구분되지 않게 하려는 것입니다. 위의 말씀에 이어지는 다음 구절을 보십시오.

"또 내가 보매 이 여자가 성도들의 피와 예수의 증인들의 피에 취한지라 내가 그 여자를 보고 놀랍게 여기고 크게 놀랍게 여기니"(계 17:6).

핍박이 있다는 것입니다. 이게 바로 바벨론입니다. 다니엘과 세 친구는 이것을 본 것입니다. 왕이 주는 음식을 먹고 포도주를 마시며 살다 보면 어느 순간 바벨론에 물들고 길들여질 자신을 본 것입니다. 신앙인은 핍박보다 물들고 길들여짐으로 무너질 때가 더 많습니다. 그래서 그들은 바벨론으로부터 자기를 지키겠다고 결단하고 나온 것입니다.

성도에게는 이런 결단이 필요합니다. 이런 성도가 바로 남은 자입니다. 세상 가운데 있지만 오직 하나님의 역사와 사랑을 끝까지 붙들어 나가는 신앙의 사람, 그가 바로 남은 자입니다. 남은 자에게는 이러한 선명함이 필요합니다. 세상의 가치를 따라가는 사람은 절대로 성도일 수 없습니다. 이는 마치 죽은 물고기가 물이 흐르는 방향으로 떠내려가는 것과 같습니다. 성도는 세상이라는 물결을 거슬러 올라가야 합니다. 그것이 진짜 아름다운 성도입니다. 세상에서 남은 자로 살아가길 원한다면 뜻을 정하십시오. 세상에 의해서 더럽혀지지 않기로, 세상에 의해서 길들여지거나 오염되거나 중독되지 않기로 뜻을 정하십시오.

그렇다면 구체적으로 어떤 부분에 길들여지지 않도록 뜻을 정해야 할까요? 여러 가지가 있겠지만 중요한 세 가지만 살펴보려 합니다.

세상의 풍요로움에 길들여지지 말라

첫째는, 세상의 풍요로움, 특히 물질적 풍요로움에 길들여지지 않아야 합니다. 물질은 축복입니다. 그것은 우리를 편안하게 만듭니다. 하지만 절대로 거기에 길들여져서는 안 됩니다. 얼마든지 누리고 살지만 필요하다면 얼마든지 불편해질 수 있는 청빈함을 가지고 있어야 합니다. 이것이 중요한 것입니다. 주의 뜻 안에서 주시면 누릴 수 있습니다. 하지만 정말 필요한 순간이라면 더 가난하고 불편해질 수 있는 상황일 지라도 기꺼이 감당할 수 있는 마음이 있어야 한다는 것입니다. 사도 바울의 고백을 보십시오.

> "내가 궁핍하므로 말하는 것이 아니니라 어떠한 형편에든지 나는 자족하기를 배웠노니 나는 비천에 처할 줄도 알고 풍부에 처할 줄도 알아 모든 일 곧 배부름과 배고픔과 풍부와 궁핍에도 처할 줄 아는 일체의 비결을 배웠노라 내게 능력 주시는 자 안에서 내가 모든 것을 할 수 있느니라"(빌 4:11-13).

우리가 물질에 대해서 영적으로 깨어 있지 않으면 아름다운 그리스도인의 삶을 살 수가 없다는 것입니다. 청빈은 무조건 가난한 것이 아닙니다. 이는 물질에 길들여지지 않는 것입니다. 그렇기에 우리는 뜻을 정해야 합니다.

사람의 인정과 칭찬에 길들여지지 말라

둘째는, 사람의 인정과 칭찬에 길들여지지 않아야 합니다. 물론 사람의 인정과 칭찬을 받는 것은 광장한 축복입니다. 그리스도인들은 세상으로부터 칭찬받아야 합니다. 초대교회는 당시 세상으로부터 인정받고 칭찬받았습니다. 하지만 중요한 것은 거기에 길들여져서는 안 된다는 것입니다. 사람들은 다 몰라줘도, 심지어 우리를 비난해도, 주님만 알아주시면 된다는 삶의 자세가 필요합니다.

우리에게는 이러한 영성이 필요합니다. 그래야 그리스도의 길을 갈 수 있습니다. 어느 순간 하나님을 기쁘시게 할 것인가, 아니면 사람을 기쁘게 할 것인가 고민할 수밖에 없는 상황에 직면하게 될 것입니다. 그럴 때 우리는 주저 없이 하나님을 택할 수 있는 영성이 있어야 합니다. 이것이 바로 뜻을 정하면서 가야 할 또 하나의 중요한 복음입니다.

세상의 가치와 사상에 길들여지지 말라

셋째는, 세상의 가치와 사상에 길들여지지 않아야 합니다. 세상은 끝없이 우리를 자신들의 사상에 물들이려 합니다. 자신들의 가치관을 가지게 하려는 것입니다. 세상의 흐름과 사상이 맞는 것이라고, 그게 진리라고 믿게 만들려는 것입니다. 물론 세상을 모두 거부하고 무조건 그와 반대로 가라는 것은 아닙니다. 세상에도 가치 있는 것들이 분명 많습니다. 하지만 그 가운데 잘못되고 악한 것이 있다면 절대로 그것을 따라가지 않는 영성이 필요합니다. 잘못된 것임을 안다면 아무리 많은 사람들이 그 길을 간다 할지라도 오염되고 길들여지지 않도록 거절할 수 있는 영성이 필요하다는 것입니다.

그렇다면 어떻게 뜻을 정하고 그 정한 것을 지키며 살아갈 수 있을까요? 사실 모든 영적인 생활이 뜻을 정하고 지키는 일이라 할 수 있습니다. 그리고 그 모든 영적인 것들을 연결하는 끈이 바로 기도입니다. 기도의 줄을 놓으면 영적인 생활은 지속될 수 없습니다. 기도의 줄을 움켜쥐고 기도 생활을 하면서 기도의 능력을 체험하기 위해 작정하고 기도하는 기도의 집중력이 필요하다는 것입니다.

다니엘서는 기도의 책입니다. 그런데 기도의 책인 다니엘서가 '뜻을 정하여'로 시작하고 있습니다. 무슨 말입니까? 뜻을 정하는 것과 기도는 떼려야 뗄 수 없다는 것입니다. 뜻을 정해서 자신을 더럽히지 않기로 한 사람이 그렇게 할 수 있는 가장 중요한 방법이 바로 기도라는 것입니다. 우리는 기도를 통해서만 뜻을 세우고 지킬 수 있습니다. 우리가 뜻을 세우면 세상은 상황과 환경을 통해서, 그리고 사람을 통해서 그 뜻을 흔들어 댑니다. 다니엘과 세 친구도 마찬가지였습니다. 그들이 뜻을 정하자 사람을 통해서, 환경을 통해서 뜻을 뒤흔들려는 공격이 시작됐습니다. 하지만 그들은 기도의 줄을 놓지 않음으로써 자신들이 세운 뜻을 포기하지 않고 지킬 수 있었습니다.

기도하지 않고는 뜻을 지킬 수 없습니다. 이를 다른 말로 하면 기도 생활이라 할 수 있습니다. 세상에 길들여지지 않기를 원한다면 기도 생활을 멈추지 마십시오. 이는 물론 불편하고 어렵고 힘든 싸움입니다. 하지만 정한 뜻을 지키며 감당하기 위해서는 하나님 앞에 기도하는 기도의 역사가 필요합니다. 다니엘과 세 친구는 그렇게 감당했습니다.

멈추지 않는 기도(단 6:1-10)

페르시아는 광대한 제국이었습니다. 고대 근동, 오늘날로 말하면 중동 지역 전체를 포함하는 지역이 바로 그 당시 페르시아 제국의 영토였습니다. 그러다 보니 페르시아의 다리오 왕은 방대한 제국을 직접 통치할 수가 없었습니다. 그래서 만든 시스템이 전국을 120개로 나누어 각 지역을 통치할 고관을 세우는 것이었습니다. 그리고 그 120명 위에 세 명의 총리를 두어 그들을 통치하게 하는 것이었습니다. 이 세 명의 총리는 역사상 웬만한 왕보다도 훨씬 강력한 힘을 가진, 그야말로 대단히 출세한 사람들이라 말할 수 있습니다. 비록 왕은 아니지만 굉장히 높은 자리에 있는 것입니다.

참신앙은 주어진 삶의 자리에서 신앙을 더 아름답고 분명하게 지켜 나가는 것입니다. 이스라엘의 남은 자였던 다니엘은 바로 그렇게 살았습니다. 그 결과 그는 페르시아 제국 120개 지역의 수장인 120명의 고관들을 통치하는 세 명의 총리 중 한 명이 될 수 있었습니다. 그중 가장 뛰어난 총리가 될 수 있었습니다. 하지만 문제가 생겼습니다. 너무나도 뛰어나다 보니 다른 두 총리로부터 시기를 받게 된 것입니다. 그들은 다니엘을 모함할 거리를 찾기 위해 그를 주시하기 시작했습니다.

"이에 총리들과 고관들이 국사에 대하여 다니엘을 고발할 근거를 찾고자 하였으나 아무 근거, 아무 허물도 찾지 못하였으니 이는 그가 충성되어 아무 그릇됨도 없고 아무 허물도 없음이었더라"(단 6:4).

그런데 성경의 기록이 참 재미있습니다. 그들이 아무리 흠을 잡으려 해도 잡을 것이 없었다는 것입니다. 이 사실을 성경이 힘주어서 강조하고 있습니다. 이것이 중요하기 때문입니다. 그들은 결국 어떻게 합니까?

"그들이 이르되 이 다니엘은 그 하나님의 율법에서 근거를 찾지 못하면 그를 고발할 수 없으리라 하고"(단 6:5).

이것은 신앙인인 우리에게 너무나도 중요합니다. 우리가 믿음을 가지고 살아가는 한 세상은 우리를 절대로 가만두지 않습니다. 공격받고 모함당할 수밖에 없습니다. 참신앙이라면 핍박을 피할 수 없습니다. 바꿔 말하면, 핍박을 받아야 참신앙이라는 것입니다. 신앙은 핍박받는 것이어야지, 조롱당하거나 비난당하거나 고발당하는 것이 되어서는 안 된다는 것입니다. 쉽게 말하면 이것입니다. 세상이 우리를 공격할 수 있는 그 어떤 빌미도 제공하지 말라는 것입니다. 신앙 때문에 공격받는 것은 괜찮지만, 그것이 우리의 삶과 행동과 윤리와 도덕 때문에 받는 공격이 되어서는 안 된다는 것입니다.

다니엘은 말 그대로 비난이 아닌 핍박받는 사람이었습니다. 그의 업무나 삶에 있어서는 비난할 것이 없었기 때문에 결국에는 신앙으로 공격할 수밖에 없었던 것입니다. 이들은 특별히 신앙의 어떤 것을 통해서 공격했습니까? 다니엘의 기도를 가지고 공격했습니다. 이들은 그의 생활을 알고 있었기 때문입니다.

"나라의 모든 총리와 지사와 총독과 법관과 관원이 의논하고 왕에게 한 법률을 세우며 한 금령을 정하실 것을 구하나이다 왕이여 그것은 곧 이제부터 삼십 일 동안에 누구든지 왕 외의 어떤 신에게나 사람에게 무엇을 구하면 사자 굴에 던져 넣기로 한 것이니이다"(단 6:7).

이는 다리오 왕의 교만을 이용한 간계였습니다. 그리고 다리오 왕은 이것에 넘어가고 말았습니다. 절대로 바꿀 수 없는 명령으로 다니엘 앞에 덫을 놓은 것입니다. 하지만 다니엘은 이러한 사실을 알았음에도 그들이 펼쳐 놓은 덫을 피하지 않았습니다.

"다니엘이 이 조서에 왕의 도장이 찍힌 것을 알고도 자기 집에 돌아가서는 윗방에 올라가 예루살렘으로 향한 창문을 열고 전에 하던 대로 하루 세 번씩 무릎을 꿇고 기도하며 그의 하나님께 감사하였더라"(단 6:10).

왜 그랬을까요? 자신을 죽이기 위한 간계임을 알면서도 다니엘은 왜 거기에 그렇게 빠진 것일까요? 언뜻 볼 때는 어리석고 무모해 보이는 다니엘의 모습을 통해 우리는 너무나도 중요한 영적인 메시지를 발견할 수 있습니다.

어떤 경우에도 영적으로 지지 말라

첫째는, 어떤 경우에라도 영적으로 져서는 안 된다는 것입니다. 고관들 뒤에서 그들을 조종하는 사탄 마귀가 노리는 것이 무엇입니까? 다니엘이 현실적이고 상황적이고 세상적인 이유로 신앙을 잃어버리는 것입니다. 그의 안에 패배감이 자리 잡게 하는 것입니다.

우리 또한 마찬가지입니다. 우리가 여러 가지 공격을 당할 때 기억해야 할 것은 눈에 보이는 사람이나 환경이 다가 아니라는 것입니다. 그 뒤에서 사탄 마귀가 사주하고 있다는 것입니다. 또 한 가지 기억해야 할 것은 우리를 힘들게 하고 어렵게 하는 것이 목적이 아니라 우리의 영적인 능력을 무너뜨리는 것이, 영적인 아름다움을 파괴하는 것이 목적이라는 것입니다. 그렇기 때문에 이런 공격에 대한 대안은 다른 것 다 잃더라도, 심지어 목숨을 잃는다 할지라도 영적인 것은 잃지 말아야 한다는 것입니다.

다니엘은 계속 기도할 경우 결국엔 다리오의 노여움을 사 총리 자리는 물론이고 목숨까지도 잃게 될 수 있다는 것을 잘 알고 있었습니다. 하지만 그가 기도를 멈출 수 없었던 것은 사탄 마귀가 노린 것이 바로 기도를 멈추는 것임을 알았기 때문입니다. 그래서 그는 기도한 것입니다. 늘 하던 대로 창문을 열고 말입니다. 다른 건 다 져도 괜찮습니다. 그러나 영적으로는 절대 지지 마십시오. 이것이야말로 사탄 마귀가 원하는 결과이기 때문입니다.

어떤 경우에도 기도를 멈추지 말라

다니엘의 모습을 통해 발견할 수 있는 두 번째 영적인 메시지는, 어떤 경우에라도 기도를 멈추어서는 안 된다는 것입니다. 다니엘이 함정인 줄 알면서도 평소에 하던 대로 하루 세 번씩 무릎 꿇고 기도하며 그의 하나님께 감사했던 이유는 기도는 어떤 경우에도 멈출 수 없기 때문입니다. 상황에 따라서 멈출 수 있다면 그것은 기도가 아닙니다. 아프다고, 피곤하다고, 바쁘고 급하다고 멈출 수 있다면 그것은 더 이상 기도가 아닌 것입니다.

특별히 기도할 일이 없어도 기도를 멈추어서는 안 됩니다. 실제로 기도하지 않는 가장 심각한 이유는 삶이 너무 평탄해서 기도할 것이 없다는 것입니다. 오히려 그럴수록 더욱 기도에 힘써야 합니다. 그 평탄한 삶이 계속 이어지기 위해서는, 그리고 지금보다 영적으로 더 나아지기 위해서는 끊임없는 기도가 필요합니다.

하나님은 우리가 세상에서 신앙의 아름다움을 지키길 원하십니다. 어떤 경우에도 영적으로 지지 마십시오. 그리고 절대로 기도를 멈추지 마십시오. 사실 이 두 가지는 하나로 이어집니다. 우리가 기도를 멈추지 않으면 영적으로 지는 일은 절대로 일어나지 않기 때문입니다. 이 이야기가 우리의 삶의 이야기, 우리의 신앙 이야기가 될 수 있도록 기도를 멈추지 마십시오.

응답이 올 때까지 드리는 기도(단 10:10-14)

저는 종종 이런 질문을 받습니다. "진짜 기도란 무엇입니까? 어떤 기도가 올바른 기도입니까?" 이러한 질문에 대해 저는 이렇게 대답합니다. "응답받는 기도가 진짜 기도입니다." 조금 의외일 수 있습니다. 그러나 묵상하는 가운데 성령님이 주신 감동은 이것입니다. 응답받는 기도가 진짜 기도라는 것입니다.

그렇습니다. 진짜 기도가 되기 위해서는 응답받는 기도가 되어야 합니다. 기도의 형식들이 다 갖춰지고 기도하는 자세가 성경적으로 바르다 할지라도, 또 아무리 뜨겁게 기도한다 할지라도 그 기도에 대한 응답이 이루어지지 않았다면, 궁극적으로 응답되지 않았다면 그건 절대로 바른 기도, 진짜 기도가 될 수 없습니다.

그런데 기억할 것이 있습니다. 기도의 유형과 응답의 범위는 매우 넓고 다양하다는 것입니다. 즉, 우리의 기도가 원하는 어떤 것을 얻는다든가 무언가가 이루어지는 응답은 아닐지라도, 하나님과의 깊은 영적 교제를 통해 그분의 뜻을 알아감으로써 받게 되는 응답이 있다는 것입니다. 또한 기도의 목적이 하나님 앞에 상한 마음을 쏟아 내는 것이라면 우리 마음이 물처럼 쏟아지고 토해지는 일들이 일어나면서 하나님의 위로하시는 은혜가 우리 가운데 응답으로 임하게 된다는 것입니다. 선포역시 마찬가지입니다. 혼자 선포하고 끝내는 것이 아니라 하나님의 역사가 일어나는 선포를 해야 그것이 진짜 기도이고 응답인 것입니다.

응답은 분명합니다. 응답은 절대 애매하지 않습니다. 응답받았는지 안 받았는지 잘 모른다는 것은 있을 수 없습니다. 그것은 스스로를 속이는 것입니다. 제대로 기도했다면 확실한 응답을 받을 수밖에 없습니다. 그래서 단호하게 말할 수 있습니다. 진짜 기도는 응답받는 기도이며, 응답받는 기도가 진짜 기도라고 말입니다.

왜 응답받지 못하는가

그렇다면 기도했음에도 진짜 기도가 되지 못해 응답받지 못하는 경우 즉, 기도처럼 보이지만 사실 기도가 아닌 경우는 무엇일까요? 성경은 이를 두 가지로 말씀합니다.

첫째는, 잘못 구하기 때문입니다. 아무리 바르게 기도하는 것처럼 보여도 하나님의 뜻이 아니기에 응답되어도 결코 유익하지 않은, 오히려 해로울 수 있는 그런 기도는 절대로 응답되지 않는다는 것입니다.

둘째는, 기다림에 실패하기 때문입니다. 기도가 응답되기 위해서는 때때로 기다림이 필요합니다. 물론 즉각 응답해 주시면 참 좋습니다. 하지만 그런 경우는 그리 많지 않습니다. 대부분의 경우는 기다리게 하십니다. 그렇기에 기도의 응답을 받기 위해서는 기다림이 굉장히 중요합니다. 그런데 많은 사람들이 기다림에 실패합니다. 그러다 보니 하나님의 응답을 받지 못합니다. 하나님이 응답하지 않으시는 것이 아닙니다. 기다리지 못하니 응답받지 못하는 것입니다.

첫 번째 경우에 대해서는 사실 걱정할 필요가 없습니다. 제대로 기도하는 사람에게는 하나님이 반드시 잘못 구하고 있다는 사실을 말씀해 주십니다. 기도의 방향과 내용을 바꾸도록 말씀하신다는 것입니다. 우리는 그저 듣고 돌이키면 되는 것입니다. 하지만 기다림의 경우는 좀 다릅니다. 물론 하나님의 시간표가 나의 기대와 달라서 기다리는 경우에는 잘못 구하고 있을 때와 똑같이 말씀해 주십니다. 아직 아니라고, 넌 더 기다려야 한다고, 지금은 때가 아니라고 말입니다. 그런데 영적인 전쟁 때문에 기다려야 하는 경우라면 다릅니다. 다시 말해서, 응답이 오지 않는 이유가 기도를 방해해서 하나님의 사람을 낙담시키려는 사탄 마귀의 공격 때문이라면 시간이 걸릴 수 있다는 것입니다.

영적 전쟁이 초래하는 기다림

다니엘의 상황이 그랬습니다. 기도하는 가운데 그러한 영적 전쟁이 벌어지고 있음을 본문 말씀이 너무도 잘 보여 주고 있습니다.

"바사 왕 고레스 제 삼 년에 한 일이 벨드사살이라 이름한 다니엘에게 나타났는데 그 일이 참되니 곧 큰 전쟁에 관한 것이라 다니엘이 그 일을 분명히 알았고 그 환상을 깨달으니라"(단 10:1).

다니엘은 환상을 통해 국제적으로 어마어마한 격변이 다가오고 있음을 깨달았습니다. 그 순간 다니엘은 유다와 예루살렘에 대한 걱정으로 그 백성을 향한 하나님의 응답을 구하며 기도하기 시작했습니다.

"그때에 나 다니엘이 세 이레 동안을 슬퍼하며 세 이레가 차기까지 좋은 떡을 먹지 아니하며 고기와 포도주를 입에 대지 아니하며 또 기름을 바르지 아니하니라"(단 10:2-3).

다니엘은 이스라엘 백성을 위한 하나님의 응답을 기다리며 금식하며 기도하기 시작했습니다. 그런데 문제가 생겼습니다. 세 이레, 즉 21일이 다 되도록 응답이 오지 않는 것입니다. 하나님에게 제대로 기도하고 있는데 응답이 오지 않는 것입니다. 부르짖고 또 부르짖는데 응답이 오지 않는 것입니다. 하나님은 분명 그가 기도하는 순간 이미 응답하셨습니다. 하나님의 시간표는 다니엘의 시간표와 같았다는 말입니다.

"그가 내게 이르되 다니엘아 두려워하지 말라 네가 깨달으려 하여 네 하나님 앞에 스스로 겸비하게 하기로 결심하던 첫날부터 네 말이 응답받았으므로 내가 네 말로 말미암아 왔느니라"(단 10:12).

'스스로 겸비하게 하기로 결심하던 첫날', 곧 기도한 첫날 하나님은 이미 응답하셨다는 것입니다. 그런데 어떤 상황 때문에 이렇게 지체되었다는 것입니다. 그 상황은 무엇입니까?

"그런데 바사 왕국의 군주가 이십일 일 동안 나를 막았으므로 내가 거기 바사 왕국의 왕들과 함께 머물러 있더니 가장 높은 군주 중 하나인 미가엘이 와서 나를 도와주므로"(단 10:13).

'바사 왕국의 군주'란 바로 그 땅의 공중 권세를 잡은 사탄 마귀를 뜻합니다. 그런데 그 사탄 마귀가 다니엘에게 응답이 전해지지 않도록 막았다는 것입니다. 아마 그렇게 막힌 천사는 가브리엘일 것입니다. 그렇게 막혀 있다가 전쟁하는 천사인 미가엘의 도움으로 겨우 뚫고 세 이레 만에 다니엘에게 응답을 가지고 오게 되었다는 것입니다.

어쩌면 전설이나 신화처럼 보일지도 모르겠습니다. 그러나 이것은 영적으로 분명한 사실이요, 실제로 일어나는 영적인 이야기입니다. 우리가 기도할 때 우리의 기도를 방해하기 위한 치열한 영적 전쟁이 일어난다는 것입니다. 그리고 이 치열한 영적 전쟁이 바로 기다림이라는 변수를 가져온다는 것입니다.

바사 왕국의 군주, 사탄 마귀는 왜 가브리엘을 막았을까요? 그는 무엇을 노린 것일까요? 마귀는 궁극적으로 자신은 절대로 가브리엘을 막을 수 없다는 사실을 알고 있습니다. 미가엘이 오면 그걸로 끝이라는 것을 잘 알고 있습니다. 그럼에도 불구하고 가브리엘을 막은 것은 응답이 지연되도록 하기 위함입니다. 응답되지 못하도록 막은 것이 아니라 응답이 지연되도록 방해했다는 것입니다.

그렇다면 마귀는 무얼 노리고 응답을 지연시키는 것일까요? 답은 간단합니다. 그렇게 기다리게 하면서 하나님의 사람을 포기시키려는 것입니다. 기다림에 실패하게 하려는 것입니다. 사탄 마귀는 응답을 막을 수 없습니다. 하지만 응답을 지연시키는 동안 우리가 기다리지 못하면 응답은 없는 것입니다. 그래서 막는 것입니다. 우리가 기다리지 못하고 실패하도록 말입니다. 이것이 영적인 노림수입니다. 이것이 지금도 우리의 기도 가운데 벌어지고 있는 영적 전쟁의 핵심 포인트입니다.

응답이 올 때까지 기도하라

그렇다면 이런 상황에서 하나님의 사람이 선택할 수 있는 것은 하나밖에 없습니다. 다니엘이 보여 줬던 것처럼 응답받을 때까지 기도하는 것입니다. 기도를 멈추지 않는 것입니다. 다니엘은 기진맥진하면서도 포기하지 않았습니다. 응답이 올 때까지 버티며 기도했습니다. 하나님의 응답이 오지 않았는데 내가 먼저 포기하고 일어날 수는 없다는 것입니다. 그런데 이 시대의 수많은 사람들이 바로 여기서 넘어질 때가 많아서 참으로 안타깝습니다. 열심히 기도했는데 하나님의 응답이 오지 않는다며 기도를 멈추고 먼저 일어서 버립니다. 그러면 그 순간 마귀가 이기는 것입니다. 마귀가 원하는 대로 되는 것입니다. 그러면 그 기도는 진짜 기도가 아닌 실패한 기도가 되는 것입니다. 우리의 기도가 그래서는 안 됩니다.

우리가 진짜 기도하는 사람이라면, 그리고 우리의 기도가 진짜 기도가 되려면 응답받을 때까지, 마귀가 가로막으면서 지연시키고 있는 시간들을 버텨 내어 응답된 기도가 될 때까지 기도해야 합니다. 다른 선택은 없습니다. 응답받는 진짜 기도가 되게 하려면 응답받을 때까지 기도해야 합니다.

지금도 우리의 기도를 놓고 치열한 영적 전쟁이 벌어지고 있습니다. 기도하면서 제일 안타까운 것은 기도하는 본인이 기도의 능력을 제대로 알지 못하는 경우입니다. 우리가 기도하면 우리의 목소리뿐 아니라 영적인 전파가 함께 나갑니다. 영적인 사건이 시작되는 것입니다. 영적인 역사가 일어나는 것입니다. 살아 계신 하나님 앞에 지금 무언가가 나갔는데 그것이 어떻게 나만의 음성이겠습니까? 그것이 어떻게 나의 이야기로 끝나겠습니까? 기도하는 순간 기도는 더 이상 사람의 이야기가 아닙니다. 하나님에게 올라갔으니 영적인 역사입니다. 그래서 그때부터 영적 전쟁이 벌어지는 것입니다.

사탄 마귀는 응답을 막으려고 몸부림칠 것입니다. 우리를 계속 실패하게 만들려는 마귀의 공격 때문에 응답이 오기까지 시간이 걸릴 것입니다. 하지만 우리가 이 시대의 다니엘로서 포기하지 않고 끝까지 기도한다면 응답은 반드시 올 것입니다. 그렇게 기도하면 우리는 결국 하나님이 원하시는 이 시대의 기도꾼이 될 수 있습니다.

　하나님은 지금 이 시대의 진정한 기도꾼을 찾고 계십니다. 어떤 시대보다도 기도가 많이 언급되지만 어떤 시대보다도 기도가 부족하기 때문입니다. 우리는 이 시대에 하나님의 기도의 사람으로 부름 받았습니다. 무엇보다도 우리는 우리의 기도로 인해 엄청난 영적 전쟁이 벌어지고 있다는 것을 항상 기억해야 합니다. 응답은 이미 출발했습니다. 중간에 어떤 방해가 있든지 하나님의 응답은 반드시 전달될 것입니다. 우리는 그때까지 버텨야 합니다. 그때까지 기도하며 견뎌야 합니다. 그럴 때 하나님은 기뻐하며 우리를 응원하실 것입니다.

　아무리 힘들어도 엎드린 자리에서 일어나지 마십시오. 아무리 답답하고 막막해도 부르짖던 음성을 멈추지 마십시오. 아무리 다른 상황들이 보이고 헛된 것처럼 느껴진다 할지라도 시작한 기도가 응답되기 전까지는 스스로 마감하지 마십시오. 응답은 반드시 옵니다. 그때까지 기도하며 나아가야 합니다. 그래서 기도를 통한 영적 싸움에서 승리하는 주님의 사람이 되십시오. 하나님에게 응답받고 영광 돌릴 수 있는 이 시대의 기도꾼이 되십시오. 하나님은 그렇게 기도하는 기도의 사람, 이 시대의 남은 자들을 찾고 계십니다.

하나님은 지금 이 시대의 진정한 기도꾼을 찾고 계십니다
우리는 이 시대에 하나님의 기도의 사람으로 부름 받았습니다.

15. 다니엘 2 - 동역의 기도

> "
> 금식하며 베옷을 입고
> 재를 덮어쓰고
> 기도하리이다.
> "

| 단 9:1-3 |

기도는 언제나 결단이 필요합니다.
자연스럽게 기도가 되는 경우는 별로 없습니다.
특별히 하나님의 기도 동역자로서 기도하기 위해서는
결단이 절대적으로 필요합니다.

세상에는 두 부류의 사람이 있습니다. 기도하는 사람과 기도하지 않는 사람입니다. 기도하지 않는 사람을 다시 두 부류로 나눌 수 있습니다. 하나는 기도할 수 없기 때문에 안 하는 부류입니다. 예수 그리스도를 영접하지 못했기 때문에, 하나님의 자녀가 되지 못했기 때문에 기도할 수 없는 것입니다. 다른 하나는 좀 더 안타까운 경우인데, 기도할 수 있는데도 하지 않는 부류입니다. 예수 믿고 하나님의 자녀가 되었음에도 영적으로 무지해서, 때론 게을러서 기도하지 않는 것입니다. 우리가 기도할 수 있다는 것은 정말 놀라운 특권인 동시에 굉장한 축복입니다. 우리는 이 특권과 축복을 누리며 사용할 수 있어야 합니다. 그것이 신앙생활의 정말 아름다운 이야기입니다.

　　반대로 기도하는 사람 또한 두 부류로 나눌 수 있습니다. 하나는 기도를 통해서 하나님에게 요청하는 부류이고, 다른 하나는 기도를 통해서 하나님과 동역하는 부류입니다. 물론 한 사람이 두 부류에 모두 속할 수도 있습니다. 하지만 대개는 이 두 부류로 나뉘게 된다는 것입니다.

기도에 대한 정의를 떠올려 보십시오. 우리는 보통 우리의 필요와 소원을 하나님에게 아뢰고 그에 대한 응답을 받는 것을 기도라고 생각합니다. 물론 맞습니다. 이 기도는 우리가 늘 해야 할 기도이며, 이 기도를 할 수 있다는 것은 우리에게 굉장한 축복이고 은혜임이 분명합니다. 하지만 기도의 차원이 여기에만 머물러서는 안 됩니다. 또 다른 차원, 곧 기도를 통해서 하나님과 동역하는 단계까지 나아가야 합니다. 하나님을 위해, 하나님의 역사를 이루기 위해 기도해야 한다는 것입니다. 이는 중보기도를 포함하는 넓은 범위의 기도입니다.

그래서 저는 이렇게 기도하는 사람을 '하나님의 기도 동역자'라고 부르고 싶습니다. 성경에 나오는 많은 믿음의 사람들이 바로 하나님의 기도 동역자였습니다. 하나님은 믿음의 사람들에게 기도의 동역을 요청하셨고, 그들은 그 일을 믿음으로 감당했습니다. 그중에 한 사람이 바로 다니엘입니다.

다니엘서는 1-6장까지, 그리고 7-12장까지 두 부분으로 나눌 수 있는데, 전반부는 하나님의 사람들인 다니엘과 세 친구의 이야기이고, 후반부는 다니엘이 기도 가운데 바라본 하나님의 이야기입니다. 그러다 보니 다니엘의 기도도 둘로 나뉩니다. 전반부에서는 자신의 문제를 가지고 기도하고 응답받는 요청하는 기도, 즉 간구하는 기도가 나타나고, 후반부에서는 하나님과 동역하는 기도, 즉 하나님의 기도 동역자로서 드리는 다니엘의 기도가 나타납니다. 그중에서도 특별히 9장은 하나님의 기도 동역자로서의 다니엘의 특성과 모습을 잘 알 수 있는 장입니다.

그렇다면 다니엘의 모습을 통해 알 수 있는 하나님의 기도 동역자로서의 특징은 무엇입니까? 그것을 다섯 가지로 살펴보겠습니다.

하나님의 때를 아는 사람

첫째는, 하나님의 때를 아는 사람입니다.

"메대 족속 아하수에로의 아들 다리오가 갈대아 나라 왕으로 세움을 받던 첫해 곧 그 통치 원년에 나 다니엘이 책을 통해 여호와께서 말씀으로 선지자 예레미야에게 알려 주신 그 연수를 깨달았나니 곧 예루살렘의 황폐함이 칠십 년 만에 그치리라 하신 것이니라"(단 9:1-2).

위의 말씀대로 다니엘은 예레미야의 말씀을 읽던 중 하나님의 약속을 깨달았습니다. 그가 읽었던 말씀은 예레미야 29장 10절이었습니다.

"여호와께서 이와 같이 말씀하시니라 바벨론에서 칠십 년이 차면 내가 너희를 돌보고 나의 선한 말을 너희에게 성취하여 너희를 이곳으로 돌아오게 하리라."

하나님의 기도 동역자는 무엇보다 하나님의 때에 민감한 사람입니다. 그래서 하나님의 때를 깨닫고 그때 바로 기도하는 사람입니다. 때에 민감하지 않으면, 때를 정확히 알지 못하면 진정한 동역자가 될 수 없습니다.

하나님의 때에 민감하다는 것은 구체적으로 두 가지를 말합니다. 하나는, 하나님이 역사하시는 때에 민감하다는 것입니다. 다니엘은 지금이 바로 70년이 차서 돌아가야 하는 시간인 것을 알았습니다. 이는 하나님이 회복의 역사를 행하실 때이기 때문에 지금이 기도해야 할 때임을 알았다는 것입니다.

또 하나는, 영적 전쟁의 순간에 민감하다는 것입니다. 영적인 공격이 있고 이걸 막아야 되는 순간이 바로 하나님의 때임을 아는 것입니다. 미국에서 사역할 당시 교회에서 중남미 지역으로 단기 선교를 나간 적이 있습니다. 사역 도중 선교 팀 안에 뜻하지 않는 갈등이 시작되었는데, 그때 팀원으로 계셨던 나이 많은 한 권사님이 하나님이 왜 자기를 그곳에 보내셨는지 알게 되었습니다. 지금이 바로 기도할 때임을 아신 것입니다. 그때부터 권사님은 금식하며 기도하셨고, 그분의 기도로 인해 모든 갈등이 해결되어 사역을 아름답게 마치고 돌아올 수 있었습니다.

이런 사람들이 바로 하나님의 기도 동역자입니다. 기도할 때를 알고 영적인 상황에 민감한 사람들 말입니다. 이런 사람들이 교회에, 가정에 그리고 이 사회에 필요합니다.

결단하는 사람

둘째는, 결단하는 사람입니다.

"내가 금식하며 베옷을 입고 재를 덮어쓰고 주 하나님께 기도하며 간구하기를 결심하고"(단 9:3).

기도는 언제나 결단이 필요합니다. 자연스럽게 기도가 되는 경우는 별로 없습니다. 특별히 하나님의 기도 동역자로서 기도하기 위해서는 결단이 절대적으로 필요합니다.

결단을 필요로 하는 경우는 두 가지입니다. 하나는, 인간적으로 볼 때는 다급하지 않은데 기도해야 하는 경우입니다. 다른 것이 더 급한 것처럼 보일 수도 있고, 지금 안 해도 될 것 같은 생각이 들 수도 있습니다. 또한 내 마음이 그렇게 하고 싶어 하지 않을 수도 있습니다. 그럼에도 불구하고 기도해야 하는 경우, 결단하지 않고는 기도할 수 없습니다.

사람들은 자신의 문제나 가족의 문제를 위해 기도할 때면 목소리에 벌써 힘이 실립니다. 하지만 다른 사람, 다른 민족, 다른 나라를 위해 기도할 때면 힘이 실리지 않습니다. 간절함이 생기지 않는 것입니다. 이것이 바로 우리가 가지고 있는 이기심이고 자기중심성입니다. 그런데 하나님이 원하시는 기도는 이기적이거나 자기중심적이지 않기 때문에 결단하지 않고는 제대로 기도할 수 없습니다. 우리가 결단하고 성령님이 함께하시면 나와 상관없는 기도의 제목이라 할지라도 내 문제보다 훨씬 더 간절히 기도하게 될 것입니다.

결단을 필요로 하는 또 다른 이유는, 기도가 정말 치열한 영적인 방해 가운데 있기 때문입니다. 마귀는 어떤 기도보다도 하나님의 기도 동역자가 하는 기도를 적극적으로 방해합니다. 왜냐하면 그것이 얼마나 중요한지 잘 알기 때문입니다. 그 기도로 인해 영적인 역사가 일어날 것을 알기에 기도하도록 놔둘 수 없는 것입니다. 물론 마귀는 개인적으로 기도할 때도 방해합니다. 하지만 하나님의 기도 동역자가 방해받는 것과는 비교할 수 없습니다. 이러한 영적 전쟁이 있기 때문에 결단이 필요한 것입니다. 결단하고 하나님에게 매달리지 않으면 하나님과 동역하는 기도는 할 수 없습니다.

하나님의 기도 동역자는 결단의 사람입니다. 상황과 자기 감정 그리고 자기 생각을 거슬러 올라가기 위해서는 영적인 결단이 필요합니다. 다니엘이 기도하기 전에 기도하기를 결심한 것처럼 말입니다.

회개의 사람

셋째는, 회개의 사람입니다.

"내 하나님 여호와께 기도하며 자복하여 이르기를 크시고 두려워할 주 하나님, 주를 사랑하고 주의 계명을 지키는 자를 위하여 언약을 지키시고 그에게 인자를 베푸시는 이시여"(단 9:4).

'내 하나님 여호와께 기도하며 자복하여' 이른다는 것은 곧 회개했다는 것입니다. 그런데 앞 절에 보면 그냥 한 것이 아니라 '금식하며 베옷을 입고 재를 덮어쓰고' 회개했습니다. 솔직히 말해서 다니엘은 잘못한 것이 없습니다. 나라가 망한 것도, 백성이 포로로 잡혀 온 것도 사실은 조상들의 잘못이지 자신의 잘못은 아닙니다. 그런데 다니엘은 자신이 잘못한 것처럼 자복하고 회개하며 기도하고 있습니다. 바로 이것이 중요한 포인트입니다. 우리가 하나님의 기도 동역자로서 하나님 앞에 설 때 너무나도 중요한 모습이기 때문입니다.

그렇습니다. 하나님의 기도 동역자는 회개하는 사람입니다. 그는 하나님의 역사의 영적인 흐름을 바꾸기 위해 회개하며 기도하는 사람입니다. 회개가 아니고는 영적인 흐름이 바뀌지 않습니다. 회개가 아니고는 영적인 방향이 틀어질 수 없습니다. 그런데 공동체 안에 있는 영적인 방향을 바꾸지 않으면 하나님의 역사가 이루어질 수 없습니다. 그렇기 때문에 그 흐름을 바꾸기 위해서, 영적인 방향을 바꾸기 위해서 기도하는 것입니다.

그래서 하나님의 기도 동역자인 성도는 교회의 모든 죄를 붙들고 회개해야 합니다. 하나님의 기도 동역자인 성도는 자녀들의 모든 죄를 붙들고 회개해야 합니다. 하나님의 기도 동역자인 성도는 나라와 민족과 열방의 모든 죄를 붙들고 회개해야 합니다. 정말 통곡하고 자복하면서 그 모든 죄를 자신의 죄로 여기며 회개해야 하는 것입니다.

정죄하거나 비판하는 사람, 그래서 고발하는 사람은 절대로 하나님의 기도 동역자가 될 수 없습니다. 요한계시록의 백보좌 심판 이야기를 보십시오. 하나님의 심판이 있을 때 하나님 앞에서 밤낮으로 참소하고 정죄하고 고발하고 비난하는 자는 누구입니까? 바로 사탄입니다. 반면에 하나님 앞에서 그 모든 죄악을 자복하고 회개하는 자는 누구입니까? 바로 예수 그리스도이십니다. 이것이 바로 주님의 십자가입니다. 당신의 소속은 어디입니까? 다른 사람의 잘못을 정죄하고 비난하고 지적하고 고발하는 사탄입니까, 아니면 대신해서 자복하고 회개하는 예수 그리스도입니까?

포기하지 않는 끈질긴 사람

넷째는, 포기하지 않는 끈질긴 사람입니다.

"주여 들으소서 주여 용서하소서 주여 귀를 기울이시고 행하소서 지체하지 마옵소서 나의 하나님이여 주 자신을 위하여 하시옵소서 이는 주의 성과 주의 백성이 주의 이름으로 일컫는 바 됨이니이다"(단 9:19).

다니엘은 포기하지 않고 끈질기게 매달리며 기도했습니다. 한 번 해보고 아니면 말겠다는 태도가 아니라, 주님을 세 번씩 간절하게 부르고 매달리면서 이야기하고 또 이야기했습니다. 포기할 수 없다는 것입니다. 이것이 바로 하나님의 기도 동역자의 모습입니다.

하나님의 기도 동역자들이 포기하지 않고 끈질겨야 하는 이유가 있습니다. 그들의 역할 때문입니다. 성경적으로 볼 때 그들은 하나님의 법정에서 하나님을 설득하는 역할을 합니다. 하나님이 공의의 심판을 행하시려 할 때마다 사랑의 구원으로 행해 달라고 하나님을 설득하는 역할을 우리가 맡은 것입니다. 그래서 포기할 수 없는 것입니다. 하나님 앞에 몸부림치며 매달렸던 모세처럼, 롯을 살리기 위해 하나님과 협상했던 아브라함처럼 말입니다.

하나님의 기도 동역자가 되었다면 하나님이 끝났다고 하실 때까지 끝내서는 안 됩니다. 야곱이 하나님과 씨름해서 이겼듯이 끝까지 붙들고 나아가야 합니다. 그는 결국 하나님을 이기고 이스라엘이라는 이름을 받았습니다. 그리고 그 이름이 하나님이 택한 백성의 이름이 되었습니다. 무슨 뜻입니까? 우리의 신앙생활이 그와 같아야 한다는 것입니다. 하나님과 씨름하듯이, 하나님을 이길 때까지 그리고 하나님을 설득할 때까지 그렇게 끈질기게 나아가야 한다는 것입니다. 그래야 역사가 일어나고, 생명이 살아나며, 하나님이 영광을 받으십니다. 이것이 우리의 사명입니다.

하나님의 섭리를 붙드는 사람

다섯째는, 하나님의 섭리를 붙드는 사람입니다.

"곧 네가 기도를 시작할 즈음에 명령이 내렸으므로 이제 네게 알리러 왔느니라 너는 크게 은총을 입은 자라 그런즉 너는 이 일을 생각하고 그 환상을 깨달을지니라"(단 9:23).

처음부터 하나님의 섭리를 다 알 수는 없습니다. 그러나 하나님의 기도 동역자라면 하나님의 섭리가 있다는 그 한 가지는 분명히 알아야 합니다. 눈에 보이지는 않지만, 깨달을 수는 없지만 그럼에도 그러한 섭리가 있음을 믿으며 나아가야 합니다.

사탄 마귀는 이것을 포기시키려고 굉장히 많은 공격을 해 옵니다. 그래서 이 싸움은 굉장히 치열합니다. 저는 특별히 북한을 위해 기도할 때마다 포기하고 싶은 마음과 치열한 전쟁을 벌입니다. 저는 1985년에 어떤 일이 일어날 줄 알았습니다. 분단 40주년이니까, 광야 40년이 끝났으니까 어떤 일이 일어나겠지 생각했습니다. 하지만 아무 일도 일어나지 않았습니다. 광복 50주년인 1995년에도 어떤 일이 일어나기를 기대했습니다. 하지만 그해에도 아무 일도 일어나지 않았습니다. 그 후 2015년이 되었을 때 저는 다시 한 번 기대했습니다. 70년이 되었으니, 예레미야의 말씀처럼 70년의 때가 찼으니 그때처럼 지금도 어떤 일을 행하시겠지 생각했습니다. 하지만 그해 또한 아무 일도 일어나지 않고 지나갔습니다. 기도의 응답이 이루어지지 않을 때마다 제 안에는 포기하고 싶은 마음이 자꾸만 밀려들어왔습니다. 하지만 이해할 수 없어도 하나님의 뜻이 있음을 믿으며 섭리를 붙들고 기도하는 것이 우리의 역할입니다. 지금은 알 수 없고 보이지 않지만 어느 날 불현듯 하나님의 역사가 나타날 것이라고 믿고 기도해야 하는 것입니다.

믿고 기도하며 포기하지 않으면 하나님의 섭리의 단초들을 깨닫게 됩니다. 그것 때문에 기도가 더 강력해지기 시작하는 것입니다. 그래서 하나님의 섭리를 붙들고 더 기도하게 되는 것입니다. 바로 이러한 기막힌 선순환이 일어나는 사람이 하나님의 기도 동역자들입니다.

다니엘은 그 시대를 위해서 하나님이 찾으신 기도 동역자였습니다. 아브라함이 그랬듯이, 모세가 그랬듯이 그리고 사무엘이 그랬듯이, 그는 하나님의 사명을 기도로써 잘 감당한 사람이었습니다. 우리는 이 시대를 위해서 하나님이 찾으시는 하나님의 기도 동역자입니다. 이것이 본문을 통해 우리에게 주시는 메시지입니다. 우리는 연약하고 부족하지만, 기도할 줄 모르지만, 때로는 정말 믿음이 없지만, 분명한 것은 우리가 예수 그리스도를 주로 고백하고 하나님의 자녀가 되는 순간 하나님의 기도 동역자로 부름 받았다는 사실입니다. 한탄하고 비난하고 절망하는 대열에 서지 말고, 하나님의 기도 동역자로서 모든 문제를 붙들고 하나님 앞에 나아가 기도하는 기도의 사람이 되길 바랍니다.

"
우리가
여호와의 날을
간구하자.
"

| 습 1:7-16 |

부수지 않고는 회복이 없습니다.

죄를 먼저 부수지 않고는 결코 그곳에 은혜가 부어질 수 없습니다.

스바냐는 히스기야 왕의 현손, 즉 4대 후손인 왕족 출신의 선지자로서 요시야 왕 때 활동했으며, 그 이름은 '여호와가 숨으시다', 다르게 말하면 '숨어 계신 여호와'라는 뜻을 갖습니다. 이는 참 수용하기 어려운 의미가 아닐 수 없습니다. 하나님이 왜 숨어 계시는 것일까요? 그런데 그의 이름에 굉장히 중요한 영적인 단서가 있습니다. 우리가 스바냐를 통해 받아야 할 중요한 메시지가 그의 이름 안에 있다는 것입니다. 그리고 그것을 알기 위해 가장 먼저 물어야 할 질문은 이것입니다. '과연 여호와가 숨으실 수 있는가?'

치열한 기도를 통해 하나님을 찾으라

성경은 우리에게 하나님을 찾으라고, 그러면 하나님이 만나 주실 것이라고 강력하게 말씀합니다.

"너희는 여호와를 만날 만한 때에 찾으라 가까이 계실 때에 그를 부르라"(사 55:6).

"내 아들 솔로몬아 너는 네 아버지의 하나님을 알고 온전한 마음과 기쁜 뜻으로 섬길지어다 여호와께서는 모든 마음을 감찰하사 모든 의도를 아시나니 네가 만일 그를 찾으면 만날 것이요 만일 네가 그를 버리면 그가 너를 영원히 버리시리라"(대상 28:9).

'찾으면 만날 것이라'는 말씀은 무슨 뜻입니까? 찾지 않으면 만날 수 없다는 것입니다. 다시 말하면, 언제나 만날 수 있는 것은 아니라는 것입니다. 만일 우리가 하나님을 버린다면, 즉 하나님에게 범죄하고 무엇보다 하나님을 온전히 섬기지 않는다면, 혹은 하나님을 이용하거나 위선과 거짓 가운데 나아간다면 하나님은 우리로부터 숨으신다는 것입니다. 그러면서 침묵하신다는 것입니다.

그런데 문제가 있습니다. 하나님이 왜 숨으셨는지를 모르는 것입니다. 우리의 모든 범죄는 교만을 토대로 하는데 이로 인해 자신이 죄인임을 쉽게 깨닫지 못하기 때문입니다. 죄를 지으면서도 떳떳하고 당당하기에 이해가 안 되는 것입니다. '아니, 내가 뭘 잘못했다고 하나님이 나를 버리실까? 왜 나한테서 숨으시는 것일까?'

이유가 무엇이든, 분명한 건 하나님은 때때로 숨으신다는 것입니다. 아무리 찾아도 만날 수 없고, 분명히 계시는데 안 계신 것처럼 침묵하시는 시간들이 있다는 것입니다. 그런데 그때가 우리에게는 가장 고통스러운 시간입니다. 신앙의 사람에게는 이런 시간이 있어서는 안 됩니다. 그렇다면 이럴 때 우리는 어떻게 해야 할까요? 이 질문에 대한 대답이 바로 스바냐의 이름 안에 들어 있습니다.

성경의 메시지는 절대로 문제만 제기하고 끝내지 않습니다. 문제만 제기하고 마는 건 성경 말씀이 아닙니다. 성경이 어떤 문제를 제기했다면 성경 안에 대답 또한 들어 있다는 뜻입니다. 그 대답을 강조하기 위해 그렇게 도전하는 것입니다. 마찬가지입니다. 스바냐가 '여호와가 숨으시다'라는 이름을 가지고 등장한다는 것은 결국 하나님이 우리에게서 숨으셨을 때 어떻게 하면 되는지를 대답하려는 것입니다.

스바냐의 대답은 무엇입니까? 찾아야 한다는 것입니다. 그렇다면 숨어 계신 하나님을 찾아내는 그 치열한 싸움은 무엇이겠습니까? 바로 기도입니다. 제대로 기도하는 사람이라면 알 것입니다. 하나님이 날 버리신 것 같은 느낌, 하나님이 존재하지 않으시는 것 같은 느낌을 경험해 보지 않았다면 진정한 기도의 사람이 아닙니다. 이처럼 우리를 뒤흔들며 들어오는 불신앙의 모든 장해를 이기고 결국에는 하나님을 찾아 만나는 자리까지 가는 것이 바로 기도입니다. 우리는 이런 기도를 할 수 있어야 합니다.

기도가 응답되는 여호와의 날

스바냐는 바로 이런 기도의 사람이었습니다. 그는 우리가 무엇을 어떻게 기도해야 할지, 어떻게 하나님을 찾아 만날 수 있는지를 이야기한 사람이었습니다. 그런데 그가 이러한 기도의 여정을 걸으며 강조하고 있는 한 가지가 있습니다. 그것이 스바냐서의 중요한 주제입니다. 저는 이 주제가 기도의 사람으로서 그가 보여 주고 있는 아주 중요한 기도의 내용이라고 생각합니다. 그것은 '여호와의 날'이라는 것입니다.

사실 성경에서 여호와의 날을 말한 사람은 많습니다. 이사야, 아모스, 요엘 등 많은 선지자들이 여호와의 날을 말했습니다. 하지만 가장 집중적으로 여호와의 날을 말한 사람은 스바냐입니다. 그래서 여호와의 날은 스바냐서의 핵심 주제라고 말할 수 있을 만큼 중요합니다.

그렇다면 그가 말한 여호와의 날은 어떤 날입니까? 우리가 기도하면서 구해야 할 여호와의 날, 그 기도의 응답이 되는 여호와의 날은 어떤 날입니까?

"그날은 분노의 날이요 환난과 고통의 날이요 황폐와 패망의 날이요 캄캄하고 어두운 날이요 구름과 흑암의 날이요 나팔을 불어 경고하며 견고한 성읍들을 치며 높은 망대를 치는 날이로다"(습 1:15-16).

그날은 굉장히 무서운 날입니다. 분노의 날이요, 환난과 고통의 날이요, 황폐와 패망의 날이요, 캄캄하고 어두운 날이요, 구름과 흑암의 날입니다. 우리는 그날이 속히 오도록 하나님에게 간구해야 합니다. 숨어 계신 하나님이 이제 오셔서 그렇게 역사해 주시기를 간구해야 하는 것입니다.

앞선 여러 장에서도 강조했지만, 기도는 우리가 필요한 것을 하나님에게 아뢰어 응답받는 것만을 뜻하지 않습니다. 진짜 기도는 하나님이 오셔서 역사하고 통치하시도록 그분을 초청하는 것입니다. 그래서 예수님이 가르쳐 주신 기도의 가장 중요한 주제 또한 하나님 나라입니다.

그렇다면 우리가 여호와의 날을 구하며 기도할 때, 다시 말해서 우리가 하나님의 역사와 통치를 바라며 하나님을 초청할 때 어떤 일이 일어날까요?

죄악을 때려 부수심

첫째는, 죄악을 때려 부수십니다. 이것을 알지 못한 채 기도한다면 잘못 기도하는 것입니다. 부수지 않고는 회복이 없습니다. 죄를 먼저 부수지 않고는 결코 그곳에 은혜가 부어질 수 없습니다.

복음이란 무엇입니까? 부숨과 세움입니다. 시므온은 예수님에 대해 예언할 때 "이는 이스라엘 중 많은 사람을 패하거나 흥하게"(눅 2:34) 할 것이라 말했습니다. 부수지 않고는 세울 수 없다는 것입니다. 그렇기 때문에 여호와의 날을 구하는 사람은 기도할 때 하나님이 오셔서 삶 가운데 심판하고 부수시는 역사를 행해 달라고 기도하는 것입니다. 이런 하나님의 공의를 생각하지 않고 여호와의 날을 구할 수는 없습니다. 죽을 각오 없이 하나님을 찾아서는 안 되는 것입니다. 하나님을 찾고 만난다는 것은 죽을 각오를 전제하는 것입니다. 바로 이렇게 여호와의 날을 구한 사람이 스바냐입니다.

이 시대에는 이런 사람들이 필요합니다. 우리가 바로 이런 기도를 드려야 한다는 것입니다. 스바냐의 기도는 우리의 대적들 가운데 오셔서 심판해 달라는 간구가 아닙니다. 스바냐는 지금 무엇을 위해 기도하고 있습니까? 그는 남 유다의 왕족 출신임에도 불구하고 하나님이 자신의 친족들이 다스리는 그 땅에 임하셔서 그곳을 모두 때려 부숴 주실 것을 간구하고 있습니다.

우리 또한 마찬가지입니다. 우리가 여호와의 날을 스바냐처럼 구하기 원한다면, 우리는 우리가 서 있는 이곳에, 우리 가정에, 우리 자녀들 가운데, 우리 교회에, 우리 이웃에, 무엇보다 우리 안에 오셔서 그 모든 죄를 다 부수고 박살내고 죽여 주시기를 간구해야 합니다. 진정한 기도는 죽음을 통과하지 않고는 있을 수 없기 때문입니다. 참십자가의 은혜는 사망을 통과해야 얻을 수 있는 것처럼 말입니다.

그러므로 여호와의 날을 구하는 기도는 회개의 기도입니다. 회개하지 않으면, 나의 전 존재를 내려놓고 하나님이 주시는 모든 것을 받을 준비를 하고 나아가는 회개가 아니면 진짜 기도가 될 수 없습니다. 여호와의 날은 무서운 날입니다. 여호와의 날은 심판의 날입니다. 우리가 숨어 계신 하나님을 찾아 그분이 내 앞에 오시기를 구하며 구원해 주시기를 기도한다는 것은 오셔서 나를 심판해 달라는 것입니다. 오셔서 때릴 건 때리고, 부술 건 부숴 달라고 요청하는 것입니다.

온 땅이 여호와의 질투의 불에 삼켜짐

둘째는, 온 땅이 여호와의 질투의 불에 삼켜집니다.

"그들의 은과 금이 여호와의 분노의 날에 능히 그들을 건지지 못할 것이
며 이 온 땅이 여호와의 질투의 불에 삼켜지리니 이는 여호와가 이 땅 모
든 주민을 멸절하되 놀랍게 멸절할 것임이라"(습 1:18).

여호와의 날은 하나님의 공의가 행해지는 무서운 심판의 날입니다.
그런데 그 안에 매우 중요한 하나님의 마음이 들어 있습니다. 이는 신학
적으로도 너무너무 중요합니다. 그것이 무엇입니까? 질투, 곧 여호와의
질투입니다. 여기서 질투는 히브리어로 '키느아'라고 하는데, 키느아란
대적들을 향한 분노, 곧 죄를 향한 분노와 당신의 사람들을 향한 막을
수 없는 사랑의 마음이 함께 담겨져 있는 열정을 말합니다. 이것이 바로
여호와의 날의 정서입니다.

여호와의 날은 하나님의 열정이 쏟아지는 날입니다. 하나님의 열심
이 나타나는 날입니다. 우리는 이것을 간구하고 기도해야 합니다. 예수
님이 성전에서 장사하는 사람들을 다 내쫓고 정화하시는 모습을 보면서
제자들은 시편 69편 9절 말씀을 떠올렸습니다.

"제자들이 성경 말씀에 주의 전을 사모하는 열심이 나를 삼키리라 한 것
을 기억하더라"(요 2:17).

"주의 집을 위하는 열성이 나를 삼키고 주를 비방하는 비방이 내게 미쳤나이다"(시 69:9).

위의 말씀에서의 '열심'과 '열성'이 바로 키느아입니다. 그리고 이것이 바로 여호와의 날의 중요한 모습입니다. 이 열심은 하나님 나라가 이루어지기 위해 반드시 필요한 것입니다.

"이는 한 아기가 우리에게 났고 한 아들을 우리에게 주신 바 되었는데 그의 어깨에는 정사를 메었고 그의 이름은 기묘자라, 모사라, 전능하신 하나님이라, 영존하시는 아버지라, 평강의 왕이라 할 것임이라 그 정사와 평강의 더함이 무궁하며 또 다윗의 왕좌와 그의 나라에 군림하여 그 나라를 굳게 세우고 지금 이후로 영원히 정의와 공의로 그것을 보존하실 것이라 만군의 여호와의 열심이 이를 이루시리라"(사 9:6-7).

'만군의 여호와의 열심이 이를 이루시리라.' 이것이 하나님의 역사가 이루어지는 데 필요한 표현입니다. 우리는 이것을 위해 기도하는 것입니다. 숨어 계신 하나님이 우리 가운데 오실 때 우리는 무엇을 기대합니까? 하나님이 말씀하신 열심이 우리 가운데 이루어지는 역사를 행해 주시기를 기대합니다. 이것이 바로 여호와의 날의 중요한 이야기입니다.

신앙생활하면서 갖게 되는 가장 안타까운 문제는 우리의 범죄가 아닙니다. 아무런 변화도, 특별한 일도 없는 것입니다. 그러면서 조금씩 메말라 가는 것입니다. 그러면서 영적 감동이 없어지는 것입니다. 쉽게 말하면, 신앙생활이 습관적으로 되어 감으로 그 어떤 영적 기대도 없어지는 것입니다. 그런데 이것이 문제입니다. 우리가 하나님으로부터 식어 가기 시작할 때, 우리의 영적 기대와 열정이 사라지기 시작할 때 하나님이 숨으시기 때문입니다. 이 말은 하나님의 열심이 우리로부터 떠나셨다는 뜻입니다. 그야말로 재앙이 아닐 수 없습니다. 이는 영적으로 죽어 가고 있다는 것이기 때문입니다.

신앙은 그 자체가 다이내믹입니다. 다이내믹하지 않으면 신앙이 아닌 것입니다. 우리의 기도 또한 마찬가지입니다. 기도는 그 자체로 다이내믹하고 필사적이어야 합니다. 우리가 기도할 때 만군의 여호와의 열심이, 이를 이루는 역사가 삶 가운데 일어나도록, 하나님이 다시 당신의 역사를 우리 가운데 펼치시도록 말입니다. 신앙은 과거의 영광을 추억하는 것이 아닙니다. 진짜 신앙은 만군의 여호와의 열심이 이를 이루시리라는 말씀의 역사가 지금도 삶 속에서 체험되는 것입니다.

여호와의 날은 하나님의 키느아, 하나님의 질투, 곧 하나님의 열심이 발동되는 날입니다. 그리고 우리는 그것을 구하는 것입니다. "주여, 다시 한 번 뜨겁게 해 주십시오. 다시 한 번 우리 가슴이 뛰게 해 주십시오. 하나님의 그 이야기가 우리 가운데 써지게 해 주십시오." 그렇게 기도할 때 하나님이 역사하시는 것입니다.

우리에게는 스바냐, 곧 숨어 계신 여호와 하나님을 목숨 걸고 찾아 우리 가운데 계시게 하는 기도가 필요합니다. 그게 바로 여호와의 날입니다. 두렵지만 부술 것이 있으면 부수어 달라고 해야 합니다. 무섭지만 잃을 것이 있으면 잃어야 합니다. 정말 떨리지만 내가 맞아야 할 것이 있다면 맞아야 합니다. 하나님이 그렇게 역사하셔야 하는 것입니다. 그러면서 하나님의 그 열심이 다시 한 번 나의 삶 속에서 당신의 이야기를 이루어 주시기를 기도해야 합니다. 그러면 결국 하나님은 우리 가운데 스바냐 3장 17절의 말씀을 써 주실 것입니다.

"너의 하나님 여호와가 너의 가운데에 계시니 그는 구원을 베푸실 전능 자이시라 그가 너로 말미암아 기쁨을 이기지 못하시며 너를 잠잠히 사랑 하시며 너로 말미암아 즐거이 부르며 기뻐하시리라 하리라."

우리를 뒤흔들며 들어오는 불신앙의 모든 장해를 이기고
결국에는 하나님을 찾아 만나는 자리까지 가는 것이
바로 기도입니다.

"
정결한 관을
그의 머리에
씌우소서.
"

| 슥 3:1-8 |

어떠한 역사가 나타나는 임계점을 돌파하기 위해서는
영적인 은사가 필요합니다.
그 차원까지 다다르기 위해서는 은사를 가지고 기도해야 하는 것입니다.

영적으로 온전히 신앙생활하는 사람들은 때로 기도 가운데 하나님이 보여 주시는 환상이나 이상을 봅니다. 때로는 은사를 받아서 방언이나 예언을 하는 경우도 있습니다. 물론 이는 신비주의도 아니고 영적으로 잘못된 것도 아닙니다. 이는 우리의 영적 생활을 풍성하고 아름답게 만들기 위해 꼭 필요한 것으로 성령이 주시는 것입니다. 그러므로 우리는 은사를 사모해야 하며, 이것을 마음껏 사용해야 합니다. 다만, 바르게 사용하는 것이 중요합니다.

특별히 제대로 기도하기를 원한다면 이 은사를 절대적으로 잘 사용할 줄 알아야 합니다. 무슨 말입니까? 은사를 사용하지 않고는 깊은 기도가 불가능하다는 것입니다. 은사를 사용하지 않고는 강력한 기도, 풍성한 기도, 영적인 기도를 할 수 없다는 것입니다. 나의 생각, 나의 언어만을 가지고 하는 기도는 어떤 영적인 차원도 결코 뛰어넘을 수 없다는 것입니다. 물론 그 기도가 잘못됐다는 것은 아닙니다. 하지만 어떠한 역사가 나타나는 임계점을 돌파하기 위해서는 영적인 은사가 필요합니다. 그 차원까지 다다르기 위해서는 은사를 가지고 기도해야 하는 것입니다.

한 예로, 방언의 은사는 말 그대로 은사이기 때문에 모든 신앙인이 다 받아야 되는 것은 아닙니다. 물론 다 받을 수도 없습니다. 그러니 방언의 은사가 절대로 신앙의 깊이를 말하는 것은 아닙니다. 하지만 방언의 은사를 받으면 다른 차원의 기도 생활을 할 수 있습니다. 물론 여기서 말하는 방언은 사도행전에 나오는 '다른 언어'를 말하는 것이 아닙니다. 서신서에 나오는 '영적인 기도의 은사'를 말하는 것입니다. 쉽게 말해서 기도할 때 내 영이 하나님과 직접 교통하는 기도의 상태로 들어가는 것입니다. 그러므로 방언은 철저하게 기도의 은사입니다. 방언으로 기도하는 사람들은 영적으로 깊이 기도할 수 있는 은사를 받은 것입니다. 그렇기에 기도 생활을 사모하는 사람들은 당연히 방언의 은사 또한 사모해야 하는 것입니다.

환상을 통해 펼쳐 보이시는 하나님의 마음

이처럼 우리가 깊은 기도, 영적인 기도 가운데 들어가기 위해서는 은사가 필요합니다. 특별히 우리가 기도의 깊은 은혜 가운데 들어가기 원한다면, 그리고 응답받는 능력에 대해 기도하기 원한다면 우리는 환상을 볼 수 있기를 사모해야 합니다. 환상은 하나님의 응답을 받는 주된 방법 중에 하나이기 때문입니다.

이는 일종의 예언입니다. 일반적으로 예언의 은사를 가졌다고 할 때의 예언은 앞날을 점치듯 말하는 것이 아니라, 하나님의 뜻을 말하는 것입니다. 예언의 은사를 가진 사람에는 두 부류가 있는데, 하나는 듣는 부류이고, 다른 하나는 보는 부류입니다(물론 듣기도 하고 보기도 하는 사람도 있습니다). 우선 듣는 부류는, 주로 하나님의 음성을 듣습니다. 물론 고막을 때려서 들리는 음성으로 듣는 경우는 매우 미미하지만, 생각으로 듣든 마음으로 듣든 간에 하나님의 음성을 듣습니다. 그렇게 들은 하나님의 음성을 통해 하나님의 뜻을 전달받습니다.

다음으로 보는 부류는, 기도하는 가운데 하나님이 보이시는 장면들을 그림으로, 사진으로, 때로는 영상으로 봅니다. 물론 그렇게 보는 것이 정확하지는 않습니다. 본다고 해서 금방 알 수 있는 것도 아니고, 어떤 경우에는 해석이 필요할 때도 있습니다. 하지만 분명한 것은 하나님이 보여 주시는 것을 보는 사람이 있다는 것입니다. 그렇게 하나님의 뜻을 전달받는 것입니다.

이처럼 우리가 하나님 앞에 기도하는 사람으로 서기 원한다면, 우리는 하나님이 응답하시는 주된 방법인 환상을 볼 수 있는 은혜를 사모해야 합니다. 앞선 장에서도 이야기했듯이, 기도했음에도 응답받지 못했다면 그것은 실패한 기도입니다. 우리는 기도하면서 응답을 받아야 합니다. 그리고 응답은 하나님의 예언, 곧 계시를 보는 것입니다. 그로 인해 하나님의 뜻을 아는 것입니다. 이처럼 현상이 나타나기 전에 하나님이 어떤 마음이신지, 하나님이 무엇을 원하시는지 아는 것이 응답에서 가장 중요합니다. 우리는 이것을 볼 수 있어야 합니다.

스가랴에게 보여 주신 그림

스가랴의 경우는 보는 자였습니다. 스가랴서에는 그가 본 여덟 개의 환상이 기록되어 있습니다. 그렇다면 보는 자로서의 그의 모습은 오늘을 살아가는 우리에게 어떤 은혜를 줍니까? 그는 우리에게 기도 가운데 어떻게 보는 자가 될 수 있는지, 그리고 어떻게 보는 것이 바른 것인지에 대한 모델을 제시합니다. 그가 어떤 내용을 보았는지는 중요하지 않습니다. 더 중요한 것은, 그가 환상을 봤다는 사실입니다.

그렇다면 스가랴 선지자가 우리에게 주는 메시지는 무엇입니까? 우리도 볼 수 있다는 것입니다. 우리도 봐야 한다는 것입니다. 사실 은사이기에 다 볼 수 있는 것은 아닙니다. 하지만 응답을 받는다는 면에서는 다 받을 수 있습니다.

"그 후에 내가 내 영을 만민에게 부어 주리니 너희 자녀들이 장래 일을 말할 것이며 너희 늙은이는 꿈을 꾸며 너희 젊은이는 이상을 볼 것이며"(욜 2:28).

사도행전에 성령이 임했을 때 바로 이 말씀이 인용되었습니다. 이 말씀은 모든 그리스도인들에게 해당하는 것으로, 성령을 받으면 환상을 본다는 것입니다. 성령 가운데서 환상을 보는 것은 우리에게 주어진 축복이고 권리이고 은혜라는 것입니다.

본문이 포함된 3장은 여덟 개의 환상 가운데 네 번째에 해당하는 것으로 환상 가운데 가장 중요한 핵심이라 할 수 있습니다. 그렇다면 이 네 번째 환상을 통해서 하나님이 보여 주신 그림으로 스가랴가 바라본 것은 무엇이었을까요? 저는 이것이 우리가 기도하는 가운데 환상을 볼 때 받을 수 있는 메시지와 일맥상통할 것이라 생각합니다.

판단하시는 하나님

첫째로, 그는 하나님이 판단하시는 것을 보았습니다.

"대제사장 여호수아는 여호와의 천사 앞에 섰고 사탄은 그의 오른쪽에 서서 그를 대적하는 것을 여호와께서 내게 보이시니라"(슥 3:1).

이 그림은 바로 하나님의 재판정 모습입니다. 하나님 앞에 여호수아가 서 있는데 그 오른쪽에 있는 사탄이 여호수아를 계속 고발하는 장면입니다. 이는 무엇을 이야기하는 것일까요? 이는 하나님이 우리 삶의 모든 이야기를 판단하고 계시다는 것입니다.

이 그림을 보는 순간 스가랴의 가슴은 벅찼을 것입니다. 그는 하나님이 자신이 있는 곳을 안 보고 계시다고 생각했기 때문입니다. 이곳에서 벌어진 억울함과 답답함, 기다리는 고통과 변화 없고 무의미한 이야기들을 볼 때 하나님은 이러한 상황을 모르실 거라고 생각했기 때문입니다. 그런데 하나님이 그림을 통해서 그가 지금 겪고 있는 모든 이야기 앞에 재판이 펼쳐지고 있음을 보여 주신 것입니다.

우리도 마찬가지입니다. 우리는 절대로 잊힌 자도, 버려진 자도 아닙니다. 하나님은 지금도 당신의 재판정에서 우리 삶의 모든 것을 판단하고 계십니다. 심지어 사탄을 책망하고 계십니다. 하나님은 이것을 기도하는 사람에게 당신의 응답으로 보여 주십니다. 우리의 기도는 이러한 응답을 얻어야 진짜 기도가 되는 것입니다.

우리 믿음의 선배들은 이러한 하나님의 응답으로 인해 영적으로 가장 힘든 순간에 이런 고백을 할 수 있었습니다. "하나님은 다 알고 계셔. 하나님은 당신의 공의로움 가운데 다 판단하고 계셔." 그렇습니다. 하나님은 다 알고 계십니다. 다만 하나님은 당신의 때를 기다리고 계신 것뿐입니다. 이처럼 하나님의 응답은 모든 상황을 믿음으로 넉넉히 이기는 역사를 이룹니다.

회복시키시는 하나님

둘째로, 그는 하나님이 회복시키시는 것을 보았습니다.

"여호와께서 사탄에게 이르시되 사탄아 여호와께서 너를 책망하노라 예루살렘을 택한 여호와께서 너를 책망하노라 이는 불에서 꺼낸 그슬린 나무가 아니냐 하실 때에"(슥 3:2).

하나님은 환상 속에서 스가랴 앞에 불에서 꺼낸 그슬린 나무를 보여 주십니다. 이는 무엇을 의미하는 것일까요? 겉으로 볼 때는 탄 것처럼 보입니다. 다 타서 없어진 줄 알았습니다. 끝난 줄 알았고, 더 이상 소망이 없는 줄 알았습니다. 이미 다 패배한 줄 알았습니다. 그런데 아니라는 것입니다. 단지 그슬렸을 뿐이라는 것입니다. 소중하고 아름다운 것은 하나도 손실되지 않고 그대로 있다는 것입니다. 이것이 하나님이 하신 일이라는 것입니다.

하나님의 그림 앞에서 절망은 도망갑니다. 낙심과 실망의 자리 또한 없습니다. 이것이 바로 하나님의 이야기입니다. 하나님은 그렇게 완전히 회복시키신다는 것입니다.

> "여호수아가 더러운 옷을 입고 천사 앞에 서 있는지라 여호와께서 자기 앞에 선 자들에게 명령하사 그 더러운 옷을 벗기라 하시고 또 여호수아에게 이르시되 내가 네 죄악을 제거하여 버렸으니 네게 아름다운 옷을 입히리라 하시기로 내가 말하되 정결한 관을 그의 머리에 씌우소서 하매 곧 정결한 관을 그 머리에 씌우며 옷을 입히고 여호와의 천사는 곁에 섰더라"(슥 3:3-5).

이 말씀은 매우 특별한 의미가 있는 그림입니다. 하나님이 일방적으로 보여 주시는 것이 아니라 스가랴가 직접 참석하기 때문입니다. '내가 말하되 정결한 관을 그의 머리에 씌우소서.' 무슨 말입니까? 여호수아는 그 자체가 더러워진 것이 아니라 단지 더러워진 옷을 입고 있을 뿐이라는 것입니다. 비록 그가 범죄했지만, 이스라엘이 범죄했지만, 유다 백성이 범죄했지만, 하나님은 이것을 그들 자체가 더러워진 것이 아니라 다만 더러워진 옷을 입고 있는 것으로 여기신다는 것입니다. 그래서 이제는 그 더러운 옷을 벗겨 버리고 깨끗하고 아름다운 옷을 입힐 것이라고 말씀하신 것입니다. 그때 이 장면을 보고 있던 스가랴가 너무 감동해서 그 머리에 정결한 관을 씌워 달라고 말한 것입니다.

그런데 이 장면, 어디서 많이 본 것 같습니다. 이는 탕자가 돌아왔을 때 아버지가 한 일이 아닙니까? 하나도 잃어버리지 않았습니다. 하나도 낮추지 않았습니다. 하나도 버리지 않았습니다. 하나님은 우리의 수많은 실패와 범죄와 어려움들을 다 알고 계십니다. 그러나 하나님은 말씀하십니다. "너는 하나도 손상된 게 없다. 너는 여전히 내 아들이다. 너는 여전히 내 딸이다. 너는 여전히 내 백성이다. 내가 너에게 깨끗한 옷을 입히는 순간, 너는 이전과 같이 회복될 것이다."

그렇습니다. 하나님 앞에서 망가진 것은 아무것도 없습니다. 완전히 실패해서 끝난 이야기도 없습니다. 그 어떤 것이든 하나님 앞에 올려 드리는 순간, 그것은 반드시 회복될 것입니다. 우리는 이 그림을 봐야 합니다. 하나님은 환상을 통해 바로 이것을 보여 주십니다.

새로운 언약을 맺으시는 하나님

셋째로, 그는 새롭게 언약 맺는 것을 보았습니다.

"만군의 여호와의 말씀에 네가 만일 내 도를 행하며 내 규례를 지키면 네가 내 집을 다스릴 것이요 내 뜰을 지킬 것이며 내가 또 너로 여기 섰는 자들 가운데에 왕래하게 하리라"(슥 3:7).

우리는 기도하는 가운데 하나님과 새롭게 언약을 체결함으로 응답을 받습니다. 사실 모든 예배와 기도의 시간은 하나님과 언약을 다시 맺는 순간입니다. 그래서 기도하고 응답받고 나오면 이전의 모든 것들은 의미가 없어집니다. 이제 새롭게 다시 시작하기 때문입니다. 이것이 하나님의 기도의 응답입니다.

"대제사장 여호수아야 너와 네 앞에 앉은 네 동료들은 내 말을 들을 것이니라 이들은 예표의 사람들이라 내가 내 종 싹을 나게 하리라"(슥 3:8).

여기서 '예표의 사람들'이란 하나님이 우리 앞에서 행하실 모든 역사를 나타내는 사람들이라는 것입니다. 그런데 그 사람들의 이름이 무엇입니까? '싹'입니다. 이 싹이라는 말은 히브리어로 '쩨마크'라 하는데, 개역한글 성경에서는 이것을 '순'이라고 번역했습니다.

무슨 말입니까? 싹이 나는 것입니다. 순이 올라오는 것입니다. 기도의 마지막 장면은 다시 순이 돋는 이야기라는 것입니다. 기도는 마지막 응답받는 순간부터 새순이 돋는 것과 같다는 것입니다. 그 순간부터 새순은 하나님의 종입니다. 하나님의 역사하심이 나타나는 장면이기 때문입니다. 이것이 바로 하나님이 예표를 나타내시는 이야기입니다.

기도하면 우리는 그 기도의 응답으로 하나님과 다시 언약을 맺게 됩니다. 그러면서 그 언약을 붙들고 또 걸어 나가기 시작합니다. 그러다가 삶 속에서 실패하고 좌절합니다. 이는 언약에 대한 믿음을 잃어버린 것입니다. 하지만 다시 하나님 앞에 기도하는 순간, 하나님은 우리와 또다시 언약을 갱신하십니다. 우리는 기도할 때마다 언약을 갱신할 수 있어야 합니다.

이것이 바로 스가랴가 본 환상 속에 나타나는 이야기입니다. 그리고 이것은 지금도 우리에게 나타나고 있습니다. 은사를 사모하십시오. 한 차원 높은 기도의 사람이 되기 위해서는 은사가 필요합니다. 하나님의 음성 듣기를 사모하십시오. 하나님이 보여 주시는 환상 보기를 사모하십시오. 또한 방언의 은사를 사모하십시오. 하나님은 우리에게 당신의 말씀을 나타내 보이기 원하십니다.

특별히 하나님의 환상 보기를 사모하십시오. 하나님의 환상을 보는 기도의 사람들은 하나님의 공의의 재판이 행해지는 것을 보게 될 것입니다. 거기서 죄인이 입은 더러운 죄의 옷을 벗기고 깨끗하고 의로운 옷을 입히시는 하나님의 은혜를, 그 회복의 선포를 보게 될 것입니다. 더 나아가, 그 자리에 우리 자신이 서 있는 것을 발견하게 될 것입니다.

우리는 기도하는 가운데
하나님과 새롭게 언약을 체결함으로 응답을 받습니다.
사실 모든 예배와 기도의 시간은
하나님과 언약을 다시 맺는 순간입니다.

"
내가 어떻게
여호와께
나아가리이까?
"

| 미 6:6-8 |

고난과 어려움이 있었지만 그것 때문에 하나님과 더 가까워졌다면,
그로 인해 우리는 감사할 수 있습니다.
고난의 축복의 비밀은 여기서 나오는 것입니다.

대학 시절 예언서를 공부하면서 새롭게 깨달은 두 가지 사실이 있습니다. 하나는, 예언(預言, 맡길 예/말씀 언)이란 예언(豫言, 미리 예/말씀 언)이 아니라는 것이었습니다. 쉽게 말해서, 예언이란 '앞날을 말하는 것'(豫言)이 아니라 '하나님의 뜻과 섭리, 계획, 하나님의 마음을 그대로 보여 주는 것'(預言)이라는 것입니다. 물론 성경에 나오는 예언자라는 단어는 앞날을 미리 말하는 사람이라는 뜻으로 사용되고 있습니다. 그래서 보통은 예언자라는 의미와 함께 선지자, 혹은 선견자라는 단어도 사용되는 것입니다. 하지만 성경이 말하는 분명한 의미는 하나님의 마음이 무엇인지, 하나님의 계획과 섭리가 어떤 것인지를 이야기해 주는 것입니다.

　　인간에게 정해진 운명이 있다고 생각하는 것은 절대 성경적이지 않습니다. 그러니 앞날을 미리 말하는 건 있을 수 없는 일입니다. 이를 성경적으로 말하면, 우리의 미래에는 하나님의 섭리와 계획과 역사하심 그리고 약속이 있는 것입니다. 그래서 우리가 만일 하나님에게 순종하면 하나님의 계획과 예비하신 축복이 우리 것이 되는 정말 아름다운 삶을 살 수 있지만, 만일 우리가 순종하지 않으면, 우리가 하나님 앞에 불순종하고 거역하면 그 모든 것이 오히려 고통과 저주로 바뀌는, 하나님의 진노 가운데 들어가는 안타까운 삶이 되고 만다는 것입니다. 아직 결정된 것은 아닙니다. 다만 우리가 어떻게 하느냐에 따라 달라질 것입니다.

새롭게 깨달은 또 다른 하나는, 예언서란 어떤 새로운 메시지를 선포하는 것이 아니라 토라, 즉 모세 오경의 율법을 상황 속에서 새롭게 재해석해서 강조하고 있다는 사실이었습니다. 다시 말해 예언자들은 한결같이 율법의 정신으로 돌아가자고 외쳤다는 것입니다. 그러고 보면 예언자들은 그야말로 종교 개혁자들과 일맥상통합니다. 종교 개혁자들의 외침도 결국엔 말씀으로 돌아가자는 것이었기 때문입니다.

예언자들의 이런 외침이 성경에 열일곱 번이나 나옵니다. 그런데 어떤 사람이 이런 질문을 했습니다. "예언서 전체에서 핵심을 꼽으면 무엇입니까?" 이 사람은 학문적으로 굉장히 중요한 질문을 던진 것입니다. 그리고 놀랍게도 모두가 동의한 말씀이 바로 이 장의 본문인 미가서 6장 6-8절 말씀이었습니다.

사실 미가는 그렇게까지 유명한 선지자는 아닙니다. 그리고 미가서 자체도 그렇게까지 대단히 비중 있는 책은 아닙니다. 그렇다면 어떻게 미가서의 말씀이 예언서를 대표하는 말씀으로 꼽힌 것일까요? 이유는 아주 분명하고 강력합니다. 미가서의 말씀이 예언자들의 모든 외침을 핵심적으로 말해 주는 너무나도 중요한 말씀이기 때문입니다. 그 안에는 우리를 향한 하나님의 마음과 뜻이 그대로 드러나 있으며, 하나님의 섭리와 계획이, 그리고 모세 율법의 가장 중요한 정신이 그대로 드러나 있기 때문입니다.

기도의 수준을 높이는 예언자적 기도

"내가 무엇을 가지고 여호와 앞에 나아가며 높으신 하나님께 경배할까 내가 번제물로 일 년 된 송아지를 가지고 그 앞에 나아갈까 여호와께서 천천의 숫양이나 만만의 강물 같은 기름을 기뻐하실까 내 허물을 위하여 내 맏아들을, 내 영혼의 죄로 말미암아 내 몸의 열매를 드릴까 사람아 주께서 선한 것이 무엇임을 네게 보이셨나니 여호와께서 네게 구하시는 것은 오직 정의를 행하며 인자를 사랑하며 겸손하게 네 하나님과 함께 행하는 것이 아니냐"(미 6:6-8).

이 말씀은 수사적 질문 기법을 사용하고 있습니다. 질문을 던지는 것입니다. 이는 대답을 얻고 싶어 하는 질문이 아니라 무언가를 강조하기 위해 하는 질문입니다. 그런데 재미있는 것은 수사적 질문은 보통 질문으로 끝나는데 이 말씀에는 대답이 나온다는 것입니다. 그렇다면 누가 대답하는 것일까요?

이에 대한 몇 가지 해석이 있습니다. 하나는, 누가 있는 것이 아니라 자기 혼자서 역할극 하듯이 자기 속에 있는 영적인 깨달음의 측면에서 대답했다는 것입니다. 일종의 신앙적 깨달음을 가지고 그걸 대답하는 형식으로 말한 것이라고 보는 해석입니다. 다른 하나는, 표현 그대로 천사가 대답했다는 것입니다. 가브리엘 같은 메신저 천사가 그 질문에 대해서 대답해 주었다고 보는 해석입니다. 또 다른 하나는, 하나님이 대답하셨다는 것입니다. 하나님이 당신을 객관화시켜서 대답해 주셨다고 보는 해석입니다.

하지만 이것은 중요하지 않습니다. 결국은 하나님이 대답하신 것이기 때문입니다. 그것이 내 속에 있는 영적 깨달음에서 왔든, 아니면 정말 천사가 내게 대답을 했든, 아니면 하나님이 대답을 하신 것이든, 결론적으로는 세 경우 모두 하나님이 대답하신 것입니다. 저는 그래서 이것이 중요하다고 생각합니다. 이러한 이유로 인해 미가서 6장 6-8절은 다른 형태로 볼 때 기도라는 것입니다. 그리고 저는 이것을 '예언자적 기도'라고 부르고 싶습니다.

저는 저의 설교가 다른 어떤 것보다 예언자적인 설교가 되기를 늘 바라며 그렇게 되기 위해 노력하고 몸부림칩니다. 모든 성도들 앞에 하나님의 마음을 드러내 주고 싶기 때문입니다. 하나님의 계획과 성도를 향한 하나님의 뜻, 하나님의 역사를 향한 섭리가 무엇인지를 나타내는 것이 바로 예언이기 때문입니다. 사람의 생각, 사람의 소리, 사람의 어떤 논리 및 방식, 세상 이론과 같은 것들은 설교가 아닙니다. 하나님의 마음을, 뜻을, 섭리를 드러내면서 영적 감동 가운데서, 하나님의 말씀에서 나와야 진짜 예언자적 설교입니다. 그러니 모든 설교는 예언자적 설교가 되는 것이 맞습니다.

그런데 이 예언자적이라는 말은 설교에만 적용되는 것이 아니라 기도에도 적용됩니다. 그러니까 예언자적인 설교가 있다면 예언자적인 기도도 있다는 것입니다. 기도는 기본적으로 간구하는 것입니다. 그 기도가 어떤 기도인지는 결국 간구하는 내용이 무엇인지에 따라서 결정됩니다. 즉, 간구하는 내용이 무엇인지에 따라서 그 기도가 진짜 기도인지 아닌지, 혹은 수준이 높은지 높지 않은지가 결정된다는 것입니다.

기도 자체가 잘못될 수는 없습니다. 하지만 간구하는 내용이 잘못되었다면 그것은 잘못된 기도입니다. 또한 간구하는 내용이 땅에 속한 것이라면 그 기도의 수준은 낮을 수밖에 없습니다. 현실적인 필요를 위해 기도하는 것을 폄하하는 것이 아닙니다. 그러한 기도 또한 필요하고 해야 합니다. 하지만 기도가 거기에 머물러 있다면 문제가 되는 것입니다. 그것은 어떻게 보더라도 땅에 속한 수준 낮은 기도일 수밖에 없기 때문입니다. 우리의 기도가 진짜 기도가 되려면 이 땅에서 필요한 것, 이 땅에서 원하는 것을 간구하는 대신 무한대까지 올라가야 합니다. 기도의 비밀은 그 깊이가 무한대입니다. 거기서 나오는 영적인 축복은 상상할 수 없이 큰 것입니다. 그런 깊이로, 그런 높이로 올라가야 합니다. 그렇게 올라가는 기도가 바로 예언자적 기도입니다.

예언자적 기도를 위한 세 가지 질문

기도는 결국 구하는 것입니다. 그런데 물질이나 명예나 건강을 구한 다면 낮은 기도, 곧 땅의 기도입니다. 나쁜 기도는 아니지만 수준이 낮은 기도입니다. 하지만 영적인 답을 구한다면 수준이 높은 기도, 곧 예언자적 기도입니다. 이는 아름다운 신앙생활을 위해 필요한 영적 비밀, 곧 대답을 구하는 기도이기 때문입니다.

미가 선지자도 그렇게 하고 있습니다. 그는 특별히 세 가지 질문을 하고 있습니다. 저는 이 세 가지 질문이 우리가 예언자적 기도를 하기 위해 던져야 하는 질문이라고 생각합니다.

어떻게 하면 하나님과 더 가까워질 수 있을까

첫째는, '어떻게 하면 하나님과 더 가까워질 수 있을까'입니다.

"내가 무엇을 가지고 여호와 앞에 나아가며 높으신 하나님께 경배할까 내가 번제물로 일 년 된 송아지를 가지고 그 앞에 나아갈까 여호와께서 천천의 숫양이나 만만의 강물 같은 기름을 기뻐하실까 내 허물을 위하여 내 맏아들을, 내 영혼의 죄로 말미암아 내 몸의 열매를 드릴까"(미 6:6-7).

이 말씀에 가득히 담긴 정서는 '어떻게 하면 하나님에게 더 가까이 나아갈 수 있을까? 어떻게 하면 하나님이 더 기뻐하실까? 어떻게 해야 하나님과 더 친밀한 관계 속으로 들어갈 수 있을까?'입니다. 신앙인에게 이 질문은 너무나도 중요합니다. 이는 날마다 고민해야 하는, 날마다 물어야 하는, 날마다 몸부림쳐야 하는 질문입니다.

흑인 영가 중에 〈나는 비록 약하나〉라는 찬양이 있습니다. 이 찬양의 후렴에 보면 "나를 허락하시어 주 가까이하도록 날마다 더 가까이 나를 이끌어 주소서"라는 가사가 나옵니다. 이들은 정말 힘든 현실 속에 살았던 사람들입니다. 그런데 이들은 다른 노래를 부르지 않고 어떻게 하면 주님에게 더 가까이 갈 수 있을지를 노래했습니다. 이것이 신앙의 포인트입니다. 그리고 이 질문을 하는 것이 바로 예언자적 기도입니다. 그러면서 여기에 응답받는 것이 진짜 기도의 응답입니다.

온전한 기도에는 반드시 회개의 역사가 일어나야 합니다. 나의 생각과 계획을 펼쳐 놓고 하나님의 결재만을 구하는 것은 기도가 아니라는 것입니다. 기도 가운데 가장 많은 회개가 일어날 때는 우리 안에서 하나님 앞으로 가까이 가지 못하게 하는 부분을 발견할 때입니다. 그 장해물을 발견할 때, 그때 회개가 시작됩니다. '하나님, 용서해 주십시오. 내가 어떻게 해야 주님에게 더 가까이 갈 수 있을까요? 내가 어떻게 해야 주님과 더 가까워질 수 있을까요?' 이 질문은 예언자적 기도를 위한 너무나도 중요한 질문입니다. 기도할 때마다 이렇게 질문하십시오. 그것이 진짜 영성입니다.

고난과 어려움이 있었지만 그것 때문에 하나님과 더 가까워졌다면, 그로 인해 우리는 감사할 수 있습니다. 고난의 축복의 비밀은 여기서 나오는 것입니다.

나를 향한 하나님의 뜻은 무엇인가

둘째는, '나를 향한 하나님의 뜻은 무엇인가'입니다. 이미 결정하고 "이거 주세요"라고 말하기 전에 반드시 물어야 할 중요한 질문은, 이 상황 속에서 내게 원하시는 하나님의 뜻이 무엇이냐는 것입니다. 그 기도가 참된 기도요, 예언자적인 기도이며, 그래서 우리는 기도할 때마다 반드시 하나님의 뜻을 물어야 합니다.

미가 선지자를 보십시오.

> "사람아 주께서 선한 것이 무엇임을 네게 보이셨나니 여호와께서 네게
> 구하시는 것은"(미 6:8).

이 말씀은 하나님의 뜻을 구하는 질문에 대한 대답으로 주어졌습니다. 하나님의 뜻을 구하는 기도는 정말 중요합니다. 이것이 그 기도를 예언자적 기도가 되게 합니다. 기도할 때마다 하나님의 뜻을 물으십시오. 뻔히 아는 것이라 할지라도 물으십시오. 이미 응답받았어도 또 물으십시오. 영적인 세계는 너무나 민감하고 오묘해서 우리가 하나님의 뜻을 알았다고 해도 그다음 순간에 그 뜻에서 빗나갈 수 있습니다. 그게 영적 세계입니다.

한 번은 기도하는 가운데 하나님의 뜻을 구하는데 붙들라는 응답을 받았습니다. 그래서 '아멘' 하며 붙들겠다고 기도하는데 하나님이 이번에는 놓으라고 말씀하셨습니다. 그러면서 헷갈리기 시작했습니다. 하나님의 상반된 응답을 묵상하던 중 깨달은 것은 이것입니다. 하나님이

이랬다저랬다 변덕 부리신 것이 아니라 그 사이에 제가 변했다는 것입니다. 처음에는 붙들어야 했습니다. 그런데 붙들다 보니 제가 갑자기 독해지기 시작했습니다. 저도 모르게 교만해지기 시작한 것입니다. 그래서 이제는 놓으라고 말씀하신 것입니다.

우리가 끝없이 바뀌기 때문에 우리를 향한 하나님의 뜻도 끝없이 바뀝니다. 그렇기에 우리는 계속해서 물어야 합니다. 하나님의 영적인 길은 직선 도로가 아니라 꾸불꾸불한 길이기 때문입니다. 가면서 이 방향인지 저 방향인지 물어봐야 엉뚱한 데로 빠지지 않을 수 있습니다.

어떻게 하는 것이 옳은 것일까

셋째는, '어떻게 하는 것이 옳은 것일까'입니다. 이는 하나님의 뜻을 묻는 두 번째 질문과 많은 부분 일맥상통합니다. 차이가 있다면 무엇입니까? 하나님의 뜻은 개인적이고 상황적일 수 있지만, 옳다는 것은 객관적이고 진리와 통한다는 면에서 조금 다를 수 있습니다. 그렇기 때문에 우리가 끝없이 물어야 할 또 하나의 질문은 어떤 것이 옳으냐는 것입니다.

"사람아 주께서 선한 것이 무엇임을 네게 보이셨나니 여호와께서 네게 구하시는 것은 오직 정의를 행하며 인자를 사랑하며 겸손하게 네 하나님과 함께 행하는 것이 아니냐"(미 6:8).

우리는 기도하면서 무엇이 옳은 것인지, 어떤 것이 바른 것인지를 끝없이 물어야 합니다. 그리고 그 물음에 응답받아 나아가야 합니다.

예언자적 기도에서 가장 중요한 것은 무엇입니까? 어떻게 하는 것이 올바른 것인지를 묻는 것입니다. 관계 속에서도 마찬가지입니다. 올바른 것을 물어야 합니다. 그것이 답입니다. 그러면서 그것이 바르지 못할 때는 회개해야 하는 것입니다. 그러면 그것이 예언자적 기도가 되는 것입니다.

신앙인으로 살아가다 보면 여러 가지 혼란스러운 것들이 많습니다. 두려워서 앞으로 나아갈 수 없을 만큼 힘든 상황도 있고, 앞날에 소망이 보이지 않아서 마치 캄캄한 곳을 걸어가는 것처럼 더듬으면서 갈 수밖에 없는 상황도 있습니다. 그런데 이 상황 속에서 하나님이 우리에게 주신 한 가지 지침이 무엇입니까? 어느 것이 옳은가입니다. 우리는 늘 어느 것이 옳은지를 질문하며 그렇게 살아가야 합니다. 그게 예언자적 기도입니다.

우리는 기도뿐 아니라 신앙의 모든 면에서 예언자적 삶을 살아야 합니다. 우리는 예언자적 말씀을 가지고 예언자적 예배를 드리면서 예언자적 기도를 통해 이 세상을 예언자적 신앙으로 살아갈 수 있기를 소망해야 합니다. 그것이 하나님이 기대하시는 멋있는 신앙입니다.

기도할 때마다 하나님의 뜻을 물으십시오.
영적인 세계는 너무나 민감하고 오묘해서
우리가 하나님의 뜻을 알았다고 해도
그다음 순간에 그 뜻에서 빗나갈 수 있습니다.

19. 요나 - 의탁의 기도

"
구원은
여호와께
속하였나이다.
"

| 욘 2:2-9 |

우리는 세상이 소화시킬 수 없는 이물질이 되어야 합니다.
하나님만 바라보는, 하나님만 신뢰하는 세상의 이물질이 되어야 합니다.

요나서는 성경에 나오는 소선지서들 가운데 그야말로 예외다 싶을 만큼 특이합니다. 다른 선지자들의 책은 하나님이 그들에게 말씀을 주셔서, 즉 그들이 하나님으로부터 계시를 받아서 주로 이스라엘 혹은 유다 백성에게 전하는 내용입니다. 물론 어떤 경우에는 그 대상이 바벨론이나 애굽, 또는 앗수르 등 주변 다른 나라인 경우도 있습니다. 하지만 결국 가만히 보면 열방을 향한 예언이기는 하지만 그 모든 것의 궁극적인 목적은 이스라엘 백성입니다.

그런데 요나서는 그렇지 않습니다. 요나서를 한마디로 요약하면 요나라는 선지자가 경험한 이야기입니다. 그것도 신앙적으로 아주 놀랍게 순종하고 믿음의 본을 보인 감동적인 이야기가 아니라, 인간이 하나님 앞에서 얼마나 악할 수 있는지, 인간의 자아가, 그 불순종이, 편견이, 자기 의가 하나님 앞에서 얼마나 문제가 되는지를 보여 주는 인간의 못된 죄성에 대한 이야기입니다.

그래도 요나서를 통해 발견할 수 있는 굉장히 좋은 메시지가 하나 있습니다. 그것이 무엇입니까? 완악하고 고집 세고 못된 인간과 대조해서 끝까지 참고 기다리시는 하나님의 마음, 그분의 사랑, 그분의 품어 주시는 은혜입니다. 이것이 요나서 전체를 통해 강력하게 드러납니다. 이를 통해 우리는 우리를 향한 하나님 아버지의 사랑을 경험하게 됩니다.

고난의 한복판에서 기도하라

요나서 가운데서 요나의 신앙을 볼 수 있는 한 이야기가 등장합니다. 그것이 바로 요나서 2장에 나오는 요나의 기도입니다. 이는 요나가 보여 준 신앙의 모습이기도 하지만, 신앙인이 삶 가운데 보여 줄 수 있는 가장 절실하고 강력한 영적인 모습이기도 합니다. 또 요나가 보여 주는 기도의 모습은 바로 이 시대를 살아가는 우리에게 너무나도 중요합니다. 우리는 그런 기도를 해야 하고, 또 할 수 있어야 합니다. 이렇게 말할 수 있는 이유는 요나의 기도가 그의 가장 깊은 고난의 현실, 그 고난의 한복판에서 드린 기도이기 때문입니다.

"요나가 물고기 배 속에서 그의 하나님 여호와께 기도하여"(욘 2:1).

지금 요나가 기도하고 있는 자리는 다른 곳이 아니라 물고기 배 속입니다. 이는 요나가 처한 고난의 상황을 나타내는 강렬한 단어입니다.

"이르되 내가 받는 고난으로 말미암아 여호와께 불러 아뢰었더니 주께서
내게 대답하셨고 내가 스올의 배 속에서 부르짖었더니 주께서 내 음성을
들으셨나이다"(욘 2:2).

요나는 자신이 지금 물고기 배 속에 있음을 이야기하면서 그것이 고난으로 말미암았음을 설명합니다. 그리고 이를 또 다른 말로 '스올의 배 속'이라고 표현했습니다. 스올이 무엇입니까? 음부, 곧 죽은 자만 가는 곳입니다. 그는 지금 자신이 죽음 같은 상황에 처해 있음을 스올이라는 말로 표현한 것입니다.

인생이란 그렇습니다. 내가 원하지 않아도 물고기 배 속에 들어갈 수 있는 것이 인생입니다. 우리 모두 예외 없이 스올의 배 속이라 부를 수 있는 음부로 들어갈 수 있다는 것입니다. 어떤 경우는 내가 잘못해서 들어갈 수 있습니다. 죄를 짓거나 범죄해서 들어가는 것입니다. 어떤 경우는 내가 실수해서, 무언가에 실패해서 들어갈 수도 있습니다. 그러나 어떤 경우는 범죄한 것도 아니고 실패한 것도 아닌데, 나는 잘못한 게 아무것도 없는데 들어갈 수도 있습니다.

무슨 말입니까? 이것은 모든 사람들에게 열려 있는 이야기라는 것입니다. 더구나 우리에게 충격적인 것은 신앙인도 예외가 아니라는 것입니다. 그런데 중요한 것은 무엇입니까? 신앙인은 거기서 기도한다는 것

입니다. 이것이 포인트입니다. 결국 이런 고난과 어려움 속에 들어가느냐 안 들어가느냐의 싸움이 아니라, 그 속에 들어갔을 때 거기서 기도할 수 있느냐 없느냐의 싸움이라는 것입니다. 그리고 물고기 배 속에서라도 기도하며 나아갈 때 진정한 신앙의 능력을 경험할 수 있습니다.

사실 신앙생활하면서 우리 삶에 신앙적으로 가장 중요한 순간은 바로 삶 가운데 고난이 왔을 때입니다. 물론 신앙은 우리 삶의 모든 순간마다 필요합니다. 하지만 가장 중요한 순간을 꼽으라고 한다면 저는 고난이 왔을 때라고 생각합니다. 여러 가지 이유가 있지만 제일 중요한 것은 인생의 고난은 신앙밖에는 이길 방법이 없기 때문입니다. 만일 신앙이 아닌 다른 것으로 이길 수 있다면 그것은 고난이라는 단어를 쓸 필요가 없을 것입니다.

우리는 모든 기도에 있어 성공해야 하지만 특별히 고난 가운데 드리는 기도는 반드시 성공해야 합니다. 고난 가운데 드리는 우리의 기도가 막연히 "도와주세요. 정말 살려 주세요"가 되어서는 안 됩니다. 이것은 비명이지 기도가 아닙니다. 진짜 기도는 고난의 상황 속에서 떨어지지 않고 치열하게 싸워서 그것을 뚫고 나와 이기는 기도입니다. 그렇기에 고난 가운데 드리는 기도에서 성공하는 사람이 진짜 신앙인입니다. 그리고 그렇기 때문에 요나의 기도가 우리에게 중요합니다.

요나의 기도에 담긴 영적 비밀

그렇다면 물고기 배 속에서 드린 그의 기도를 통해 알 수 있는 영적 비밀은 무엇일까요?

고난은 점점 깊어진다

첫째는, 고난은 점점 더 깊은 곳으로 들어간다는 사실입니다. 본문은 이것을 그림을 그리듯 회화적으로 나타내고 있습니다.

> "주께서 나를 깊음 속 바다 가운데에 던지셨으므로 큰 물이 나를 둘렀고 주의 파도와 큰 물결이 다 내 위에 넘쳤나이다"(욘 2:3).

이 말씀은 요나가 물에 빠져서 허우적거리고 있는 장면입니다. 주님이 그를 '깊음 속 바다 가운데에 던지셨다'는 것입니다. 그러나 아직은 물 표면입니다.

> "물이 나를 영혼까지 둘렀사오며 깊음이 나를 에워싸고 바다풀이 내 머리를 감쌌나이다"(욘 2:5).

여기 재미있는 표현이 나옵니다. '물이 나를 영혼까지 둘렀다'는 것은 굉장히 시적인 표현입니다. 여기서 영혼이라는 말은 히브리어로 '네페쉬'라고 하는데, 이는 영혼이라는 뜻뿐 아니라 호흡이라는 뜻도 갖습니다. 바꿔 말하면, 물이 코까지 찼다는 것입니다. 처음에는 물 표면에서 허우적거리고 있었는데 이제는 더 깊이 빠져 들어가 코까지 물속에 잠긴 것입니다. 그리고 깊음이 에워싸 더 깊은 곳으로 빠져 들어가 바다풀에 머리가 닿는 상황까지 이른 것입니다.

> "내가 산의 뿌리까지 내려갔사오며 땅이 그 빗장으로 나를 오래도록 막았사오나 나의 하나님 여호와여 주께서 내 생명을 구덩이에서 건지셨나이다"(욘 2:6).

그렇게 빠져 들어가서 어디까지 이르렀다는 것입니까? 바다 밑 흙에 처박혔다는 것입니다. 이게 고난입니다. 그냥 힘든 게 아니라, 이런 전형적인 패턴이 삶 속에 등장하는 것입니다. 아무리 어려운 고난이라 할지라도 조금씩 나아진다면 그것은 고난이 아닙니다. 반환점을 돌고 나면 그것은 더 이상 고난이 아닙니다. 정말 힘든 것은 무엇입니까? 계속 힘들어지는 것입니다. 끝이 안 보이는 것입니다. 점점 더 깊은 곳으로 들어가는 것입니다. 우리가 신앙을 가지고 믿음으로 이겨야 할 고난은 바로 이런 것입니다.

이것은 고난의 아주 전형적인 이야기입니다. 고난을 통해 우리를 공격하는 마귀의 전형적인 공격 패턴입니다. 우리는 이것을 알아야 합니다. 그래야 요나의 기도를 드릴 수 있습니다. 만일 우리가 이것을 모른다면 처음 한두 번은 믿음으로 시도합니다. 그러나 곧 포기하게 되면서 기도하지 않게 됩니다. 먼저 낙심하는 것입니다. 이런 사람은 절대로 요나의 기도를 드릴 수 없습니다.

요나의 기도는 한 번 드리고 끝나는 이야기가 아닙니다. 이것이 얼마 동안 이어질지는 아무도 모릅니다. 그렇기에 우리가 알아야 될 중요한 사실은 고난은 점점 더 깊어진다는 것입니다. 한두 번 만에 낙심해서는 안 된다는 것입니다.

믿음의 저항을 해야 한다

둘째는, 고난이 깊어 가는 순간마다 믿음의 저항을 해야 한다는 것입니다. 고난은 점점 깊은 곳으로 들어갑니다. 그런데 중요한 것은 그런 깊어 가는 모든 순간마다 신앙인이라면, 요나의 기도를 드리는 사람이라면 믿음의 저항을 해야 한다는 것입니다. 요나는 지금 물속으로 계속 빠져 들어가고 있는 상황에서 기도하고 있습니다. 계속해서 신앙의 저항을 하는 것입니다.

> "내가 말하기를 내가 주의 목전에서 쫓겨났을지라도 다시 주의 성전을
> 바라보겠다 하였나이다"(욘 2:4).

그는 물에 빠져 허우적거리는 상황 속에서도 하나님을 바라보며 의지하겠다는 신앙적 저항을 하고 있습니다. 하나님이 나를 이 고난 속에 던지셨다는 생각이 들지만, 하나님이 내 손을 놔 버리셨다는 생각이 들지만, 그러나 그 상황 속에서도 다시 하나님을 바라보겠다는 것입니다. 하나님을 의지하겠다는 신앙의 저항을 하고 있는 것입니다. 하지만 현

실은 바뀌지 않습니다. 물이 영혼까지 들이치면서 더 깊이 빠져 들어가는 것입니다. 그러나 본문 6절을 보십시오.

"내가 산의 뿌리까지 내려갔사오며 땅이 그 빗장으로 나를 오래도록 막았사오나 나의 하나님 여호와여 주께서 내 생명을 구덩이에서 건지셨나이다."

요나는 하나님이 자신의 생명을 구덩이에서 건지셨다고 말하고 있지만 그의 상황은 여전히 심각합니다. 바다 속으로 점점 내려가다가 이제는 바다 밑에 있는 펄에 박힌 것입니다. 그러나 그 속에서도 요나는 치열한 믿음의 저항을 하고 있습니다. 하나님이 자신의 생명을 이 구덩이에서 건지실 것을 믿는다는 것입니다. 그 믿음을 과거형 '건지셨나이다'로 표현한 것입니다. 이것이 지금 요나의 싸움입니다.

"내 영혼이 내 속에서 피곤할 때에 내가 여호와를 생각하였더니 내 기도가 주께 이르렀사오며 주의 성전에 미쳤나이다"(욘 2:7).

'내 영혼이 내 속에서 피곤할 때에'를 원어 그대로의 의미로 해석한다면 '내 속에서 생명이 빠져나갈 때에'라고 말할 수 있습니다. 바로 죽어간다는 뜻입니다. 완전히 지쳐서 생명이 빠져나가는 것 같은 상황인 것입니다. 그런데 이 상황에서 그는 뭐라고 노래합니까? '내가 여호와를 생각하였더니.' 저는 이 표현이 참 와 닿습니다. 부르짖을 힘도 없고 기도할 힘도 없지만, 포기하지 않겠다는 것입니다. 생명은 빠져나가고 있지만, 그러한 순간에도 포기하지 않고 하나님을 생각한다는 것이 바로 믿음의 저항입니다. 그러면서 그는 '내 기도가 주께 이르렀사오며 주의 성전에 미쳤나이다'라고 고백합니다. 이것 역시 실제로 응답되었다는 것이 아니라, 하나님 앞으로 나아가는 믿음을 포기하지 않는 믿음의 저항을 묘사하는 것입니다. 신앙인에게는 이러한 믿음의 저항이 필요합니다. 진짜 신앙의 사람은 고난 가운데 기도하며 끝까지 믿음의 저항을 포기하지 않습니다.

'믿음의 저항'이라는 말을 기억하십시오. "그래도 하나님은 나를 사랑하신다. 그래도 하나님은 나를 구원하실 것이다. 그래도 나는 하나님을 바라볼 것이다. 나는 하나님의 신실하심을 신뢰한다." 이런 믿음의 저항을 하는 사람이 바로 하나님의 사람입니다. 이 사람이 바로 요나의 기도를 드리는 사람입니다. 마귀에게 절대로 굴복하지 않는 신앙의 사람인 것입니다.

요나의 기도는 끝없는 싸움입니다. 사탄 마귀는 기도할 때마다 우리가 처한 상황과 현실을 친절하게도 생각나게 해 줍니다. 계산하지 않아도 되는데 계속 계산하게 만듭니다. 그리고 결론을 내리게 해 줍니다. "끝났다." 이 모든 것을 향해서 계속해서 믿음의 저항을 해 나가는 것, 이것이 바로 기도의 싸움입니다.

하나님에게 완전히 맡겨야 한다

셋째는, 하나님에게 완전히 맡겨 드려야 한다는 것입니다.

"나는 감사하는 목소리로 주께 제사를 드리며 나의 서원을 주께 갚겠나이다 구원은 여호와께 속하였나이다 하니라"(욘 2:9).

'구원은 여호와께 속하였나이다.' 어떤 느낌입니까? 이제 나는 주님에게 다 맡겼다는 것입니다. 주님이 죽이시면 죽을 것이고, 살리시면 살겠다는 것입니다. 죽이시든 살리시든 결론은 하나님 손에 있다는 것입니다. 하나님 앞에서 우리가 원하는 응답을 고집하는 것은 요나의 기도가 아닙니다. 진짜 기도는 모든 결론을 하나님에게 맡겨 드리는 것입니다. 맡겨 드리는 것은 절대로 포기가 아닙니다. 이것은 승리하는 것입니다. 이것은 기도의 결론이요, 우리가 할 수 있는 최고의 영적 고백과 선포인 것입니다.

고난 가운데 이처럼 요나의 기도를 드리는 사람은 하나님에게 맡겨 드리는 데까지 가야 합니다. 거기까지 가야 비로소 그 기도가 끝나는 것입니다. 그것이 승리하는 것입니다. 하나님에게 맡긴다는 것은 다른 말로 '십자가 신앙'이라 할 수 있습니다. 이 맡김까지 가게 되면 마귀가 어떻게 할 수 없습니다. 이는 마귀가 어떤 공격도 할 수 없는 결론과도 같은 고백입니다. 이것은 하나님의 최고의 모략이고, 방법입니다. 그래서 하나님에게 맡기는 것입니다. 구원은 하나님에게 있기 때문입니다.

하나님에게 맡겨 드리고 나면 반드시 구원의 응답이 주어집니다.

"여호와께서 그 물고기에게 말씀하시매 요나를 육지에 토하니라"(욘 2:10).

결과적으로 상황이 좋아지고 문제가 해결되는 것이 중요한 게 아닙니다. 물고기 배 속에서 기도하던 자가 물고기 밖으로 나왔다는 것이 중요합니다. 상황은 여전히 힘들 수 있습니다. 하지만 요나의 기도를 드리게 되면 상황과 상관없이 물고기 밖으로 나오게 됩니다. 더 이상 잡아둘 수 없기 때문입니다. 물고기가 견딜 수 없기 때문입니다. 소화시킬 수 없기 때문입니다.

신앙인인 우리도 마찬가지입니다. 우리는 세상이 소화시킬 수 없는 이물질이 되어야 합니다. 하나님만 바라보는, 하나님만 신뢰하는 세상의 이물질이 되어야 합니다.

> "
> 사하소서!
> 야곱이
> 미약하나이다.
> "

| 암 7:1-9 |

기도의 응답이 간절함에 달려 있다면
그 간절함은 바로 영혼을 사랑하는 마음에서 나옵니다.

아모스는 매우 강력한 메시지를 전파한 선지자로 알려져 있습니다. 그는 간담이 서늘해질 정도로 강력한 심판을 예언하면서 정의를 행하라고 외친 사람입니다. 아모스가 외친 이 메시지는 다른 선지자, 예언자들과 달랐습니다. 보통 다른 선지자들이 이스라엘과 유다의 우상 숭배 혹은 영적인 타락 때문에 심판을 선포하고 예언했다면, 그는 거기에 더해서 사회 정의에 관해 아주 강력하게 외쳤기 때문입니다.

아모스는 여로보암 2세 때 북 이스라엘에서 활동한 선지자입니다. 그때는 북 이스라엘이 가장 잘 살았던 시기로 나라 안팎으로 평화와 풍요를 누리던 때였습니다. 그래서 그랬는지 사치와 향락이 대단했습니다. 빈부 격차 또한 극심했습니다. 그러다 보니 가진 자들의 횡포와 가난한 자들에 대한 학대가 굉장히 심했습니다. 이때 이것에 대해서 정말 신랄하게 심판의 메시지를 전한 사람이 아모스입니다.

아모스, 놀라운 믿음의 소유자

아모스는 강력한 메시지를 선포한 동시에 신앙의 사람으로서 정말 귀하고 아름다운 요소를 많이 가지고 있었습니다. 그중에 몇 가지만 살펴보면, 우선 그는 남 유다 출신입니다. 아모스의 고향은 드고아라는 곳인데, 드고아는 예루살렘에서 남쪽으로 약 20킬로미터 정도 떨어져 있습니다. 그야말로 남 유다의 한복판에 위치해 있는 곳입니다. 그런데 하나님이 그를 불러 북 이스라엘에 가서 예언하게 하십니다. 그래서 그는 자신과는 아무 상관도 없는 곳에 가서 말씀을 전파하고 예언하게 됩니다.

그러다 보니 그에게는 선지자의 영성이 있었습니다. 선지자의 영성이 무엇입니까? 이는 일종의 선교사의 영성으로서, 하나님 때문에 자신과 직접 연결된 사람이 아님에도 불구하고 그 영혼을 사랑하는 것을 말합니다. 가족도 아니고 같은 민족도 아닌데, 심지어 나를 거부하고 핍박함에도 불구하고 하나님 때문에 자신과는 상관없는 사람들을 사랑하는 것입니다. 이것은 아름다운 영성입니다.

그에게는 또한 자비량 사역자, 즉 평신도 사역자의 영성이 있었습니다. 이는 돈을 벌기 위해 사역하는 사람이 아닌, 자신의 직업이 있으면서 사역에 뛰어든 사람을 말합니다. 이런 사람은 돈이 목적이 아니기 때문에 영적으로 타협할 필요가 없습니다. 혹은 타락하지도 않습니다. 이들의 헌신도는 대가나 돈을 받고 사역하는 사람들과는 비교할 수 없습니다. 이들이 사역하는 이유는 오직 하나, 하나님을 사랑해서, 하나님을 기쁘시게 하고 싶어서입니다. 그래서 너무 아름다운 것입니다.

아모스는 자신을 가리켜 드고아의 목자라고 소개했습니다. 여기서 목자는 히브리어로 '보케르'라고 하는데, 이는 큰 소 떼를 돌볼 정도의 기업형 목자를 뜻하는 단어입니다. 그는 양 한두 마리를 기르는 목자가 아니라 꽤 괜찮은, 정말 큰 목장을 소유한 목자였다는 것입니다. 게다가 드고아라는 지역은 약간 고지대에 위치해 있습니다. 그는 그곳에서 뽕나무 과수원을 운영할 정도로 굉장히 부유한 사람이었는데, 어느 날 하나님이 그를 사역자로 부르시자 그 모든 재산을 뒤로하고 북 이스라엘로 갔습니다.

이처럼 아모스는 여러 가지 면에서 대단한 신앙인입니다. 특별히 본문인 아모스 7장은 이 사람이 얼마나 아름답고 훌륭한 사람인지를 알게 해 줍니다.

하나님의 심판을 막아서는 중보기도자

아모스서의 구조는 이렇습니다. 1-2장은 열방에 대한 심판의 예언입니다. 3-6장에는 강력한 세 편의 설교가 나옵니다. 그러고 나서 7-8장에 네 개의 환상이 나오고, 마지막 설교와 마지막 환상이 8장 뒷부분부터

9장까지 이어집니다. 그런데 이 중에서 정말 중요한 내용이 바로 환상에 관한 것입니다. 사실 이 환상은 설교보다도 훨씬 더 강력한 메시지입니다.

메뚜기 재앙의 환상

본문 7장은 1절부터 환상을 보는 가운데 일어난 이야기입니다. 첫 번째 환상은 무엇입니까? 하나님은 아모스에게 메뚜기 환상을 보여 주셨습니다.

> "주 여호와께서 내게 보이신 것이 이러하니라 왕이 풀을 벤 후 풀이 다시 움돋기 시작할 때에 주께서 메뚜기를 지으시매"(암 7:1).

여기서 '왕이 풀을 벤 후'라는 것은 왕이 처음 나온 곡식을 몽땅 세금으로 가져간 후라는 의미입니다. 당시에는 농사를 지어 처음 나온 곡식들은 모두 세금으로 거두어졌습니다. 그런 후에 그 자리에 새로운 움이 돋으면 그때부터는 그것이 백성의 먹을거리가 되었습니다. 그런데 다시 움이 돋기 시작하려는 그때 메뚜기가 등장합니다. 성경에서 메뚜기는 대개 완전한 재앙을 뜻합니다. 메뚜기 떼가 덮치면 남는 게 없기 때문입니다.

이것은 재앙입니다. 하나님은 다시 움이 돋기 시작하는데 메뚜기가 나타나서 다 먹어 버리는 심판의 그림을 보여 주십니다. 그런데 그 순간 아모스가 선지자의 본분을 망각합니다. 선지자는 하나님의 말씀을 그대로 전하는 사람입니다. 자기 의견이 있을 수 없습니다. 자신의 생각을 말해서는 안 됩니다. 심지어 말씀을 전하다가 그것 때문에 굉장한 불이익을 당한다 할지라도 그대로 전해야 하는 사람이 바로 선지자입니다. 그런데 아모스가 이건 아니라며 자신의 의견을 말한 것입니다.

"메뚜기가 땅의 풀을 다 먹은지라 내가 이르되 주 여호와여 청하건대 사하소서 야곱이 미약하오니 어떻게 서리이까 하매"(암 7:2).

심판의 그림을 보는 순간 아모스는 자신이 선지자임을 잊어버리고 하나님 앞에 중보자가 되었습니다. 하나님에게 매달리며 기도하기 시작한 것입니다.

불로 징벌하시는 환상

하나님은 두 번째로 불로 징벌하시는 환상을 보여 주셨습니다.

"주 여호와께서 또 내게 보이신 것이 이러하니라 주 여호와께서 명령하여 불로 징벌하게 하시니 불이 큰 바다를 삼키고 육지까지 먹으려 하는지라"(암 7:4).

큰 바다까지 삼킬 정도니 어마어마한 불이 와서 다 태워 버리는 것입니다. 그런데 아모스는 이번에도 선지자의 본분을 잊어버리고 하나님에게 다시 매달리고 있습니다.

"이에 내가 이르되 주 여호와여 청하건대 그치소서 야곱이 미약하오니 어떻게 서리이까 하매"(암 7:5).

멈춰 달라는 것입니다. 그러시면 안 된다는 것입니다. 하나님의 메시지를 전달해야 할 선지자가 하나님의 그림에 대해 이의를 제기하면서 간청을 뛰어넘어 멈추실 것을 명령하고 있는 것입니다.

이는 분명 잘못된 것입니다. 선지자가 하나님의 말씀을 제대로 전하지 않으면 그는 바로 죽임을 당했습니다. 이건 용서받을 수 없는 일이었습니다. 그런데 놀라운 일이 벌어졌습니다.

"여호와께서 이에 대하여 뜻을 돌이키셨으므로 이것이 이루어지지 아니하리라 여호와께서 말씀하셨느니라"(암 7:3).

"주 여호와께서 이에 대하여 뜻을 돌이켜 주 여호와께서 이르시되 이것도 이루지 아니하리라 하시니라"(암 7:6).

하나님이 뜻을 돌이키셨습니다. 이 말은 하나님이 이런 아모스를 오히려 기뻐하셨다는 것입니다. 왜입니까? 하나님이 보실 때 그게 진짜 원하시는 하나님의 사람의 모습이기 때문입니다.

우리가 진정 하나님에게 기도하는 사람이라면 기도 가운데 반드시 이런 중보기도가 있어야 합니다. 하나님의 진노를 피할 수 없는 타락하고 부패한 영혼일지라도 불쌍히 여기는 마음, 긍휼히 여기는 마음으로 중보할 수 있어야 진짜 기도의 사람이라는 것입니다. 우리가 나라를 위해 기도한다면 기도 가운데 나라를 불쌍히 여기는 마음이 있어야 합니다. 우리가 다음세대를 위해 기도한다면 기도 가운데 방황하는 영혼들을 불쌍히 여기는 긍휼의 마음이 있어야 합니다. 우리가 욕심과 교만, 세속주의에 물들어 추하게 무너지고 있는 한국 교회를 위해 기도한다면 기도 가운데 하나님의 용서와 불쌍히 여겨 주시기를 구하는 중보의 마음이 있어야 합니다. 이것이 중보기도자가 기도하며 가져야 할 중요한 마음입니다.

중보기도자가 갖추어야 할 두 가지 마음

이러한 중보기도에는 정말 중요한 두 가지 영적인 마음이 들어 있습니다. 이는 중보기도를 소망하는 사람들에게 꼭 있어야 하는 마음입니다.

하나님 아버지의 마음

첫째는, 하나님 아버지의 마음입니다. 아모스는 바로 그 마음을 가지고 있었습니다. 그가 보고 있는 것은 심판의 환상이었습니다. 하나님이 타락하고 범죄한 이스라엘을 다 쓸어버리실 것이라는 끔찍하고 엄청난 심판의 모습이었습니다. 그런데 그 순간 아모스는 하나님의 마음을 알았습니다. 공의로우시기에 심판하실 수밖에 없는 하나님의 마음에 사랑이신 그분의 눈물이 담겨 있음을 아모스는 알고 있었던 것입니다. 그래서 그는 하나님의 본심을 가지고 기도한 것입니다.

기도하는 사람은 기도 가운데 반드시 하나님의 본심을 그 마음에 품어야 합니다. 그렇지 않으면 기도라 할 수 없습니다. 기도하다 보면 하나님의 본심이 깨달아질 때가 있습니다. 그때가 바로 기도가 응답되는 순간입니다. 기도 응답은 하나님이 행동하시는 정도의 차원이 아닙니다. 진짜 기도 응답은 하나님의 심장이, 그분의 마음이 나에게 들어오는 것입니다. 그때부터 기도의 차원이 달라집니다.

영혼을 사랑하는 마음

둘째는, 영혼을 사랑하는 마음입니다. 아모스의 간구에는 이스라엘 백성, 특히 가난하고 무지한 백성에 대한 막을 수 없는 사랑이 들어 있습니다. 그러면 안 되는 줄 알면서도 그는 하나님의 뜻을 돌이키기 위해 선지자로서 해서는 안 될 시도들을 감행했습니다. '청하건대 사하소서. 청하건대 그치소서.' 그에게는 그 어떤 것으로도 막을 수 없는 영혼을 사랑하는 마음이 있었기 때문입니다. 이것이 바로 중보기도의 핵심입니다.

영혼을 향한 막을 수 없는 마음, 불쌍히 여기는 마음이 있어야 중보기도가 가능합니다. 그게 있어야 진짜 기도가 되는 것입니다. 기도의 응답이 간절함에 달려 있다면 그 간절함은 바로 영혼을 사랑하는 마음에서 나옵니다. 너무 사랑하기에 장기가 끊어질 것 같은 마음으로 하는 기도가 진짜 기도이기 때문입니다. 아모스에게는 그런 마음이 있었습니다.

우리는 아모스의 영성을 가져야 합니다. 우리는 아모스와 같은 마음으로 기도할 때마다 하나님의 보좌를 흔들어 그분의 뜻을 돌이킬 수 있는 기도의 사람이 되어야 합니다. 그런 사람들이 모인 교회가 민족의 역사의 줄기를 붙잡습니다. 사회를 붙잡습니다. 그리고 그 세대를 붙잡습니다.

> **"**
> 여호와의 이름을
> 부르는 자는
> 구원을 얻으리니.
> **"**

| 욜 2:28-32 |

우리가 하나님을 믿으며 기도하고 있는 한
우리는 결코 그 가운데서 버림받지 않을 것입니다.
오히려 구원받고 아름답게 승리할 것입니다.
이것이 우리가 붙잡아야 하는 믿음의 결론입니다.

요엘서는 이 시대를 살아가는 우리에게 주시는 너무나도 적합한 말씀입니다. 성경의 모든 말씀이 우리에게 주시는 것이지만 요엘서는 정말 특별합니다. 이렇게 말할 수 있는 이유는 요엘서가 선포되었던 상황과 지금 우리가 처한 상황이 너무나도 비슷하기 때문입니다.

요엘 선지자는 남 유다의 요아스 왕 때 활동했던 선지자입니다. 요아스 왕은 일곱 살이라는 아주 어린 나이에 왕이 된 것으로 유명합니다. 무슨 뜻입니까? 어린 나이에 왕이 되었다는 것은 그의 부모 또는 형제가 모두 죽임을 당했다는 것입니다. 이처럼 요엘이 활동했던 시기는 정치·사회적으로 혼란한, 불안함과 두려움의 정서가 가득했던 시기였습니다. 그렇다면 이 두려움과 불안함이 가득한 상황에서 우리는 어떻게 해야 할까요? 이에 대한 대답을 본문을 통해 살펴보려 합니다.

하나님의 여전한 역사 가운데 거하라

요엘서는 분명히 '여호와의 날'이라는 무서운 심판과 재앙의 날에 대해 이야기하고 있습니다. 하나님의 심판이, 하나님의 무서운 심판의 날이 다가오고 있다는 것입니다. 사실 그 시대의 모든 상황들을 종합해 볼 때 그렇게 생각하지 않는 것이 이상할 정도입니다. 생각해 보십시오. 어머니가 아들이 죽은 기회를 이용해서 나머지 가족을 다 죽이고 왕이 되는 정말 말도 안 되는 일이 실제로 일어났습니다. 뿐만 아니라 어렵게 세워진 왕이 나중엔 결국 변질되고 마는 상황을 보면서 무언가가 잘못되고 있음을 느끼게 되었을 것입니다. 그러던 어느 날 상상도 못할 메뚜기 재앙이 밀어닥치고, 그렇게 끔찍한 일을 겪는 와중에 가뭄까지 이어지는 끝나지 않는 어려움이 닥쳐올 때 그들 마음에 들었던 생각은 무엇이겠습니까? '하나님이 심판하시는구나.'

오늘날도 마찬가지입니다. 우리가 직면한 모든 상황들을 보십시오. 우리의 범죄와 타락과 완악함에 대해 공의로 심판하시는 하나님의 심판 이야기임을 부인할 수 없습니다. 이 민족이 너무나 교만했습니다. 이 땅의 교회가 너무나 오만방자했습니다. 하나님의 심판이 있을 수밖에 없는 모습입니다.

하지만 중요한 것은 그 뒤에 이어지는 처방입니다. 이러한 상황 속에서 두려움과 불안에 떠는 사람들에게 어떤 처방이 주어졌는지가 중요합니다. 요엘은 여호와의 날이라는 무서운 심판을 이야기함과 동시에 그날에 어떻게 해야 될지에 대한 신앙의 정확한 처방을 함께 주고 있습니다.

"누구든지 여호와의 이름을 부르는 자는 구원을 얻으리니 이는 나 여호와의 말대로 시온 산과 예루살렘에서 피할 자가 있을 것임이요 남은 자 중에 나 여호와의 부름을 받을 자가 있을 것임이니라"(욜 2:32).

이것이 정확한 메시지요, 정말 정확한 영적인 처방입니다. 아무리 무섭고 두려운 엄청난 재앙의 날이라 할지라도 그날은 여호와의 날, 곧 우리 하나님의 날이라는 것입니다.

그렇다면 요엘은 그 두려운 심판의 날을 왜 여호와의 날이라고 부른 것일까요? 답은 이것입니다. 그날이 아무리 무서워도, 그날이 아무리 두려워도, 그날이 마귀가 우리를 공격하는 재앙의 날이라 할지라도 그날은 여전히 하나님이 역사하시는 날이라는 것입니다. 이 신앙이 정말 중요합니다.

살아가면서 되는 일이 하나도 없는 것처럼 느껴질 때가 있습니다. 너무 힘들고 끔찍한, 상상 못할 일들을 겪게 될 수도 있습니다. 그렇다 할지라도 의심하지 마십시오. 흔들리지 마십시오. 하나님이 이 모든 상황을 놔 버리신 것이 아닙니다. 상황은 여전히 괴롭지만, 변한 것은 아무것도 없어 보이지만, 우리는 여전히 하나님의 역사하심 가운데 있는 것입니다. 이것이 우리에게 필요한 중요한 믿음입니다.

그렇기 때문에 우리는 구원을 얻을 수 있습니다. 메뚜기 떼가 군대처럼 밀고 들어와 모든 것을 먹어 버리는 무서운 일이 벌어진다 할지라도, 그날은 여호와의 날이기 때문에 우리가 하나님을 믿는 그 신앙 가운데 있으면, 그래서 우리가 하나님 앞에 나아가 하나님의 이름을 부르기만 하면 우리는 어떤 경우에도 구원을 얻을 수 있다는 것입니다.

요엘의 간절한 외침을 기억하라

하나님은 당신의 이름을 부르는 당신의 자녀들을 그 두려움 가운데서 보호하고 피하게 해 주십니다. 그 고난과 어려움을 다 이기고 난 후에는 하나님의 아름다운 역사를 위해 부름 받는 축복의 역사가 있을 것을 요엘은 이야기하고 있는 것입니다.

하나님의 이름을 부르십시오. 하나님을 믿고 신뢰하십시오. 하나님을 향한 우리의 기도를 멈추지 않는다면, 하나님은 우리가 직면한 모든 상황 가운데서 우리를 지키실 것입니다. 우리를 구원하실 것입니다. 이것이 우리가 믿어야 할 분명한 사실입니다. 그리고 이것이 우리의 믿음입니다. 그러면 순교하는 일은 있을지라도 죽임당하거나 학살당하는 일은 없을 것입니다.

순교는 죽임당하는 것이 아닙니다. 순교는 예배하는 것입니다. 헌신하는 것입니다. 순교는 그 삶의 가장 아름다운 결론이지, 비참함이 아닙니다. 우리가 하나님을 믿으며 기도하고 있는 한 우리는 결코 그 가운데서 버림받지 않을 것입니다. 오히려 구원받고 아름답게 승리할 것입니다. 이것이 우리가 붙잡아야 하는 믿음의 결론입니다.

여러 가지 불안과 두려움이 밀려올지라도 한 가지만 기억하십시오. 요엘의 이 간절한 외침을 기억하십시오. "누구든지 여호와의 이름을 부르는 자는 구원을 얻으리라." 이는 그때뿐 아니라 지금까지도 동일하게 역사하는 말씀입니다. 어떤 상황이든지, 누구든지 여호와의 이름을 부르는 자는 구원을 얻을 것입니다. 하지만 이것이 그리 쉬운 일은 아닙니다. 여러 번 강조했지만, 어려운 일을 만났다고 모두가 당연히 기도의 자리에 서는 것은 아니기 때문입니다.

하나님의 영 안에서 자유를 누리라

그렇다면 불안과 두려움이 우리를 짓누르는 순간, 그때를 놓치지 않고 주의 이름을 부르기 위해서는 어떻게 해야 할까요?

"그 후에 내가 내 영을 만민에게 부어 주리니 너희 자녀들이 장래 일을 말할 것이며 너희 늙은이는 꿈을 꾸며 너희 젊은이는 이상을 볼 것이며 그때에 내가 또 내 영을 남종과 여종에게 부어 줄 것이며"(욜 2:28-29).

답은 이것입니다. 하나님의 영이 우리 가운데 부어져야 한다는 것입니다. 이는 다른 말로 기름부음, 또는 성령 충만이라 말할 수도 있을 것입니다. 그것이 무엇이든 주의 영이 우리 가운데 부어지는 역사가 있어야 합니다. 그래야 신앙의 큰일이든 작은 일이든 그 영적인 일들을 제대로 감당할 수 있습니다.

기도가 그렇습니다. 주의 영이 부어지지 않고는 기도할 수 없습니다. 자신의 생각으로, 자신의 말로, 자신의 의지로 하는 것은 기도가 아닙니다. 기도처럼 보이지만 그냥 자기 이야기에 지나지 않을 뿐입니다. 정말 기도가 되기 위해서는 주의 영이 부어져야 합니다. 예배와 찬양도 마찬가지입니다. 주의 영이 부어지지 않고는 절대로 제대로 된 예배와 찬양을 드릴 수 없습니다.

마음의 치유도 그렇습니다. 주의 영이 부어지지 않고는 치유가 될 수 없습니다. 사람들끼리 모여서 상담하는 것으로는 온전한 치유가 이루어질 수 없습니다. 마음은 좀 편해질지 모르겠지만 근본적인 죄와 상함에서는 벗어날 수 없습니다. 그러나 주의 영이 부어지면 슬픔이 변해서 기쁨으로 바뀌는 역사가 나타납니다. 두려움이 변해서 찬송이 되는 것입니다.

자신의 한계에 갇혀 있는 신앙생활을 버리십시오. 그러한 신앙생활로는 절대로 죄를 이길 수 없습니다. 우리는 영적인 역사를 체험하는 신앙생활을 해야 합니다. 이는 우리의 힘과 노력, 의지로 되는 것이 아닙니다. 주의 영이 부어져야 합니다. 그렇게 주의 영이 우리 가운데 부어지면 아무리 두렵고 무서운 날이 온다 할지라도, 아무리 힘든 상황 가운데 있다 할지라도, 우리는 그 가운데서 담대히 주의 이름을 부르며 약속하신 구원을 얻게 될 것입니다. 그것이 우리 삶의 찬송과 간증이 될 것입니다.

우리는 이 시대 가운데 주의 영이 부어진 자로 살아가야 합니다. 그러기 위해서는 그에 대한 사모함이 있어야 합니다. 영적인 역사 가운데 우리가 해야 할 것은 한 가지밖에 없습니다. 바로 사모하는 것입니다. 주님 앞에 인격적으로 요청하십시오. 그리고 기회가 될 때마다 하나님 앞에 두 손들고 나아가십시오. 모든 편견과 이야기를 내려놓고 하나님의 영이 부어지기를 간절히 구하십시오. 그러면 하나님은 당신의 영을 우리가 필요로 할 때마다 아름답게 부어 주실 것입니다.

"주의 영을 내게 부어 주십시오. 간절히 사모합니다."

"
우리의
기도를 들으시고
갚아 주소서.
"

| 옵 1:9-15 |

가장 최선의 방법은 그 모든 문제를 하나님 앞으로 가지고 나아가
기도하는 가운데 그것을 되갚아 주는 것입니다.
기도하면 하나님이 그 모든 것을 되갚아 주십니다.

오바댜서는 구약에서 가장 짧은 책으로 총 한 장, 21절로 되어 있습니다. 오바댜서는 에돔에 대한 심판의 메시지를 담은 책으로서, 어떻게 보면 이 시대를 살아가는 신앙인들에게 꼭 필요한 실제적인 지침서라 할 수 있습니다.

오바댜서를 설교하는 사람들은 대개 하나님의 공의에 초점을 맞춰 설교합니다. 언뜻 보기에는 에돔에 대한 심판, 곧 하나님의 공의에 대한 메시지로 보이기 때문입니다. 하지만 당시의 상황과 이 책을 기록한 오바댜라는 사람 그리고 이 말씀을 처음 받았을 원독자들의 마음을 생각해 본다면 그 안에서 다른 메시지를 발견할 수 있습니다. 이것을 알기 위해서는 먼저 오바댜라는 선지자가 누구인지를 알아야 합니다. 예언서의 말씀은 예언자가 누구냐에 따라서 해석이 달라지기 때문입니다.

오바댜라는 이름은 노동을 뜻하는 단어 '아바드'에 여호와가 합쳐진 말로서, '여호와를 섬기는 자' 혹은 '여호와의 일꾼'이라는 뜻입니다. 그런데 오바댜서의 내용 또한 그의 이름처럼 흘러갑니다. 그는 이 책을 통해서 오바댜서를 받는 원독자인 이스라엘과 유다 사람들 역시 여호와를 섬기는 자임을 선포하고 있는 것입니다. 즉 이스라엘과 유다 사람은 하나님의 사람이라는 것입니다.

기도하면 하나님이 갚아 주신다

그들이 이 말씀을 받았을 때의 상황을 살펴볼 필요가 있습니다. 당시 유다는 자신들의 죄악으로 인해 하나님의 심판을 받아 바벨론에게 멸망당하고 성전까지 파괴된 상황이었습니다. 굉장히 고통스러운 시기였다는 것입니다. 그런데 이 오바댜서는 예루살렘이 무너진 상황이 아닌 다른 것을 다루고 있습니다. 바로 에돔입니다. 에돔은 어떤 면에서 이스라엘과는 형제지간입니다. 그런데 에돔이 유다가 멸망당하는 가장 고통스러운 순간에 가장 비열하게 행동합니다.

"네가 멀리 섰던 날 곧 이방인이 그의 재물을 빼앗아 가며 외국인이 그의 성문에 들어가서 예루살렘을 얻기 위하여 제비 뽑던 날에 너도 그들 중한 사람 같았느니라"(옵 1:11).

바벨론이 예루살렘을 쳐서 멸망시킨 그때 바벨론과 동맹을 맺고 그들의 뒤를 봐준 게 에돔이었습니다. 그들은 그것으로도 모자라 바벨론에 의해 예루살렘이 무너졌을 때 그 틈을 노리고 약탈을 일삼았습니다. 뿐만 아니라 바벨론을 피해 도망치는 유다인들을 길목을 지키고 서서 잡아 준 것도 에돔이었습니다. 대적이 아니라 형제인데 말입니다. 그러다 보니 유다 사람들은 바벨론이 자신들을 멸망시킨 것보다 에돔이 한 짓 때문에 더욱 속상하고 화가 나는 비참한 상황에 처하게 되었습니다.

이런 상황에서 신앙인은 어떻게 행동해야 할까요? 가까운 형제에게 배신당해 상처를 받을 때 하나님의 사람은 어떻게 행동해야 하는 것일까요? 이것이 바로 오바댜가 주는 메시지입니다. 이는 결코 다른 사람의 이야기가 아닙니다. 살아가면서 얼마든지 겪을 수 있는 이야기이기 때문에 심각한 메시지가 되는 것입니다.

그렇습니다. 우리를 가장 힘들게 하는 것은 바로 이런 상황입니다. 원수가 주는 상처는 사실 그렇게 아프지 않습니다. 하지만 형제가 주는 상처는 정말 견디기 힘듭니다. 그런 상처는 우리의 힘을 다 빼 버리기 때문입니다. 우리를 무너지게 만든다는 것입니다. 그런데 문제는 무엇입니까? 마주 싸울 수도 없다는 것입니다. 형제이기 때문에 마주 싸울수록 비참하고 처참한 상황만 깊어질 뿐입니다. 그렇다고 가만히 있을 수도 없습니다. 이처럼 이러지도 저러지도 못하는 상황에서 우리는 어떻게 해야 할까요? 방법은 하나입니다. 가장 최선의 방법은 그 모든 문제를 하나님 앞에 가지고 나아가 기도하는 가운데 그것을 되갚아 주는 것입니다. 내가 복수하면 큰일 납니다. 그것은 마귀에게 넘어가는 것입니다. 하지만 기도하면 하나님이 그 모든 것을 되갚아 주십니다.

"네가 형제의 날 곧 그 재앙의 날에 방관할 것이 아니며 유다 자손이 패망하는 날에 기뻐할 것이 아니며 그 고난의 날에 네가 입을 크게 벌릴 것이 아니며 내 백성이 환난을 당하는 날에 네가 그 성문에 들어가지 않을 것이며 환난을 당하는 날에 네가 그 고난을 방관하지 않을 것이며 환난을 당하는 날에 네가 그 재물에 손을 대지 않을 것이며 네거리에 서서 그 도망하는 자를 막지 않을 것이며 고난의 날에 그 남은 자를 원수에게 넘기지 않을 것이니라"(옵 1:12-14).

영어 성경에는 각 문장마다 'You should not'이라는 구절이 들어갑니다. 이는 '그래서는 안 되었다' 정도로 해석될 수 있습니다. 무슨 말입니까? 그때 그렇게 패망한 것을 기뻐해서는 안 되었다는 것입니다. 그때 그렇게 같이 약탈해서는 안 되었다는 것입니다. 그때 그렇게 도망친 사람들을 가로막아서는 안 되었다는 것입니다. 그때 그렇게 웃어서는 안 되었다는 것입니다.

그런데 이는 누구에게 하는 말입니까? 에돔입니까? 아닙니다. 그들은 그의 이런 말에 귀를 기울이지 않습니다. 그렇다면 유다인들입니까? 그들 또한 아닙니다. '그래서는 안 되었다'는 메시지가 유다인들과는 상관없기 때문입니다. 그렇다면 무엇입니까? 이것은 오바댜가 하나님의 일을 감당하던 중 형제에게 받은 상처로 인해 가슴이 무너지는 아픔을 하나님 앞에 가지고 나아와 독백하듯 풀고 있는 것입니다. 이것이 바로 오바댜의 중요한 메시지입니다.

기도함으로 마음을 지키라

어떤 상처나 아픔은 하나님 앞에 가지고 나아와 기도하는 것 외에는 풀 수 있는 방법이 없습니다. 아니, 사실은 거의 대부분이 그렇습니다. 절대로 마음 놓고 싸울 수가 없습니다. 같이 악을 쓰고 싸우면 같이 무너지기 때문입니다. 같이 비참해지기 때문입니다. 그렇다고 그냥 가만히 있자니 죽을 것같이 힘듭니다. 이때 필요한 조치가 하나님 앞에 가지고 나아와 터뜨리는 것입니다. 마치 그 사람이 앞에 있는 것처럼 말입니다. 이렇게 하는 것이 중요한 이유는 다음의 세 가지 때문에 그렇습니다.

마음의 독을 빼낼 수 있다

첫째는, 그래야 우리 마음에 있는 독을 빼낼 수 있기 때문입니다. 상처를 받을 때의 가장 큰 문제는 그 악한 독에 우리 마음이 중독되어서 썩어 간다는 것입니다. 상처는 독입니다. 우리 안에 상처가 들어오면 우리는 그 독에 중독되는 것입니다. 그러면서 썩어 가는 것입니다. 그렇기 때문에 이 독을 빼내지 못하면 우리는 절대로 제대로 살 수가 없습니다. 그런데 바로 이런 기도가 그 독을 해독한다는 것입니다. 하나님 앞에 토하듯 내뱉으면 우리 안에 있는 독이 다 빠져나오는 것입니다.

저는 한나의 기도가 이와 같았다고 생각합니다. 그녀는 가족인 브닌

나 때문에 괴로운 마음을 하나님 앞으로 가지고 나아가 쏟아 냈습니다. 그 결과 마음의 독이 해독되어 하나님 앞에 다시 일어설 수 있게 되었습니다. 우리는 이렇게 기도해야 합니다. 그래야 마음에 중독된 독을 빼낼 수 있습니다.

마귀의 전략을 무너뜨릴 수 있다

둘째는, 그래야 마귀의 전략에 넘어가지 않을 수 있습니다. 형제를 통해 상처받게 하는 것은 그 형제의 마음의 연약한 부분을 이용하는 마귀의 아주 무서운 공격입니다. 그 공격의 궁극적인 노림은 바로 서로 싸움으로써 함께 무너져 내리는 것입니다. 그런데 이보다 더 큰 문제는 하나님의 마음이 아프시다는 것입니다. 사실 마귀가 가장 원하는 궁극의 노림수는 우리를 무너뜨리는 것이 아닙니다. 하나님의 마음을 아프시게 하는 것입니다. 그래서 하나님이 사랑하시는 우리를 공격하게 하는 것입니다. 그렇기 때문에 기도해야 합니다. 그렇게 기도하면 마귀의 전략은 절대로 통하지 않습니다. 통하지 않는 정도가 아니라, 오히려 그것 때문에 우리가 하나님 앞에 더 깊이 기도하게 되므로 마귀 입장에서는 역효과가 나게 됩니다.

온유함을 지키고 이룰 수 있다

셋째는, 그래야 하나님의 사람의 가장 중요한 성품인 온유함을 지키고 이것을 이룰 수 있습니다. 하나님의 사람은 온유한 사람입니다.

"이 사람 모세는 온유함이 지면의 모든 사람보다 더하더라"(민 12:3).

하나님의 사람인 모세는 온유한 사람이었습니다. 그는 자신의 온유한 성품으로 인해 하나님의 아름다운 사람으로 설 수 있었습니다. 그런데 그가 마지막에 가나안 땅에 들어가지 못하게 된 이유는 무엇입니까? 그가 온유함을 잃었기 때문입니다. 그는 므리바 사건 때 백성의 말도 안 되는 원망 때문에 온유함을 잃어버렸습니다. 온유함을 잃는 순간 그는 더 이상 하나님의 사람이 아닌 것입니다.

온유함은 정말 중요한 요소입니다. 그런데 온유함이 단지 성품만을 말하는 것은 아닙니다. 이 온유함은 하나님을 신뢰함으로 모든 상황 속에서 흔들리지 않고 거룩을 지키는 것을 말합니다. 그런데 형제에게 상처를 받으면 이 온유함을 지키는 게 쉽지 않습니다. 거룩함을 유지하기가 어렵다는 것입니다. 그래서 우리는 하나님 앞으로 나아가야 합니다. 하나님 앞에 그 상황을 가지고 나아가면, 그리고 기도하기 시작하면 온유함을 지킬 수 있습니다. 이것이 바로 아름다운 신앙을 유지할 수 있는 비결입니다.

오바댜처럼 기도로 되갚아 주십시오. 이는 리처드 포스터가 《기도》(두란노 역간)라는 책에서 말했던 '저주하는 기도'와 같은 것입니다. 여기서의 저주란 진짜 저주가 아닌, 하나님 앞에서 기도로 갚아 주는 것을 말합니다. 이러한 영성이 이 시대를 살아가는 우리에게 너무나도 필요합니다.

"
우리의
멍에를 깨뜨리고
결박을 끊으소서.
"

| 나 1:9-15 |

아무리 번성한 것처럼 보여도 세상에 속한 것들의 결론은 죽음입니다.

거기에는 생명이 없습니다. 소망이 없습니다.

절대로 영원하지 않습니다. 반드시 망하고 사라질 것입니다.

나훔은 우리가 성경에서 굉장히 중요하게 여기는 것과 밀접한 관계가 있는 아주 중요한 이름입니다. 우선 이 나훔이라는 이름은 예수님의 사역과 아주 깊은 연관이 있습니다. 가버나움 때문에 그렇습니다. 가버나움은 예수님이 주로 사역하셨던 곳으로서 가난하고 연약한 자들이 살았던 지역입니다. 그런데 이 가버나움이라는 이름이 바로 '나훔의 마을'이라고 불린 데서 유래되었습니다.

나훔이라는 이름이 중요한 또 하나의 이유는 그 이름의 의미 때문입니다. 나훔의 뜻이 무엇입니까? 바로 '위로'입니다. 이를 사람에게 붙이면 '위로자'가 됩니다. 성경에는 위로, 혹은 위로자라는 이름을 가진 사람들이 굉장히 많이 등장합니다. 이들은 모두 영적으로 민감한, 하나님의 마음을 품고 사역하는 사람들이었습니다.

그중에 한 예로 구약에서는 느헤미야를 꼽을 수 있습니다. 느헤미야는 나훔과 여호와가 합쳐진 이름으로 '여호와가 위로하시다'라는 의미입니다. 느헤미야는 그의 이름처럼 위로의 사람이었습니다. 또 다른 한 예로는 신약의 바나바를 꼽을 수 있습니다. 바나바는 구브로 출신 레위인으로서 그의 본명은 요셉입니다. 그런데 사도들이 그의 삶을 보고 '위로의 아들'이라는 의미의 바나바라는 별명을 붙여 준 것입니다. 그는 정말 위로의 아들이었습니다.

이 사람들의 공통점이 무엇입니까? 이들은 모두 '하나님의 마음'을 가졌습니다. 하나님의 심장을 가진 하나님에게 민감한 사람들이었습니다. 다른 사람들은 듣지 못해도 이들은 하나님의 마음을 품고 그분의 음성을 들었던, 하나님에게 민감한 사람들이었습니다. 다른 말로 하면, 성령에 감동된 성령의 사람들이었다는 것입니다. 그러면서 또 한 가지, 이들은 실제로 하나님의 마음을 가지고 사람들을 위로하던 위로자들이었습니다. 이들은 자신의 이름대로 세상 가운데 살아가고 있는 하나님의 사람들을 위로했던 위로자들이었습니다. 이것이 바로 나훔의 캐릭터인 것입니다.

성경이 말하는 위로

성경이 말하는 위로는 절대로 연약한 단어가 아닙니다. 우리는 보통 이미 끝나 버린 누군가의 상황이 아무것도 바뀔 수 없다고 판단될 때 그 마음을 조금이라도 덜 아프게 해 주려고 하는 것을 위로라고 생각합니다. 그래서 위로는 별다른 능력이 없는 대단히 연약한 단어처럼 느껴집니다. 하지만 성경의 위로는 그렇지 않습니다. 위로라는 의미로 사용된 '나함'이라는 단어가 때로는 하나님에게 쓰이면서 '후회', '한탄'이라는 의미로 사용될 때도 있기 때문입니다.

그런데 알아야 할 것이 있습니다. 하나님의 한탄은 하나님의 신음이 아니라는 것입니다. 우리가 생각하는 후회와 하나님의 후회는 다르다는 것입니다. 하나님이 '아, 내가 사람을 괜히 만들었어'라고 그냥 후회하고 끝내 버리는 분이시라면 그것은 하나님의 실수고 자기 패배입니다. 그러나 하나님은 그럴 수 없는 분이십니다. 성경에 나오는 하나님의 후회는 죄를 그냥 두지 않겠다는 선전포고입니다. 죄를 용납하지 않겠다는 것입니다. 죄를 뒤집어 버리시겠다는 것입니다. 그렇기 때문에 하나님의 한탄에서 노아의 홍수가, 하나님의 한탄에서 십자가가 나온 것입니다.

그렇다면 누군가를 위로한다는 것은 성경적으로 볼 때 무슨 뜻입니까? 죄 때문에 고통 받고 어려워하는 사람들로 하여금 다시 한 번 일어나서 그 죄를 향해 싸울 수 있는 힘과 능력을 불어넣어 주는 것입니다. 이것이 바로 위로입니다. 그래서 위로는 전적으로 성령님의 사역입니다. 바나바가 위로의 아들이라는 것은 그가 성령의 사람이라는 것과 같은 것입니다. 그리고 나훔이 바로 그런 사람이었습니다.

원수를 심판하고 백성을 위로하심

나훔은 위로의 메시지를 전했습니다. 그는 다시 싸울 수 있도록, 신앙을 다시 일으킬 수 있도록 위로의 메시지를 전한 선지자였습니다. 그렇다면 나훔서에 나오는 나훔의 메시지는 구체적으로 어떤 위로를 주는 것일까요?

"여호와께서 이같이 말씀하시기를 그들이 비록 강하고 많을지라도 반드시 멸절을 당하리니 그가 없어지리라 내가 전에는 너를 괴롭혔으나 다시는 너를 괴롭히지 아니할 것이라"(나 1:12).

여기서 그들은 누구를 말합니까? 니느웨를 말합니다. 나훔은 니느웨를 향한 경고의 묵시이기 때문입니다. 결국 나훔서에 가득 차 있는 이야기는 니느웨에 대한 심판의 메시지인 것입니다. 그런데 이 말씀이 어떻게 위로가 되는 것일까요? 이것은 이스라엘을 괴롭게 한 니느웨에게 주어진 메시지이기 때문입니다. 그래서 이것이 이스라엘 백성에게 위로가 된다는 것입니다.

니느웨는 앗수르의 수도로서, 앗수르는 북 이스라엘을 멸망시킨 나라였습니다. 그러다 보니 남 유다 사람들에게는 같은 민족을 멸망시킨 니느웨 사람들이 증오스럽고 용납할 수 없는 존재였습니다. 또한 그들은 두려운 존재였습니다. 어떻게 보면 니느웨는 그 당시 세상의 중심이었다고 말할 수 있습니다. 이러한 이유로 니느웨에 심판을 선포하고 있는 나훔의 메시지는 위로인 것입니다. 이런 세상 가운데 살아가고 있는 하나님의 사람들을 향한 강력한 위로가 되는 것입니다.

신앙생활하면서 우리의 믿음이 가장 크게 무너질 때가 언제입니까? 내가 고난당할 때가 아닙니다. 불의하고 악한 자들이 잘될 때입니다. 사실 나에게 찾아온 고난이나 어려움은 참고 이겨 낼 수 있습니다. 하지만 정말 견디기 힘든 것은 원수들의 형통함입니다. 그럴 때 우리 마음에 혼란이 찾아옵니다. 그러면서 마음에 시험이 발생합니다. 이를 잘 보여 주는 말씀이 시편 73편입니다.

"하나님이 참으로 이스라엘 중 마음이 정결한 자에게 선을 행하시나 나는 거의 넘어질 뻔하였고 나의 걸음이 미끄러질 뻔하였으니 이는 내가 악인의 형통함을 보고 오만한 자를 질투하였음이로다"(시 73:1-3).

하나님은 마음이 정결한 자에게 선을 베푸신다고 알고 있었는데 악인이 잘되는 것을 보며 넘어지고 미끄러질 뻔했다는 것입니다. 그것을 견딜 수 없다는 것입니다. 이어지는 말씀에서 이 시편의 기자는 자신의 시험 드는 마음을 적나라하게 표현합니다.

"그들은 죽을 때에도 고통이 없고 그 힘이 강건하며 사람들이 당하는 고난이 그들에게는 없고 사람들이 당하는 재앙도 그들에게는 없나니 그러므로 교만이 그들의 목걸이요 강포가 그들의 옷이며 살찜으로 그들의 눈이 솟아나며 그들의 소득은 마음의 소원보다 많으며 그들은 능욕하며 악

하게 말하며 높은 데서 거만하게 말하며 그들의 입은 하늘에 두고 그들의
혀는 땅에 두루 다니도다"(시 73:4-9).

그는 지금 자신의 신앙이 올바른 것인지, 자신이 지금 제대로 믿고
있는 것인지에 대한 믿음이 흔들리고 있는 것입니다. 그런데 이는 시편
의 기자뿐 아니라 많은 신앙의 사람들이 겪는 고통입니다. 악의 형통은
단순히 질투 이상의 도전이 아닌 매우 강렬한 영적인 공격이기 때문입
니다. 이러한 때에 무너지고 힘든 마음을 위로하는 메시지가 바로 나훔
의 메시지입니다.

세상의 결론을 꿰뚫어 보라

나훔의 니느웨에 대한 예언은 니느웨가 멸망하기 수년 전에 선포되
었습니다. 그는 앗수르 제국이 무너지는 것을 보고 나훔서를 쓴 게 아니
라는 말입니다. 그런데 나훔은 그 모든 것을 꿰뚫어 보면서 너무나도 실
감나고 단호하게, 그리고 사실 그대로 예언했습니다.

"나 여호와가 네게 대하여 명령하였나니 네 이름이 다시는 전파되지 않
을 것이라 내가 네 신들의 집에서 새긴 우상과 부은 우상을 멸절하며 네
무덤을 준비하리니 이는 네가 쓸모없게 되었음이라"(나 1:14).

여기서 중요한 것은 '쓸모없게' 되었다는 것입니다. 바로 이 구절이 세상의 결론을 꿰뚫어 본 메시지라는 것입니다. 대단해 보이지만, 굉장히 잘나가는 것처럼 보이지만, 때로는 그것이 진리인 것처럼 보이고 그래서 생명력이 있어 보이지만, 그 모든 것은 결국 쓸모없는 것이라는 말입니다. 세상의 결론을 꿰뚫어 보게 하는 이 메시지가 신앙을 붙들고 바르게 살아 보려 애쓰는 사람들에게는 너무나도 중요한 위로의 메시지인 것입니다.

그렇습니다. 아무리 번성한 것처럼 보여도 세상에 속한 것들의 결론은 죽음입니다. 거기에는 생명이 없습니다. 소망이 없습니다. 절대로 영원하지 않습니다. 반드시 망하고 사라질 것입니다. 그런데 문제는 이것이 우리에게 실감나게 다가오지 않는다는 것입니다. 우리는 이것을 실감나게 체험해야 합니다. 나훔의 메시지가 바로 그것입니다.

"니느웨에 대한 경고 곧 엘고스 사람 나훔의 묵시의 글이라"(나 1:1).

여기서 묵시란 히브리어로 '하존'이라 하는데 이는 입신 상태를 말합니다. 그냥 들은 것이 아니라 영으로 완전히 사로잡혀 들어간 상태를 말하는 것입니다. 이는 스크린으로 보는 정도가 아니라 그야말로 가상현실처럼 실제로 느끼는 상태를 의미합니다.

니느웨는 당시 너무나도 크고 강했습니다. 그 나라가 망한다는 것은 상상할 수 없는 일이었습니다. 그런데 나훔은 하존 상태에 들어가서 니느웨의 멸망을 생생하게 보았습니다. 말 그대로 체험한 것입니다. 그리고 그것을 우리에게 생생하게 전달하고 있는 것입니다. 우리도 이렇게 기도해야 한다고 말입니다.

우리는 기도 가운데 악의 결론을 꿰뚫어 보고, 죄의 결말을 꿰뚫어 보고, 세상의 결론을 꿰뚫어 볼 수 있어야 합니다. 그래서 세상을 부러워하던 마음을 불쌍히 여기는 마음으로 바꾸어야 합니다. 이것이 바로 성령의 역사입니다.

무언가를 끊기 위해서는 그것이 싫어져야 합니다. 담배를 끊기 위해서는 담배가 싫어져야 하고, 술을 끊기 위해서는 술이 싫어져야 합니다. 세상에 대해서도 그렇습니다. 세상의 모든 것이 아무것도 아닌 것처럼 느껴지면 우리는 더 이상 세상에 마음을 빼앗기며 살아가지 않게 될 것입니다. 그렇게 되기 위해서는 하나님의 역사를 체험해야 합니다. 하나님의 역사는 흔들렸던 마음을 다시 잡아 가면서 드리는 기도를 통해 체험할 수 있습니다.

우리는 기도 가운데 악의 결론을 꿰뚫어 보고,
죄의 결말을 꿰뚫어 보고,
세상의 결론을 꿰뚫어 볼 수 있어야 합니다.
그래서 세상을 부러워하던 마음을
불쌍히 여기는 마음으로 바꾸어야 합니다.

"
하나님이
우리와
함께하십니다.
"

| 학 1:12-15 |

신앙을 과거형으로 말하지 마십시오. 이는 정말 가슴 아픈 일입니다.
신앙은 언제나 현재여야 합니다.

학개서는 열두 권의 소선지서 가운데서 정말 드물게 배경과 상황을 정확히 알 수 있는 책입니다. 그렇게 된 이유는 학개 선지자가 말씀을 전할 때의 상황이 매우 독특했기 때문입니다. 하나님은 그 독특한 상황 속에 있는 당신의 사람들에게 정확한 말씀을 주고 계신 것입니다.

학개서는 1장 1-11절, 2장 1-9절, 2장 10-19절 그리고 2장 20-23절, 이렇게 네 개의 메시지로 나눌 수 있습니다. 그리고 각 메시지에는 예언한 날짜가 기록되어 있습니다. 이것은 무엇을 의미하는 것일까요? 이는 하나님이 이 말씀을 듣는 당신의 백성에게 분명한 목적을 가지고 지속적으로 말씀하고 계시다는 것입니다. 특별한 상황에 있는 백성에게 어떤 특별한 목적을 가지고 계속 말씀을 주시면서 하나님이 원하시는 결과를 향해 끌고 나가고 계시다는 것입니다.

포기하지 않으시는 하나님의 마음

학개서의 말씀을 통해 우리는 하나님의 두 가지 마음을 알 수 있습니다. 하나는, 더 이상 방치하지 않으시겠다는 것입니다. 그냥 그렇게 시간을 보내고 있을 수는 없다는 것입니다. 그것을 이야기하기 위해서 일부러 날짜를 계속 언급하면서 예언하게 하시는 것입니다. 또 하나는, 반드시 이루시겠다는 것입니다. 목적을 성취하시겠다는 것입니다. 원하는 대로 바꾸어 놓으시겠다는 것입니다.

이 네 개의 메시지가 선포됐을 때 유다 백성은 그 말씀에 반응하며 움직이기 시작했습니다. 만일 그들이 어떤 반응도 보이지 않았다면 하나님은 열 번, 스무 번까지 강조하며 말씀하셨을 것입니다. 무슨 말입니까? 하나님은 그만큼 집요하시다는 것입니다. 반드시 이루시겠다는 것입니다. 그 마음이 이 학개서의 말씀 안에 담겨 있는 것입니다.

그렇다면 당시의 상황이 어땠기에 하나님이 이렇게 강력한 메시지를 주시는 것일까요? 주전 538년에 고레스 칙령이 발표되었습니다. 이는 바벨론에 잡혀 온 포로 된 백성들이 각자 자기 고향으로 돌아가 자신들의 신을 섬기며 살도록 발표된 칙령입니다. 이는 유다 백성들에게는 어마어마한 일이었습니다. 이들이 이제 신앙생활을 할 수 있게 된 것입니다. 제한적이기는 하지만 성전 건축의 길도 열린 것입니다.

고레스 칙령이 발표된 다음 해인 주전 537년에 스룹바벨의 인도로 1차 포로 귀환이 시작됩니다. 그리고 그다음 해인 주전 536년에 드디어 성전 지대를 놓습니다. 그 당시의 감격은 에스라서에 자세히 기록되어 있습니다.

"건축자가 여호와의 성전의 기초를 놓을 때에 제사장들은 예복을 입고 나팔을 들고 아삽 자손 레위 사람들은 제금을 들고 서서 이스라엘 왕 다윗의 규례대로 여호와를 찬송하되 찬양으로 화답하며 여호와께 감사하여 이르되 주는 지극히 선하시므로 그의 인자하심이 이스라엘에게 영원하시도다 하니 모든 백성이 여호와의 성전 기초가 놓임을 보고 여호와를 찬송하며 큰 소리로 즐거이 부르며 제사장들과 레위 사람들과 나이 많은 족장들은 첫 성전을 보았으므로 이제 이 성전의 기초가 놓임을 보고 대성통곡하였으나 여러 사람은 기쁨으로 크게 함성을 지르니 백성이 크게 외치는 소리가 멀리 들리므로 즐거이 부르는 소리와 통곡하는 소리를 백성들이 분간하지 못하였더라"(스 3:10-13).

온 예루살렘이 울음과 웃음이 섞인 환호성과 찬양으로 덮일 만큼 감격하면서 성전 지대를 놓았던 것입니다. 그런데 문제가 생겼습니다. 성전 건축이 마음대로 안 되는 것입니다. 여러 가지 힘든 상황들도 있었지만 특별히 영적인 방해가 굉장히 심했습니다. 하나님의 일이었기 때문입니다. 오랜 시간 방해가 지속되면서 사람들은 지치기 시작했습니다. 그러면서 성전 건축에 대한 열기가 사라지기 시작했습니다. 먹고사는 문제 또한 생각해야 했기에 성전 건축에 대한 마음은 자꾸만 뒤로 밀리기 시작했습니다.

결국 공사는 중단되었습니다. 주전 536년에 지대를 놓았는데 학개의 메시지가 주전 520년에 선포되었으니 시간이 16년이나 지난 것입니다. 이런 배경에서 성전 건축의 불씨가 꺼져 버린 것 같은 상황 속에 살고 있는 유다 백성을 향해 하나님이 학개 선지자를 통해서 당신의 예언의 말씀을 쏟아 붓고 계신 것입니다. 더 이상은 방치할 수 없다는, 반드시 변화시키고 말겠다는 마음으로 말입니다.

말씀을 어떻게 적용해야 하는가

그런데 이런 상황에서 주어진 학개서의 말씀을 사람들은 잘못된 방향으로 해석하곤 합니다. 특별히 두 가지 면에서 그렇습니다. 첫째는, 이 말씀을 교회 건축에 적용하고 해석하는 경우입니다. 물론 이 말씀이 교회 건축과 상관없는 것은 아닙니다. 오히려 다른 말씀보다 훨씬 직접적으로 건축에 연관된 말씀이라 할 수 있습니다. 그런데 바로 그렇기 때문에 이 말씀을 교회 건축이라는 좁은 영역으로 국한시켜서는 안 됩니다. 이는 건축 지침서가 아니라 성경 말씀이기 때문입니다.

특별히 성경에 나오는 성전 건축을 오늘날 예배당을 건축하는 것과 같은 수준의 것으로 생각해서는 안 됩니다. 성경에 나오는 성전은 일반적인 건물이 아니라 백성들의 신앙 전체를 말하는 일종의 신앙의 아이

콘과도 같은 것입니다. 다시 말해서, 이것은 신앙 자체를 말하는 것이지, 어떤 건물을 말하는 게 아니라는 것입니다. 그렇기 때문에 성전을 건축한다는 것은 신앙을, 하나님의 공동체를 세운다는 의미인 것입니다. 그러니 성전 건축에 대한 학개의 메시지를 절대로 건물 짓는 것에만 국한시켜서는 안 됩니다.

그렇다면 이에 대한 올바른 적용은 무엇일까요? 우리는 이 말씀을 영적 침체기에 빠진 자들에게 주시는 메시지로 받아야 합니다. 한때는 은혜 가운데 살았지만, 한때는 뜨거운 열정과 부흥의 순간을 맛보았지만 지금은 아무것도 안 하고 있다면 이는 정말 무서운 일이 아닐 수 없습니다. 신앙을 과거형으로 말하지 마십시오. 이는 정말 가슴 아픈 일입니다. 신앙은 언제나 현재여야 합니다. 영적 침체에 빠졌다는 것은 신앙의 모습은 있지만 능력은 없는, 학개서의 말씀을 빌리자면 성전 건축이 중단된 것과 같은 상태에 머물러 있음을 의미합니다. 학개 선지자는 이런 사람들을 향해 하나님의 예언의 말씀을 선포합니다. "더 이상은 방치하지 않겠다."

학개서를 잘못 해석하는 두 번째 경우는 무엇입니까? 이를 이스라엘 백성에 대한 하나님의 비난과 책망의 말씀으로 보는 경우입니다.

"이 성전이 황폐하였거늘 너희가 이때에 판벽한 집에 거주하는 것이 옳으냐"(학 1:4).

이 말씀을 잘못 해석하면 굉장히 불편해집니다. 죄책감을 주면서 비난하는 말처럼 느껴질 수 있기 때문입니다. 그리고 뒤이어 나오는 말씀을 보십시오. 이 말씀은 앞 절보다도 더 심한 저주의 말처럼 느껴집니다.

"그러므로 이제 만군의 여호와가 이같이 말하노니 너희는 너희의 행위를 살필지니라 너희가 많이 뿌릴지라도 수확이 적으며 먹을지라도 배부르지 못하며 마실지라도 흡족하지 못하며 입어도 따뜻하지 못하며"(학 1:5-6).

그런데 아닙니다. 하나님은 어떤 경우에도 죄책감이나 저주와 협박으로 헌신을 강요하는 분이 아니십니다. 만일 그렇다면 그러한 영혼은 결국 죽어 버리고 말 것입니다. 안 그래도 영적 침체기에 빠져 있는데 그나마 있는 영을 죽여서야 되겠습니까? 하나님의 목적은 영혼을 살리는 것이지 죽이는 것이 아닙니다. 영적 침체기에 있는 사람들을 일으켜 세우는 것이지, 밟아 놓는 것이 아니라는 말입니다.

그렇다면 이에 대한 올바른 적용은 무엇일까요? 오히려 학개의 이 메시지는 하나님의 살리시는 말씀입니다. 이는 말씀에 대한 사람들의 반응을 보면 알 수 있습니다. 그들은 그 말씀 앞에 절망하지 않았습니다. 그 말씀 앞에 분노하지 않았습니다. 낙심하지 않았습니다. 오히려 그들은 말씀을 들으며 하나님이 가장 원하시는 반응을 보였습니다. 이것이 본문의 가장 중요한 메시지입니다.

"여호와께서 스알디엘의 아들 유다 총독 스룹바벨의 마음과 여호사닥의 아들 대제사장 여호수아의 마음과 남은 모든 백성의 마음을 감동시키시매 그들이 와서 만군의 여호와 그들의 하나님의 전 공사를 하였으니"(학 1:14).

이 말씀에서 가장 중요한 단어는 '감동'입니다. 학개를 통해 들려주신 말씀은 그들을 무너뜨린 것이 아니라 감동시켰습니다. 이것이 하나님의 말씀에 대한 정확한 반응입니다.

하나님의 역사가 우리 가운데 있다면, 그래서 그 말씀과 역사하심에 의해 우리가 반응하게 된다면, 그때 보여야 할 중요한 반응은 감동입니다. 그래야 바른 신앙이 될 수 있습니다. 우리는 하나님 앞에서 감동해야 합니다. 말씀을 들을 때도, 예배를 드릴 때도 감동이 있어야 합니다. 특별히 기도할 때 더욱 그렇습니다. 기도 응답의 진짜는 감동하는 것입니다. 우리의 어떤 소원이 이루어진다 할지라도 우리 안에 감동이 없으면 그것은 진짜 기도가 될 수 없습니다. 이것이 하나님의 영이 내 속에서 일하신다는 뜻입니다.

감동, 하나님의 거룩한 도전을 받다

그렇다면 학개서에서 말씀하고 있는 감동이란 무엇입니까? 성경의 다른 책들도 마찬가지지만, 특별히 학개서의 감동을 다른 단어로 바꾸면 '거룩한 도전'이라 할 수 있습니다. 감동은 거룩한 도전을 받는 것입니다. 어떤 사람들은 감동을 초자연적인 것과 연관 지어 생각합니다. 그래서 감동이라 하면 입신하고 쓰러지는 것들을 떠올립니다. 아닙니다.

감동은 그런 초자연적인 현상이 아닙니다. 성경은 하나님으로부터 거룩한 도전을 받는 것을 감동이라고 말씀합니다.

학개의 메시지를 통해서 스룹바벨과 여호수아 및 모든 백성들이 하나님의 거룩한 도전을 받았습니다. 그들이 받은 거룩한 도전은 무엇입니까?

하나님 앞에 죄송한 마음을 가짐

"이 성전이 황폐하였거늘 너희가 이때에 판벽한 집에 거주하는 것이 옳으냐"(학 1:4).

이 말씀을 들은 사람들은 하나님 앞에 죄송한 마음을 가졌습니다. 우리도 마찬가지입니다. 우리가 신앙의 사람이라면 하나님 앞에 때때로 죄송한 마음을 갖게 됩니다. 그것이 바로 거룩한 도전입니다. 하나님의 마음과 달리 내 멋대로 살았던 시간들이 죄송하고, 하나님의 소원과 달리 내 멋대로 행했던 것이 죄송한 마음은 말 그대로 죄책감이 아닌 죄송함입니다. 이는 파괴된 관계가 아닌 아름다운 관계입니다.

하나님을 향한 두려움을 가짐

또 하나의 거룩한 도전은, 그들은 학개의 메시지를 듣고 하나님에 대한 두려움을 갖게 되었습니다. 이 두려움은 관계를 파괴하고 사이를 무너뜨리는 두려움이 아니라, 우리 영혼을 깨어나게 하는 의로움에 대한 두려움입니다. 쉽게 말해서, 하나님의 사람들이 하나님의 성품, 곧 살아 계신 하나님, 전능하신 하나님, 불꽃같은 눈으로 감찰하시는 하나님과 같은 그분의 성품을 떠올릴 때 올라오는 두려움이 바로 거룩한 도전이라는 것입니다. 그래서 하나님 앞에서 더 이상 하나님이 안 계시는 것처럼 살 수 없다고 결단하며 다시 한 번 일어서서 버릴 건 버리고 끊을 건 끊고 나아가는 모습이 바로 거룩한 도전입니다.

하나님의 능력을 체험함

또 하나의 거룩한 도전은, 하나님이 주시는 힘, 그분의 능력을 체험하는 것입니다. 이것이 거룩한 도전의 가장 중요한 모습입니다.

"그때에 여호와의 사자 학개가 여호와의 위임을 받아 백성에게 말하여 이르되 여호와가 말하노니 내가 너희와 함께하노라 하니라"(학 1:13).

'내가 너희와 함께하노라.' 이 한마디에 스룹바벨이 일어났습니다. 16년 동안 주저앉아 있다가 이 한마디에 여호수아와 백성들이 일어나기 시작했습니다. 이것이 그들 속에 힘을 불어넣는 말씀이기 때문입니다. 하나님은 지금도 우리에게 이렇게 말씀하십니다. 그 말씀을 듣는 것이 거룩한 도전, 곧 감동입니다.

하나님이 함께하시는 것은 하나의 이론이 아니라 역사입니다. 영적으로 체험한 사람은 모두 아는 사실입니다. 그래서 이것이 감동이 되는 것입니다. 힘들고 두려운 상황 속에서, 무기력하게 주저앉아 있던 의욕 없는 삶 속에서 하나님이 나와 함께하신다는 말씀에 담대함을 얻어 일어설 수 있는 것, 이것이 바로 진짜 신앙의 모습입니다.

신앙의 가장 중요한 포인트는 바로 힘입니다. 능력을 받는 것입니다. 이 능력 받음이 바로 거룩한 도전입니다. 우리는 하나님 앞에서 거룩한 도전을 받아야 합니다. 기도했다면 감동으로 응답받아야 합니다. 그로 인해 우리의 마음이 달라져야 합니다. 우리 마음에 새로운 능력이 솟아올라 앉았던 자리에서 일어날 수 있어야 합니다. 이러한 힘과 능력에서 오는 기쁨과 감격의 고백으로 우리 마음이 꽉 찰 수 있기를 날마다 소망하십시오.

우리는 하나님 앞에서 거룩한 도전을 받아야 합니다.

기도했다면 감동으로 응답받아야 합니다.

그로 인해 우리의 마음이 달라져야 합니다.

"
레위와 세운
나의 언약이
항상 있게 하라.
"

| 말 2:4-6 |

삶의 문제에 대한 대답은 바로 그 신앙으로 돌아가는 것입니다.

복음을 회복하는 것입니다.

말라기 선지자는 바로 그 복음을 회복하라고 외치고 있는 것입니다.

놀랍게도 우리의 신앙은 성경이라는 단 한 권의 책에 근거하고 있습니다. 이는 참으로 굉장한 일이 아닐 수 없습니다. 우리 인생이 그 한 권의 책에 의해서 살아갈 수 있게끔 설계되어 있다는 것입니다. 이것이 바로 신앙의 비밀입니다. 그러다 보니 우리가 믿음의 삶을 온전히 살아가기 위해서는 반드시 말씀을 붙잡고 연구하며 나아가는 일이 필요합니다. 어떤 경우든 성경 말씀을 잘 알지 못하면 절대로 바른 신앙생활을 할 수 없다는 것입니다.

말라기는 구약성경 제일 마지막에 위치한 소선지서로서, 신구약 중간 시대, 소위 침묵 시대로 들어가는 마지막 말씀입니다. 이 말씀 이후에는 한동안 말씀이 주어지지 않았습니다. 그러다 보니 이 책은 시대 말기적 현상을 굉장히 적나라하게 다루고 있습니다.

말라기서는 총 여섯 개의 논쟁 형태로 진술되고 있는데, 이처럼 질문과 대답을 반복하며 중요한 메시지를 전달하는 것을 예언자 논쟁이라고 부릅니다. 질문과 대답으로 이어지는 여섯 개의 논쟁으로 그물을 짜듯이 진행되는 것이 바로 말라기의 이야기입니다. 그렇다면 이 여섯 개의 논쟁을 통해서 말하고 있는 그 시대의 말세적 상황, 그 현상은 도대체 무엇일까요? 한마디로 정리하면 '하나님의 공의에 어긋난 시대'였다는 것입니다. 이 장에서는 이것을 세 가지로 나누어 살펴볼 것입니다.

이 시대를 향한 말라기 선지자의 외침

사회적인 타락

첫째는, 사회적인 타락입니다. 세기말로 가면 사회적인 타락이 시작됩니다. 사회적인 타락이 시작되면 빈부의 격차가 심해지기 시작합니다. 가진 자들이 가진 걸 이용해서 더 많이 가지려고 없는 자들의 것을 착취하면서 빈부의 격차가 벌어지게 됩니다. 세상의 많은 사람들이 굶는 것은 세상에 먹을 것이 없어서가 아닙니다. 가진 자가 너무 많이 가지고 있어서입니다.

그다음으로 이어지는 것은 성적 타락입니다. 리처드 포스터가 돈과 섹스와 권력이라는 세 가지 단어를 서로 연관 지어 말한 것은 참으로 타당합니다. 가진 자들은 성적 욕망을 표출하기 위해 첩을 두고, 외도를 하고, 불륜을 저지르면서 가정을 깨뜨립니다. 제멋대로 성적인 욕망을 채우는 현상들이 벌어지기 시작하는 것입니다.

> "내가 심판하러 너희에게 임할 것이라 점치는 자에게와 간음하는 자에게
> 와 거짓 맹세하는 자에게와 품꾼의 삯에 대하여 억울하게 하며 과부와 고
> 아를 압제하며 나그네를 억울하게 하며 나를 경외하지 아니하는 자들에
> 게 속히 증언하리라 만군의 여호와가 말하였느니라"(말 3:5).

이처럼 이 시대에는 사회적 타락이 아주 심각했습니다.

종교적인 타락

둘째는, 종교적인 타락입니다. 종교적 기득권을 가진 자들이 영적으
로 타락해서 겉으로는 굉장히 종교적인 것처럼 보이지만 사실은 믿음이
없는, 그야말로 형식적이고 위선적이고 가식적인 신앙생활을 하는 시대
가 바로 말라기가 고발하고 있는 시대입니다. 영적인 역겨움이 만연한
시대라 할 수 있습니다.

> "만군의 여호와가 이르노라 너희가 내 제단 위에 헛되이 불사르지 못하
> 게 하기 위하여 너희 중에 성전 문을 닫을 자가 있었으면 좋겠도다 내가
> 너희를 기뻐하지 아니하며 너희가 손으로 드리는 것을 받지도 아니하리
> 라"(말 1:10).

하나님이 이 역겨움을 도저히 참으실 수 없어 성전 문을 누가 좀 닫

았으면 좋겠다고 말씀하신다는 것입니다. 종교가 이처럼 타락했다는 것입니다.

영적인 타락

셋째는, 영적인 타락입니다. 영적인 기대와 믿음이 아주 강하게 의심되고 조롱되는 시대입니다. 사람들은 공공연히 말합니다. '하나님이 우리를 사랑하신다고? 하나님을 믿으면 하나님이 우리를 돌보고 책임지신다고? 그런 게 어디 있어? 그거 다 헛된 거 아냐? 하나님이 정말 살아 계신 거 맞아?' 이런 영적인 조롱과 회의가 가득한 질문으로 하나님을 공공연히 기만하는 시대가 바로 말라기가 이야기하는 세기말의 모습이라는 것입니다.

> "이는 너희가 말하기를 하나님을 섬기는 것이 헛되니 만군의 여호와 앞에서 그 명령을 지키며 슬프게 행하는 것이 무엇이 유익하리요 지금 우리는 교만한 자가 복되다 하며 악을 행하는 자가 번성하며 하나님을 시험하는 자가 화를 면한다 하노라 함이라"(말 3:14-15).

이것이 바로 그 시대의 분위기였다는 것입니다.

그런데 문제는 무엇입니까? 이 세 가지가 굉장히 강하게 연결되어 있다는 것입니다. 하나님에 대한 경외함과 하나님을 두려워하는 마음이 없다 보니 종교적인 타락이 발생합니다. 그렇게 헛된 거짓 예배를 드리면서 조금도 두려워하지 않는 것입니다. 하나님에 대한 두려움이 없다 보니 이제는 사회적인 질서를 무너뜨려도 아무런 죄책감이 없습니다. 이처럼 영적인 타락은 종교적인 타락으로, 종교적인 타락은 다시 사회적인 타락으로 이어지는 것이 바로 말라기의 세기말적인 현상입니다.

그런데 정말 충격적인 사실은 무엇입니까? 말라기 선지자가 그렇게 외치고 고백했던 그 세기말적인 유다 사회의 모습이 지금의 한국 사회와 너무도 똑같다는 것입니다. 정말 아니라고 말하고 싶어도 부인할 수 없을 만큼 사회적인 타락과 종교적인 타락과 영적인 타락이 이미 심각한 수준에 이를 정도로 진행되었다는 것입니다. 그렇기 때문에 이러한 시대를 향해 외친 말라기의 외침이 더욱 중요합니다. 이것은 각색할 필요도 없이 바로 그대로 우리에게 주시는 하나님의 말씀이기 때문입니다.

'레위와 세운 나의 언약이 항상 있게 하겠다'

그렇다면 이런 상황 속에서 외친 말라기 선지자의 시대를 향한 메시지는 무엇입니까?

"만군의 여호와가 이르노라 내가 이 명령을 너희에게 내린 것은 레위와 세운 나의 언약이 항상 있게 하려 함인 줄을 너희가 알리라"(말 2:4).

그는 딱 한 가지만 이야기했습니다. '레위와 세운 나(하나님)의 언약이 항상 있게 하겠다.' 무슨 말입니까? 하나님이 이스라엘을 당신의 백성으로 삼으시고 그들은 하나님을 나의 하나님으로 삼으면서 맺었던 그 언약이 지금도 생생하게 살아 있어야 한다는 것입니다. 오래되어서 말라비틀어진 신앙, 무뎌지고 닳아 버린 습관과 같은 신앙이 아닌, 하나님과 처음 맺었을 때의 가슴 뛰고 눈물 나도록 행복했던 그 신앙으로 돌아가야 한다는 것입니다. 그러기 위해 중요한 것이 무엇입니까? 하나님이 정말 나의 하나님이셔야 한다는 것입니다. 이것이 바로 말라기 선지자를 통해 그 시대에 주셨던 하나님의 처방이고, 지금 우리에게 주시는 성령님의 처방이기도 한 것입니다.

모든 영적인 메마름과 타락과 변질에 대한 처방은 한 가지밖에 없습니다. 처음의 그 은혜와 마음으로 돌아가는 것입니다. 신앙은 처음 그 마음이 계속 유지되어야 합니다. 세월이 흐르다 보니 이제는 익숙해지고 닳고 닳아서 잊어버렸다? 이것은 신앙이 아닙니다. 나도 한때는 뜨거웠었다? 이 또한 신앙이 아닙니다. 진짜 신앙은 살아 있기 때문에, 신앙은 과거가 아닌 현재이기 때문에 처음 그 상태를 유지해야 할 뿐 아니라 늘 자라고 성장해야 합니다.

우리가 살아가면서 힘들고 어려운 일을 겪는 이유가 무엇입니까? 상황이 힘들어서입니까? 아닙니다. 그 모든 상황을 이길 수 있는 영적인 공급이 되지 않아서입니다. 영적인 공급이 이루어진다면 오히려 어려울수록 더 충만하게 올라갈 수 있습니다. 그런데 영적인 공급이 이루어지지 않으니 그렇게 무너지는 것입니다. 그래서 힘든 것입니다. 그러므로 삶의 문제에 대한 대답은 바로 그 신앙으로 돌아가는 것입니다. 복음을 회복하는 것입니다. 말라기 선지자는 바로 그 복음을 회복하라고 외치고 있는 것입니다. 레위와 세운 나의 언약이란 곧 복음을 말하는 것입니다.

복음, 생명과 평강의 언약

"레위와 세운 나의 언약은 생명과 평강의 언약이라 내가 이것을 그에게 준 것은 그로 경외하게 하려 함이라 그가 나를 경외하고 내 이름을 두려 위하였으며"(말 2:5).

'레위와 세운 나의 언약은 생명과 평강의 언약이라.' 이 말씀은 복음 그 자체입니다. 예수 그리스도를 믿음으로써 우리가 받는 것이 무엇입니까? 구원입니다. 생명을 얻는 것입니다. 이로 인해 우리는 화평을 누리며 평강 가운데 들어가게 됩니다. 바꿔 말하면, 복음은 생명과 평강의 언약이라는 것입니다. 예수 그리스도를 믿고 십자가를 통해 받는 은혜가 바로 생명과 평강이라는 것입니다.

복음은, 예수 그리스도의 십자가 은혜는 바로 생명과 평강입니다. 우리 신앙과 삶의 기초는 바로 이 '레위와 세운 나의 언약', 곧 생명과 평강의 언약 가운데 있는 것입니다. 그러니 영적으로 회복되기를 원한다면, 정말 바르게 살기를 원한다면 바로 이 레위와 세운 언약이 항상 생생하게 서 있어야 합니다. 하나님 앞에서 생명과 평강의 언약 가운데 서 있어야 제대로 살 수 있기 때문입니다. 이것이 진짜 회복인 것입니다. 저는 특별히 기도에 있어서 이 부분이 너무도 중요하다고 생각합니다. 말라기의 기도가 바로 이것을 말하고 있는 것입니다.

우리는 어떤 기대를 가지고 기도합니까? 기도란 무엇입니까? 우리가 간구한 것을 하나님의 은혜로 응답받는 것이 기도 아닙니까? 그런데 그렇게 간구하고 응답받는 것의 진짜 핵심은 무엇입니까? 물질입니까? 건강해지는 것입니까? 아니면 명예를 얻는 것입니까? 아닙니다. 이들은 모두 주변적인 것입니다. 정말 중요한 것은 하나님이 나의 하나님이 되시는 것입니다. 하나님과의 관계가 아름다워지는 것입니다. 하나님과의 관계가 아름다워질 때 하나님과 나는 그 순간 생명과 평강의 언약을 맺고 있는 것입니다.

그래서 저는 이렇게 생각합니다. 진짜 기도라면 기도하는 순간 이미 응답은 끝났다고 말입니다. 응답이 올 때를 기다릴 것도 없이 하나님 아버지를 부르는 순간, 하나님이 기도를 들으시고 "그래, 내 아들아. 내 딸아"라고 말씀하시는 순간 하나님과 우리 사이에는 생명과 평강의 언약이 맺어지게 된다는 것입니다. 그것으로 이미 끝나는 것입니다. 우리는 기도할 때마다 이런 은혜 가운데 있어야 합니다. 이것이 바로 가장 강력한 기도의 응답입니다.

하나님의 치유의 광선을 붙잡으라

모든 기도의 순간마다 그리고 모든 예배의 시간마다 이런 역사가 있어야 합니다. 그래야 우리가 살 수 있습니다. 그렇게 되어야 말라기 선지자가 자신 있게 말한 것처럼 놀라운 치유와 회복을 경험할 수 있습니다. 그것이 진짜 신앙의 축복인 것입니다.

"내 이름을 경외하는 너희에게는 공의로운 해가 떠올라서 치료하는 광선을 비추리니 너희가 나가서 외양간에서 나온 송아지 같이 뛰리라"(말 4:2).

하나님의 '공의로운 해'는 사실 죽이는 것입니다. 하나님의 공의로운 해 앞에서 죄는 다 타 버리기 때문입니다. 악이 소멸되기 때문입니다. 그러니 죄인은 그 앞에서 죽을 수밖에 없는 것입니다. 그래서 하나님의 공의로운 해가 뜬다는 것은 심판입니다. 이는 정말 무서운 것입니다.

"만군의 여호와가 이르노라 보라 용광로 불 같은 날이 이르리니 교만한 자와 악을 행하는 자는 다 지푸라기 같을 것이라 그 이르는 날에 그들을 살라 그 뿌리와 가지를 남기지 아니할 것이로되"(말 4:1).

하나님의 공의로운 해가 얼마나 뜨거운지 '용광로 불 같은 날이 이르러 모든 교만한 자와 악행한 자들을 지푸라기같이 태워 버린다'고 말씀합니다. 한마디로 다 죽는다는 것입니다. 그런데 놀라운 것은 다 죽어야 하는데 하나님과 생명과 평강의 언약 가운데 있는 사람에게는 그 공의로운 해가 치료를 시작한다는 것입니다. 어떤 형편없는 죄를 지은 사람이라 할지라도 그 가운데 있게 되면 치료의 광선이 발해져 그 사람 안에 있는 죄를 모두 태우고 결국엔 치유와 회복을 경험하게 된다는 것입니다. 이것이 바로 우리 신앙의 비밀입니다.

전제는 이것입니다. 하나님과 레위와 세운 언약, 생명과 평강의 그 언약 가운데 머무는 것입니다. 하나님이 정말 나의 하나님이시라면, 내가 하나님의 사랑 가운데 머물러 있다면 내 안에 어떤 죄가 있다 할지라도 주님 앞에 나아와 기도할 때 그 모든 것이 새롭게 치유되면서 그 안에서 살아나는 것입니다. 그리고 뛰어 나가는 역사가 일어나는 것입니다.

흉내만 내는 신앙에, 말라비틀어진 것만 움켜쥐고 있는 신앙에 머물러 있지 마십시오. 그러한 가짜 신앙은 하나님의 공의로운 해가 뜨면 다 타 버릴 것들입니다. 하나님과 레위와 세운 언약, 곧 생명과 평강의 언약 가운데 머무십시오. 그래야 기가 막힌 은혜를 누리며 이 땅에서 힘 있고 아름답게, 세상 사람들이 이해할 수 없는 비밀을 가지고 승리하며 살아갈 수 있습니다. 우리는 그것을 바라보고 기도하며 나아가는 기도의 사람이 되어야 합니다.

복음은, 예수 그리스도의 십자가 은혜는
바로 생명과 평강입니다.
우리 신앙과 삶의 기초는 바로 이 '레위와 세운 나의 언약',
곧 생명과 평강의 언약 가운데 있는 것입니다.